Psychomotricité

Psychomotor learning

I.S.B.N. 2-8004-0663-1
D/1978/0171/8

1978 by Editions de l'Université de Bruxelles,
Parc Léopold - 1040 Bruxelles (Belgique)
Tous droits de traduction et de reproduction
réservés pour tous pays

Imprimé en Belgique

UNIVERSITE LIBRE DE BRUXELLES
Institut supérieur d'Education physique et
de Kinésithérapie

PSYCHOMOTRICITE
Congrès international de Psychomotricité
Bruxelles, 25-27 novembre 1976

PSYCHOMOTOR LEARNING
International Congress of Psychomotor Learning
Brussels, 25th - 27th November 1976

Edité par les soins de Jean-Claude DE POTTER

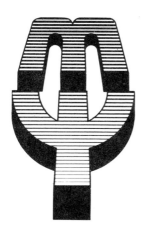

Editions de l'Université de Bruxelles

PSYCHOMOTRICITE
Congrès international de Psychomotricité
Bruxelles, 25 - 27 novembre 1976

Comité organisateur

H. LEVARLET-JOYCE	Président
R. VANFRAECHEM-RAWAY	Vice-Président
J.-C. DE POTTER	Secrétaire général
C. GUERMAN-BRACK	Membre
J. FALIZE	Membre

Comité scientifique

B. CASTETS
L. LE BOULCH
S. SCHILLING
P. SIVADON
P. VAYER

INTRODUCTION

Professeur H. LEVARLET-JOYE
Président du Congrès

En ouvrant le Congrès sur la psychomotricité, je voudrais rappeler ce qu'écrit notre éminent collègue, le Dr Le Boulch, dans son livre intitulé: Vers une science du mouvement humain: "Quiconque veut faire une étude un peu approfondie en science du mouvement se trouve perplexe sur le chemin à suivre. Cet embarras résulte de la dispersion des études dans les facultés traditionnelles: lettres, sciences, médecine. Il est certain que dans les trois ordres de faculté, accessoirement il peut être question de certains aspects de l'étude du mouvement, mais il n'existe aucune unité dans ces re- cherches, effectuées par des praticiens aussi différents que des anatomistes, des physiologistes, des philosophes, des historiens." Le problème étant ainsi posé, le Dr Le Boulch pense que la science du mouvement humain doit se for- ger une démarche propre en fonction de son objet particulier. Cette démarche postule l'existence corporelle comme totalité et comme unité.

La psychomotricité répond à cette tentative d'appréhender l'être dans son unité et sa globalité. Cette problématique étant ainsi posée, apparaît alors très rapidement notre impuissance à tirer au clair une telle complexité. Pourtant malgré cette complexité, et je dirai à cause d'elle, il est néces- saire d'intégrer nos différentes connaissances objectivées par la recherche. Et ainsi, de tenter d'investiguer l'interaction entre le mouvement humain considéré sous son aspect anatomique physiologique, et le mouvement humain, expression de la conduite mentale et affective de l'individu.

La psychomotricité, en tant que technique d'éducation, de rééducation ou de thérapeutique, est une acquisition récente. Elle remonte, comme on le sait, à moins de cinquante ans. Les travaux de E. Guilmain se basant sur ceux d'Ozeretsky sont les premiers à traiter de psychomotricité. Ils sont fondés sur les conceptions de H. Wallon qui s'efforce de montrer le passage de l'ac- tivité de relation à l'activité intellectuelle, en insistant sur le rôle du milieu social. Depuis, bien des auteurs ont abordé les problèmes de psychomotricité: Mira Stambak, J. de Ajuriaguerra, Huguette Bucher et bien d'autres qui prendront la parole au cours de ce Congrès.

En 1960, l'éducation psychomotrice devient une action éducative originale ayant des objectifs et des moyens propres, grâce aux travaux de Louis Picq et Pierre Vayer. Des travaux scientifiques sur les développements moteur et psychomoteur sont publiés en Union soviétique, en Allemagne, dans les pays nordiques et au Canada. Et vous connaissez certainement les nombreuses études américaines, dont celles de J.P. Guilford et ses modèles factoriels.

On retrouve dans ces différents courants de pensée une base commune: la reconnaissance d'une relation étroite et réciproque entre la motricité et le psychisme.

Les méthodes d'éducation, de rééducation et de thérapie psychomotrice visent essentiellement à un meilleur investissement du corps propre et à une utilisation plus efficiente de la motricité afin d'obtenir une meilleure adaptation de l'être à son milieu.

J'ai le plaisir, au nom du comité organisateur, de vous souhaiter la bienvenue et nous espérons que ce Congrès apportera à chacun une vue plus précise et plus riche sur les problèmes touchant la psychomotricité.

REMERCIEMENTS

Nous sommes heureux de pouvoir remercier l'Université Libre de Bruxelles, son Institut Supérieur d'Education physique et de Kinésithérapie et son Laboratoire, de l'effort qu'ils ont déployé et pour les encouragements et l'assistance qu'ils ont pu nous apporter dans l'organisation du Congrès.

Nous exprimons également notre gratitude à tous ceux qui, par leur travail, ont permis sa réalisation.

Que tous ceux qui, grâce à leur aide financière, ont rendu cette entreprise possible soient également remerciés: le Fonds National de la Recherche Scientifique, la Commission française de la culture de l'Agglomération de Bruxelles, le ministère de l'Education nationale, le ministère de la Culture française (ADEPS).

Opening address (1)

MOTOR LEARNING THEORY

AND THE PRACTICE OF TEACHING

J.C. ANDREWS B.A., M. Ed.,
FIEP Secretary General.
St. Paul's College,
Cheltenham (England)

Introduction

The problems of relating theory and practice are not new, nor do they exist exclusively between motor learning theory and its applications in teaching, but unless educationists are prepared to accept that a gap can, and in many cases does exist between theory and practice, then little progress is likely to be made towards more effective teaching and learning.

Loretta Stallings [19] (2) comments in the preface to her book Motor Skills; development and learning (1973) that "many theories and concepts are now available which, if made the subject of systematic study, can contribute to the improvement of instruction. Unfortunately, progress along the continuum from advances in knowledge to educational practice is not automatic". She has produced her book "to help to bridge this gap by providing the practitioner in the field with selected concepts of skill development and a framework for their systematic application in practice".

The problem is not only one for the practitioner. Robert Wilbert [23], addressing the IIIrd World Congress on Sports Psychology in Madrid in 1973, outlined the problems faced by Physical Educationists who have become involved in research topics such as memory, personality and psycholinguistics.

---

(1) Opening address presented at the International Congress of Psycho-motor Learning at the Free University of Brussels, Belgium, 25th Nov. 1976.

(2) See References on page

He stressed the increasing specialisation necessary even <u>within</u> sub-areas
of the field of Motor Learning, and said that whilst he might feel competent
to evaluate research in the sub-area which he defines as 'Human Performance',
he admitted "I am completely out of my depth in the other three areas of
socio-cultural psychology, psychological growth and development, and sport
psychology".

If Dr. Wilberg has such problems, the inexperienced student-teacher is
even more likely to encounter difficulties. De Cecco [7] points out that "If
the student wants to pursue the madness of asking how we should conduct
instruction (...), he soon finds himself perusing the basic research even
though his chief interests are more practical than theoretical".

Cratty [6] describes the gap as one <u>between people</u>: perhaps contrasting
two types more starkly than one would normally meet in everyday life.
He tells us that, "The thoroughly rehearsed practitioner armed only with
tricks, teaching methods and skills is usually less ready to cope with new
theories, nor can he explain the rational for what he is doing". On the
other hand "The 'pure' theoretitian may often be handicapped but in a different way. He may know <u>why</u> he should do something, be able to handle the jargon
or to construct philosophical outcomes, but be unable to cope with the real
world of children, movement and objectives".

Let us look in a little more detail at some of the problems and perhaps
suggest at least a few ways in which we can try to overcome them; both individually and as a profession.

Different Theoretical Orientations

In a thought-provoking article published in the July 1974 <u>Bulletin of
Physical Education</u>, Eric Saunders [14] puts forward the view that theory and
practice are seen in different ways by different groups of people within
Physical Education. He picks out three archetypes "in which the characteristics of one are deliberately contrasted with characteristics of the others".
The teacher of practitioner he cals <u>Practicus</u>, the teacher trainer, <u>Academi-
cus</u> and the researcher, <u>Empiricus</u>.

"Practicus has developed his theory by acquaintance with children,
knowledge that has not come by detached observation and theorizing alone,
but by direct handling of groups of children in the swimming pool, on the

field, in the dance studio, or in other activity settings." He tends to regard new ideas as impractical and be reluctant to change. "Practicus also has a firm conviction that experience is the cornerstone of informed practice so that he has a tendency to regard what he does as natural and common sense."

"Academicus is usually found in colleges or in universities, and spends part of his working life training teachers. He usually stresses the way Practicus should act in educational settings and bases his theories upon some notion of what constitutes good educational practice (...). His theories are not grounded in practice... However, Academicus can offer useful strategies to solve many of the problems encountered in school although it is common knowledge amongst practitioners that every teaching problem may present a unique situation to be worked out on the spot by each individual teacher."

Finally:

"Empiricus usually works in colleges and universities and unlike Practicus he is more confortable when making detached observations than in debating or recommending courses of action. He attemps to be objective and value free in his analysis (...) and often irritates and confuses the practical person by an excessive use of jargon".

"Furthermore, it can be argued that in reality the analysis of teaching behavior must take place in natural rather than laboratory situations so that the problematic nature of effective teaching can be appreciated. These factors are often overlooked by Empiricus so that he fails to indicate that the perspective of his own single discipline is an inadequate basis from which to solve any type of practical problem."

Implications

Ignoring for a moment the latter comments about the multi-factorial and interdisciplinary problems of research into teaching, let us concentrate on some implications of recognizing that these types exist, at least in part; and on some suggestions for improving relationships between them.

The first is to 'recognize yourself'. (How many of you, I wonder, were considering your own position as I sketched in the types?)

The second is to accept that all these theoretical standpoints have value and can be complementary to each other. The inter-dependence of the types needs to be emphasized rather than the differences.

The third implication is for a more systematic assessment of the particular contributions that each can make – and also of the dangers inherent in too rigid adherence to one perspective only – and then for an attempt to be made to fuse the best from each.

The fourth is to accept that very different personalities may be better suited to and may seek to work in different roles. This acceptance has further far-reaching implications: for example, for the type of students we attract and accept into initial training courses; for different kinds of course; for the content options within, and routes through courses, and the final qualifications offered in Physical Education; and for the positions which are created in colleges and universities and the kinds of people who are appointed to fill them.

From this it is also clear that where there is to be a marked change of position or role for an individual, then some retraining may well be necessary.

Finally, now more than ever before, there is a need for the emergence and recognition of a fourth type – one who can bridge the gaps between Practicus, Academicus and Empiricus – who can be an acceptable colleague to all three and can help to translate and communicate between them. Following Saunders' terminology we might call him 'Pracapiricus'.

The first major point is, therefore, that the gaps will remain, and perhaps even grow, unless in the future we look very carefully at the people who are to work in Physical Education. This will mean looking at our criteria for student entry into Physical Education studies, continuing to fight for the acceptance by the authorities that the background studies necessary for improved Physical Education are academically demanding and needful of high quality research in college and university settings; and, ensuring that more examples of the hybrid type 'Pracapiricus' are given the chance to flower, particularly in the teacher training situation. It is here, in my view, that

people with good practical experience and expertise must work alongside the
researchers. There should be the possibility of early retraining when they
are appointed and there must be time allowed for them to perform their vital
tasks of translation and communication.

Problems within Theory

So far, theory has been treated as if it is a unified whole but, as we
are well aware, 'theorizing' is a more precise process - or it can be - than
simply 'talking about rather than doing' - which is how some people see it;
even some of our colleagues. There are problems within the theory area itself.

To theorize there is obviously a need for definition of terms and the
creation of basic frameworks in order to classify known and assumed information. We can then make inferences, we can generalize from related observations,
we may put forward hypotheses and test them, so moving into the realms of
research. We can attempt to predict. We can develop models which show causal
relationships and, eventually, large over-arching theories can be constructed
which have attendant sub-theories.

Accepting that theorizing proceeds, in simple terms, by describing, explai-
ning and predicting, then we can see that it must be an integral part of
anything other than a completely haphazard theaching/learning process. We
must ask, however, is motor learning theory at the stage where it can yet
fulfill these roles to the full?

Stones [20] points out that "experimental investigation into the nature of
learning has developed only in this century and that as recently as the period
1940-1961 only five papers on the application of learning theory were
published in the three main journals in the field of educational psychology".
Of course the count may have been inaccurate and the sample restricted to
three English Language journals but the conclusion that the field is a relatively new one, is inescapable.

Since 1961 there has been much more work in the Motor Learning field.
Singer [16] has reported that

"In the 1960s, man's quest for the mastery of space resulted in further
inquiries into man's motor behavior under unusual circumstances.

Industrial technologists, vocational researchers, and physical educators have always been concerned with motor learning, and their contributions t the research literature have increased tremendously in recent years".

Despite this there still remains much to be done before Motor Learning theory can fulfil all the functions ascribed to theory in my previous statements.

In his book Human Behavior: Exploring Educational Processes, Cratty [4] writes that he has at times "attempted to place new ideas into gogent wholes formed by a mosaic of assimilated facts. In this manner, a series of 'spacia models' have been constructed, frameworks for understanding which have prove helpful in various ways". He goes on to admit, however, that "some of the models presented are naive and at times may lack coherence when reviewed by the reader", although they are useful. This indicates, I would suggest, that theorizing has hardly reached the level of sophisticated model building, let alone the generation of over-arching theories which one day may become metamorphosed into 'laws'.

Terminology

At a very basic stage ot theorizing, that of definition, motor learning still has a great deal of work to do. Whilst sharing the practitioners' irri tation with much of the jargon used in so-called scientific discourse, I realize that the situation is by no means a simple one. If one uses everyday words for something which needs precise definition then there is the likeli- hood that this will result in confusion and impede the intended clarity. On the other hand if new words are coined by different theorists for essentiall the same thing, or the same words used for similar but significantly diffe- rent hings, then again the result is likely to be confusion, irritation and lack of understanding. These problems are compounded by international lan- guage differences and different cultural contexts.

I can suggest no easy answers. I would only plead that each of us, in trying to communicate - and that is surely the purpose of language whether i is written or spoken - should attempt to make as clear as possible what we mean when we use certain terms. Where there is a term commanding widespread use, then let us use it. Too often one has the feeling that some people intr duce their own terminology simply to be different; to form their own clique of those who communicate in the 'in' language. Others may get so bound up in their own ideas and quest for knowledge that they would not even accept the need for communication and they ignore the possibility of the useful application of their theory.

Wilberg [23] has advanced the idea of the International Society for Sports Psychology establishing a committee "whose purpose would be the cataloguing and defining of word terms considered to be acceptable to all member countries". If, or when, this is established, it could do something to close the gap between different researchers in different countries - it remains to be seen if it could also help to close the language gap between theorists and practitioners.

I will leave the final words on promoting mutual understanding to Jerome Bruner [3] who says, "discovering how to make something comprehensible to the young is only a continuation of making something comprehensible to ourselves in the first place (...) understanding and aiding others to understand are both of a piece". Do we work at it hard enough?

The Applicability of Research

There are two more problem areas which merit comment at this stage; the first concerns the applicability of animal research in the study of human behaviour, and the second, the problem of which is more valuable - 'pure or applied' research.

Writing in 1966, Stones [20] said "In the study of the application of learning theory to school, much remains to be done since the bulk of experimental work has been done with animals, and this necessarily means we must pay a good deal of attention to animal learning. Elsewhere he has written 21 "Man is an organism; more specifically he is an animal (...) we can, by studying the ways in which other animals learn, gain insight into the way man himself learns". I would accept that provided there is 'critical caution in application', which Stones stresses, then at times the gap between "the rat lab" and teaching children can be bridged to some advantage.

Rushall and Siedentop [13] in their book entitled The Development and Control of Behavior in Sport and Physical Education (1972), made, in many ways, a pioneer attempts to bridge two of the gaps already mentioned. Their aim was to employ "the theories and principles of the operant school of psychology (...) and they presented a specific application of the general operant model". We know that the father of operant psychology, "B.F. Skinner's early work as an experimental psychologist was predominantly with infra human subjects". They thus set out to demonstrate the potential use of a broad theory in the applied situation. In this case the theory selected was based on laboratory investigations with non-human subjects. Hill [9] has pointed out that many psychologists are dissatisfied with Skinner's ideas and "have chosen other paths".

Although very interesting as a theoretical work written to influence practice, I am not yet aware that Rushall and Siedentop have had any great influence on the practice of Physical Education teaching in Great Britain.

In a paper given to the 18th International Congress of Applied Psychology in Montreal in August 1974, Dr. Robert Wilbert [24] again commented on "the lack of meaningfulness" of much of the basic research conducted "when the application of the results has been attempted". He picked out examples where authors "interpret basic research with a familiarity and clarity not readily available in other works".
However he went on to say that

"Unfortunately, complete familiarity and understanding with research fact amounts to only one half of the (...) problem. The other half (...) that of application in specific teaching, sport and/or competitive circumstances, often goes unfulfilled". So far, he concluded, "Only a handful of authors in psychology have been able to come to grips with the (...) problem".

The solution to this problem is again difficult but it could be partially solved if researchers would recognize their practical limitations and avoid what Wilberg describes as their "Insensitivity towards the very population they are attempting to reach". The inclusion in research teams of people with for example, the necessary practical knowledge of the activity being researched, should be an accepted practice.

However carefully a research team is constituted and goes ahead with its work, once a research project is carried into the multi-variable situation of everyday teaching, it is a considerable strain, if not an impossibility, to

maintain sufficient experimental control to obtain results of any real
significance.

The result has been either that such research has been written off as worth-
less, even before it is finished, or that the researcher has withdrawn to the
laboratory where he can control the situation to a greater extent. John
Whiting [22], who has had much experimental experience in England, has stated

"laboratory studies have been useful in drawing attention to those
characteristics of skilled performance which are worthy of attention.
There is still a need (however) for making the transition from rigidly
controlled laboratory experiments (...) to field type experiments in actual
game situations (...)".

Singer [18] sees both laboratory and field research as necessary and
complementary means of increasing our understanding of human behavior. In
the matter of brdiging this gap, the responsibility seems firmly in the hands
of research workers and those who select and finance research projects.

Interpreting Research

A necessary aid to crossing the gap between practice and theory is at least
a working knowledge of basic statistics. Somehow a realisation of the importance of this knowledge too seldom communicates itself to physical education
students in training.

In the light of the general theme of this paper it is amusing to find that
Reichmann [12] in his book The Use and Abuse of Statistics says:

"There is a real gulf between the statistical and non-statistical world
of ideas, and the statistician often finds it difficult to project his
ideas across that gulf. This is partly his own fault in that his jargon,
like all scientific terminology, tends to intensify the difficulties".

It seems we are not alone with our problems, but that problems in statistics
may also be added to ours in as far as we use statistical methods and
language in our discussions.

As well as establishing the worth of any particular piece of evidence, we
also have the problem of conflicting evidence. In yet another of his numerous
publications, Cratty [5] reminds us that

"Determining what is truth poses formidable problems. Must a finding be echoed in numerous research studies or will a single investigation's findings suffice when attempting to establish the truth? What is the truth when conflicting findings are available?"

With my own students my response is to produce a framework for consideration of existing evidence (3) and discuss its worth as far as possible; to give general guidelines for practice where these are indicated; and, to note where conflicting evidence exists or no firm evidence is available. The honesty of showing the inconclusiveness of the evidence on which we advocate work in some areas of practice, seems to me to be essential.

We obviously need care in selecting which new ideas we attempt to translate into practice. Dr. Pierre Seurin [15] the FIEP President, in his Opening Address at the 1976 Congress on Evaluation, staged in Finland, warned against the dangers of new ideas too guickly taking on the mantle of scientific fact. Cratty [5] has also questioned whether a single research finding can establish truth. I could not leave this point without drawing your attention to what has become almost a public scandal in Britain over the past few weeks. You may have heard the charge that the late Sir Cyril Burt, "father of British Educational Psychology (...) published false data and invented crucial facts to support his controversial theory that intelligence is largely inherited".

On October 24th, the front page of the Sunday Times [8] stated:

"The accusation has far reaching implications. Not only were Burt's ideas fundamental in influencing British Education for half a century - from the late 1920s right up to his death in 1971 - but they also inspired public controversy over race and intelligence, which has been led in Britain by Professor Hans Eysenck and in America by Professor Arthur Jensen".

It goes on to report that "Burt was so eminent in his lifetime that his work was accepted without question, escaping the usual processes of scientific scrutiny". It is largely through statistical methods that his honesty is now being questioned.

---

(3) A typical example of this type of framework and summary, will be published in the proceedings of the 1976 Israeli seminar on Motor Learning in P.E. and Sport. In it I establish a simple analysis by which to highlight possible breaddown points in the process of verbal instruction during day-to-day teaching in Physical Education [2].

My only comment here is to note the great difficulties in establishing
'truth' for the practitioner who wishes to base his work on a sound theoretical footing - and to marvel at how even the mighty can mislead or be misled.

Concluding Remarks

In closing I would like to aknowledge a few facts of the situation as it
stands and to say a brief word of thanks.

1. Firstly, we must accept that there will always be a time lag between the
   birth of new ideas, their verification, and their acceptance and widespread implementation.

2. Secondly we must accept that 'a research explosion' has taken place in
   recent years in the motor learning area and that, in common with many
   other areas of study, it is becoming increasingly difficult to stay in
   touch with all the work which is being published. There is a very real
   danger of "thinking one knows more than one does" and, in trying to retain
   an overall perspective, running the risks of over-simplification and
   misinterpretation.
   Recognizing these dangers is at least a step towards avoiding them.

3. Lastly, I would like to acknowledge the work of many of the physical
   educationists and others who have set out to bridge the gaps for us over
   the past years. In this respect I must mention the publication in 1963 of
   Skill in Sport by Barbara Knapp [10] which has had a lasting influence
   on the content of specialist physical education teacher training courses
   in Britain. Drs. Whiting and Kane have also reached international audiences
   with their research work andpublished material.

   Looking to the United States, I have already referred many times to the
   numerous publications of Robert Singer and Bryant Cratty. In addition there
   are straight-forward texts like those of John Lawther [11] on The Learning
   of Physical Skills and that of Loretta Stallings [19] mentioned earlier,
   and Richard Alderman's [1] Psychological Behavior in Sport, published in 1974.

   Perhaps worthy of special mention is yet another attempt to work through
   the complete process of translating theory into practice by Singer and
   Dick [16]. In a joint work, published in 1974, they examine "a systems
   approach to the teaching of physical education".

I do not pretend to have mentioned all the 'bridging' publications or
all the authors involved, for example I have entirely neglected the many
excellent journal articles and I have not referred to any of the works of
my European colleagues — of which I hope we may hear more during this congress. However I offer my sincere apologies to anyone who feels offended by
not being mentioned... and my thanks go to all, whether mentioned or not,
for the important work so far carried out.

Much more remains to be done. I hope this congress will provide the
opportunity for further fruitful communication.

Thank you.

REFERENCES

1. ALDERMAN (R.B.), Psychological Behavior in Sport, W.B. Saunders, U.S.A.
   1974.

2. ANDREWS (J.C.), Problems of Verbal Instruction in Physical Education'
   in Proceedings of the 1976 Seminar on Motor Learning in Physical Education and Sport, Wingate Institute, Israel (in press).

3. BRUNER (J.S.), Towards a Theory of Instruction, Belknap Press, Harvard
   University, U.S.A., 1966, pg. 38.

4. CRATTY (B.J.), Human Behavior: Exploring Educational Processes, The University Press, Texas, U.S.A., 1971, pg. 14-15.

5. CRATTY (B.J.), Psycho-Motor Behavior in Education and Sport, Charles
   C. Thomas, Illinois, U.S.A., 1974, pg. 147.

6. CRATTY (B.J.), Remedial Motor Activity for Children, Lea and Febiger,
   Philadelphia, U.S.A., 1975, pg. 11-12.

7. DE CECCO (J.P.), The Psychology of Language, Thought and Instruction,
   Holt, Rinehart and Winston, London, 1969, pg. vii.

8. GILLIE (O.), 'Crucial Data was Faked by Eminent Psychologist', The Sunday
   Times, London, October 24th, 1976, pg. 1.

9. HILL (W.F.), Learning: A Survey of Psychological Interpretations, Methuen,
   London, 1964, pg. 79.

10. KNAPP (B.), Skill in Sport, Routledge and Kegan Paul, London, 1963.

11. LAWTHER (J.D.), The Learning of Physical Skills, Prentice-Hall, U.S.A.,
    1968.

12. REICHMANN (W.J.), Use and Abuse of Statistics, Pelican Books, London,
    1964.

13. RUSHALL (B.S.) and SIEDENTOP (D.), The Development and Control of Behavior
    in Sport and Physical Education, Lea and Febiger, Philadelphia, U.S.A.,
    1972.

14. SAUNDERS (E.D.), 'Theory and Practice in Physical Education', pags. 13-21, BAOLPE, Bulletin of Physical Education, Vol X, No. 3, July 1974.

15. SEURIN (P.), 'Opening Address' 1976 Congress on Evaluation at Jyvaskyla, Finland. FIEP Bulletin, Vol 46, No. 3, 1976.

16. SINGER (R.N.) (Ed.), Readings in Motor Learning, Lea and Febiger, Philadelphia, U.S.A., 1972, pg. vi.

17. SINGER (R.N.) and DICK (W.), Teaching Physical Education: A Systems Approach, Houghton Mifflin Co. Boston, U.S.A., 1974.

18. SINGER (R.N.), Motor Learning and Human Performance (2nd edition), Macmillan, New York, 1975, pg. 5.

19. STALLINGS (L.M.), Motor Skills: Development and Learning, Wm. C. Brown Co., U.S.A., 1973, pg. vii.

20. STONES (E.), Educational Psychology, Methuen, London, 1966, pg. 53.

21. STONES (E.), ibid., pg. 17.

22. WITHING (H.T.A.), Acquiring Ball Skill, G. Bell and Son, London, 1969, pg. 104.

23. WILBERG (R.B.), 'The direction and definition of a field' (215-226) in Trabajos Cientificos, tomo III, Proceedings of the IIIrd World Congress of the International Society of Sports Psychology (ISSP), Madrid, 1973, Published by I.N.E.F., Madrid, 1975, pg. 221.

24. WILBERG (R.B.), 'An Analysis and Application of Game and Human Performance Theory to Sport and Competition' (122-137), in WHITING H.T.A. (ed.) Reading in Sports Psychology 2, Lepus Books, London, 1975.

A PSYCHOMOTOR PROGRAM FOR THE SYNDROME

OF VESTIBULAR-PROPRIOCEPTIVE DISASSOCIATION

M.O. ALLEN

Consultant in psychomotor,
Lecturer University of California (U.S.A.

Dr. R. KANE

Administrative Superintendent,
Kentfield School District, Kentfield, California (U.S.A.)

Many nueral structures are synergetic providing a balancing functional relationship for homeostasis. The proprioceptive and vestibular systems contribute constant reciprocal influence in this way.

The proprioceptor nerve endings, stimulated by muscular activity, will leave impressions of changes in body position during movement. These impressions lead to the mental enhancement and refinement of that body position, if repeated, so that its normal position remains undisturbed. In this way kinesthetic awareness and balance result.

However, for some individuals this does not occur. As early as 1925 Prechtl described a syndrome of vestibular-proprioceptive disorganization leading to language delay. In 1972 Payne noted many learning disorders resulting from disassociation of proprioceptive and vestibular systems. That same year Dr. Ayres published a research study of sensory integration and learning disorders with research on the vestibular system. A longitudinal experiment on posture, equilibrium, and learning was conducted over a seven year period with a total number of 1,902 children by Dr. Julio B. de Qũiros in Argentina. This study verified consistent learning disabilities related to postural disturbances. These were disorders of vestibular-proprioceptive-cerebellar integration. Another research project of a large number of children is a continuing collaboration by Dr. Frank and Dr. Levinson. They examined over one thousand children usually diagnosed as having specific, primary, or developmental dyslexia. Their investigations of these children revealed an underlying cerebellar-vestibular dysfunction.

These cases of cerebellar-vestibular origin reveal positive Rombergs, diffi-culty in tandem walking, dysdiadochokinesis, hypotonia, and various dysmetric disturbances. There is tilting or rotation on the Goodenough-Harris Drawing Test and Bender Gestalt revealing disturbance in spatial orientation.

In testing one finds that individuals with vestibular damage increase reliance on proprioception leading to anguish and frequent cognitive overload. Conversely, it will be the vestibular system relied upon when an individual is unstable from proprioceptive dysfunction (1).

On this basis it was our purpose to construct a psycho-motor program for remediation of vestibular-proprioceptive disassociation. It has been our experience that students with this dysfunction benefit most from a psycho-motor program in a swimming pool in juxtaposition with a program in the gym-nasium. The water provides uneven, soft surfaces for differentiated adapta-tion; the gymnasium provides contrasting hard surfaces. The intent of the juxtaposition is to facilitate integration of vestibular-proprioceptive reciprocity.

Such a program offers differentiated sense qualities in three dimensional space. Compared to the more limited movement possibilities on the ground, the movement ability in the water is free and unlimited. Resistance from water is differentiated from resistance of solid surfaces. The contrast of repetitive activities in water and then on the ground offers postural learning through insight. Each muscle group may have many different exercises, utili-zing different body angles or positions to increase the convergence of sensory input throughout the total range of motion.

The challenge in such a program is for the instructor as well as the student. The student is given a challenge. But it is the instructor who must plan an activity which will offer the student some dis-equilibrium in motion and structure the challenge so that a more mature adaptive postural response wil be elicited. The activity must be commensurate with the student's developmental

---

(1) REUCH, Myotatic, Kinesethetic, and Vestibular Mechanisms, Churchill Limited, 1967, p. 92.

level and offer an opportunity for increased self esteem when the challenge is accomplished. A variety of activities are used to accomplish this end:

Jumping waves on a large parachute
Log roll between tumbling mats
Barrel stroke in swimming
Spinning in flexed supine position in a roll-a-sphere
Spinning in an inner tube on the surface of the water
Motor planning movement of the body through a spinning hoop
Torpedo - a movement feet leading in back float through hoops
Balance boards shifting weight to flashing metronome light
Balance on waterbed mattress filled with air and floating
Scooter board soccer
Hammock activities
Slide into water and swimming through underwater obstacle courses

This psycho-motor program was set in the Kentfield School District. Students attended activities in psycho-motor each day. Measurement tools included:

Beery (Eye-hand coordination)
Goodenough (Body image)
Wold (Handwriting skill)
Jordan (Reading reversals)
Developmental levels - trunk strength and ocular-motor efficiency
Romberg test on changing consistency board

Some of the results are shown on the following page. This is the beginning of an on-going project.

Since disorganization of the vestibular-proprioceptive system underlies learning difficulties and yet can be diagnosed, and since the program we describe shows improved scores by students in the program, we propose a psycho-motor program involve both water activities and gymnasium activities. The juxtaposition is necessary for greater sensory integration.

At the completion of each year of participation in the Learning Lab Program, the student will demonstrate competence or significant positive improvement in automatic psycho-motor functions (balance, posture, large and small muscle coordination, spatial awareness).

Measurement Tools: Beery (eye-hand coordination)
                     Goodenough (body image)
                     Wold (handwriting skill)
                     Jordan (reading reversals)
                     Developmental levels - trunk strength and ocular-motor
                                            efficiency

Criteria: Age appropriate score = 26

Results:

	Range	Mean	Tested
Fall	6 to 19	13	17
Spring	9 to 26	19	54

Average gain = 6

	Regression	No Growth	Up to 1 Yr.	1-2 Yrs.	2-3 Yrs.	Over 3 Yrs.
Beery	6	2 + 2 (x)	12	7	3	2
Goodenough	7	6 + 9 (x)	9	10	2	1
Wold	1	8 + 1 (x)	22	12	3	1
Jordan	5	5 + 9 (x)	8	11	3	3

Improvement on a 5 point scale

	0	1	2	3	4	5
Occular-motor efficiency	5 + 2 (x)	3	7	1		
Trunk strength	1 + 1 (x)	6	8			

x Age appropriate level attained in pre-testing

BIBLIOGRAPHY

AYRES (A.J.), Sensory Integration and Learning Disorders, Los Angeles, Western Psychological Services, 1972.

BARANY (R.), Some New Methods for Functional Testing of the Vestibular Apparatus and Cerebellum, (Nobel Lectures, Physiology and Medicine 1901-1921), Amsterdam, Elsevier, 1967.

FRANK (J.) and LEVINSON (H.), "Dysmetric Dyslexia and Dyspraxia - Hypothesis and Study", The Journal of the American Academy of Child Psychiatry, 12 (1973), 690-701.

QUIROS de, (Julio B.), "Vestibular-Proprioceptive Integration: Its Influence in Learning and Speech in Children", in Proceedings of the Tenth Interamerican Congress of Psychologists, Lima, Peru.

REUCH, and KNIGHT (J.), Myotatic, Kinesesthic, and Vestibular Mechanisms, Churchill Limited, 1967.

A CRITICAL STUDY ABOUT THE CORRELATION

BETWEEN MENTAL AND MOTOR ABILITY OF PUPILS

FROM DIFFERENT TYPES OF SCHOOLS

K. BÖS and H. MECHLING
Institut für Sport und Sportwissenschaft, Universität Heidelberg (B.R.D.)

ISSUE

The analysis of the relationship between intelligence and motor capacity has represented a main subject in Physical Education and Pedagogy research. Results in this field of research have gained great importance especially as far as preschool and mentally retarded children are concerned. The coherence of intelligence and motor capacity in the early childhood and at subnormal IQ is largely accepted as a matter of fact (Schilling, 1975; Kiphard, 1972).

Most of the studies known up to the present have been closely connected with mentally retarded, and the analysis and comparison of the structure of the capacity between gifted and less gifted children. These studies should be regarded critically because of their methodical concepts, because there exist no measuring instruments, neither in the field of intelligence nor in the field of motor capacity, that are tested for measuring one aspect exclusively (Eggert, 1975). Therefore it seems impossible to conclude a higher differentiation of intelligence and motor capacity from the data. Additionally it seems to be extremely problematic that even in latest studies the Factor Analysis (FA) is chosen as the only method, though Butollo (1970) and Kalveram (1970) could show that the FA is not suitable for finding latent traits. This is why it seems to be improper for testing the 'differentiation hypothesis' of Wewetzer (1972). Nevertheless the group structures and the correlation coefficients between the tests used were and still are interpreted as a measure for the coherence between intelligence and motor capacity. Woschkind (1967) could find a correlation coefficient of .42 and accepted it as a positive coherence. While other investigators, depending on the diversity

of measurements and the different structures of the samples, produced most
conflicting results.
This study, therefore, is designed to deal with these problems in a new
methodical way. This investigation has got the character of a pilot study, it
should provide some new aspects in this field of research. The validity of
the results are to be proved at a larger sample and with the latest statistical methods.

DISPOSITION

The analysis of coherence in the social sciences represents a very complex
field of research. In many cases there is a discrepancy between theoretical
statements, design and statistical methods. "(...) i.e. eine Diskrepanz
zwischen der Komplexität theoretischer Aussagen und der Einfachheit empiri-
scher Forschung" (Opp/Schmidt, 1976, S. 11). For example there are a lot of
bivariate designs in order to get further explanation about such complex
constructs as mental and motor capacity. Kornmann (1976) with mentally
retarded and Willimczik (1976) in Physical Education have shown the importance of multiple methods in analyzing complex constructs and coherences.
The study of Eggert (1975) is one of few studies that took this problem of
several variables into account. He considered the social rank as one inter-
vening variable between mental and motor capacity.
In our study we exceeded the number of important variables and included varia
bles of social rank, somatometric measurement, and psychological variables.
The basic difference of this investigation to others is that we do not look
at intelligence as criterion and motor behaviour as predicative variables.
We used quite a different way with intention to explain the variance of the
motor achievement by describing a more complex interdependency. In our opini
it is impossible to regard the relation between criterion and predicative
variable as a linear one. But it should be possible to regard motor achievem
in their upper and lower extremes as decisive or limiting for the achievemen
capacity. In addition to these objections mentioned above there is another
severe limitation. The variabl es as "profession of father" and "achievement
motivation" (rating by the teacher) are only measured on ordinal scales, and
therefore there are only ordinal relations and it does not seem to be
justifiable to take these for interval scales and use analytical methods as
regression and path analysis, based on interval scales.

OPERATIONALIZATION

Motor capacity as criterion

In numerous studies about the correlation of different mental and motor variables, motor capacity was only measured by one test. Eggert (1975), Woschkind (1967) used the Lincoln-Oseretzky-Motor Development Scale. This test primarily refers to fine motor skills and its validity is not satisfying (Volkamer, 1971). Schilling (1973) used in his investigations the Body Coordination Test (KTK). These tests only take into account special parts of motor behaviour and it does not seem justifiable to generalize the results in intelligence and motor capacity especially if one sees that the measurement of IQ depends on the test used.
In order to be able to take into account the whole spectrum of motor capacity we refer to the proposition of Mattausch (1973) and discriminate "physical fitness" and "coordination" abilities and distinguish in "fine" and "gross motor coordination". We got three item pools of altogether 20 items which where partly selected from different standardized tests. These items represent the three scales and were tested for homogeneity. Thirteen items proved to represent one dimension each. This was tested by the logistic test model of Rasch (1960) (1).

We extracted:

- 4 items for physical strength;
- 4 items for fine motor coordination;
- 5 items for gross motor coordination.

The scales were represented by Z-values. The notions of the scales are reversible because there could be some other items too. But we are quite sure that these scales represent motor behaviour to a large extent.

Selected predictor variables for motor performance

The assumption of a multivariate dependency of motor capacity on relevant predictor variables caused us to collect data from the following four areas:

---

(1) The sample of N = 111 is relatively small. The results of this dimensional analysis is therefore to some extent restricted.

1. Variables of social status:
   - father's profession;
   - index of dwelling $=$ $\dfrac{\text{number of rooms}}{\text{number of family members}}$

2. Variables of cognitive performance:
   - IQ (according to Raven PMT);
   - ability to concentrate (as indicated by the number of mistakes in an obstacle race (see Bös/Hörtdörfer/Mechling, 1976));
   - school marks.

3. Psychological variables:
   - achievement motivation (according to teacher rating);
   - readiness of taking risks (according to teacher rating).

4. Somatic variables:
   - age;
   - height
   - weight;
   - constitutional index = height - (chest measurement + weight).

PROCEDURE

Subjects

The sample consisted of one hundred and eleven pupils of:

Secondary school   N = 27
Primary school   N = 34
School for mentally handicapped   N = 50

The age varied from ten - thirteen (Average $\bar{x}$ = 11.5).

Hypotheses

As discussed before the assumption of linear relations does not seem to be justified. Therefore and because of scaling problems all predictor variables were dichotomized. Not all variables, however, had a naturel CUTOFF-value. In these cases the limit of dichotomy was fixed according to reasons of plausible evidence which were based on the results of the sample Thus the following hypotheses have been formulated:

1. Children of workers or unskilled workers perform worse in motor tasks.
2. Bad dwelling (index $\leq$ 1) has a negative effect upon motor capacity.
3. An IQ $\leq$ 85 is a limiting factor in the motor area.

4. Subjects with good concentration ability (= 0 mistakes in obstacle race) show a good motor proficiency.
5. High achievement motivation has a positive effect upon motor behaviour.
6. The readiness of taking risks causes better motor performance.
7. Older pupils (age > $\bar{x}$) show better motor performance.
8. Pupils who are smaller than $\bar{x}$ - 20 cm are worse motor performers.
9. Pupils who are heavier than $\bar{x}$ + 20 are worse motor performers.
10. Pupils with a constitutional index $\leq$ 20 (plausibility) are worse than pupils with an constitutional index of > 20.

Statistics

A canonical correlation was computed in order to test simultaneously the complex relations between the three motor areas (criterion) and the ten predictor variables. It is the aim of a canonical correlation to find a common factorial structure which optimally describes both sets of variables. The correlation of the canonical values is computed and tested upon significance. Direction and amount of the canonic variable loadings were used as additional aids of interpretation.

INTERPRETATION OF RESULTS

The canonical correlation analysis allows as many canonical sets of variables as the number of variables of the smaller set of variables. Only the first of three constructs of this investigation showed significant results.

TABLE I — Eigenvalues and Canonical Correlations

Eigenvalue	Canonical Correlation	Significance
0.45129	0.67178	$\leq$0.01
0.24784	0.49783	n. s.
0.13241	0.36388	n. s.

The significance of only one construct indicates a close correlation within the groups of variables. Therefore we will only look at the loadings of the first canonical variables.

TABLE II – Canonical Variables Loadings

Variable Set 1	Loading	Variable Set 2	Loading
strength	0.731	profession	− 0.211
gross coord.	0.950	dwelling	− 0.163
fine coord.	0.589	IQ	− 0.308
		Hl l F	− 0.586
		mot. perf.	− 0.197
		risk. taking	− 0.473
		height	− 0.312
		weight	− 0.348
		const. index	− 0.379
		age	− 0.544

The loadings from 0.59 - 0.95 show that all three motor areas are well represented in the first construct. 59.3 % of the variance of the criterion can be explained by the predictor variables. Normally the canonical correlation also allows a prediction in the other direction.

The motor variables, however, only explain 15 % of the previous predictor variables. As we are mainly interested in a predictor-model for motor performance, however, we will only analyse the loadings of the set of predictor variables and compare them to the hypothese above.

Prediction model of motor performance

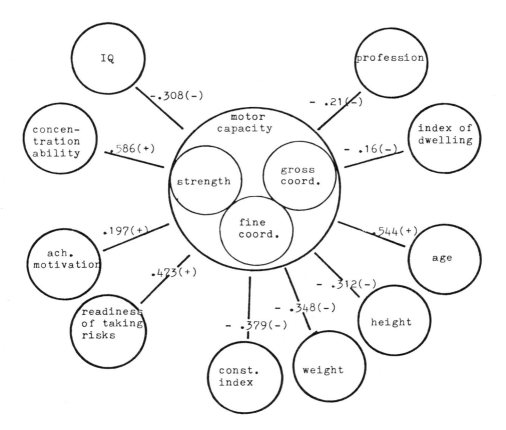

The figure shows that the signs of all loadings coincidence with the formulated hypotheses, although the amount of the loadings does not allow significant evidence in every case. Therefore only these loadings will be considered as substantial which are larger than 1.301.

So it becomes obvious that the somatic variables are highly relevant for the motor performance of the sample. Smaller and over-weighted boys are worst than other pupils in terms of motor performance. In addition the index

38

of constitution is signed negatively; on the other hand, however, the variable "age" shows a high positive correlation with the motor capacity area.

In the group of cognitive performance variables concentration ability shows higher loading than the IQ. This is not surprising, however, because it can be assumed that the result of measuring concentration ability by the number of mistakes in an obstacle race will be highly influenced by motor variables.

There are no relevant loadings concerning the variables of social status. This may be partly explained by problems of measurement in this area. Also the measurement of achievement motivation and risk taking behaviour by means of a teacher rating seems to be very problematic. Nevertheless the positive loadings of these variables can be used as indicators for the relevance of psychological variables concerning motor performance.

CONCLUSION

It was the aim of this investigation to construct a multivariate factor model for motor performance. Motor capacity was measured by items which required physical fitness as well as coordinative abilities. Cognitive, somatic, psychological and social status variables were also included into the prediction model.

The results of a canonical correlation analysis allow clear statements concerning amount and sign of relevant variables. It must be noticed, however, that the results cannot be generalized without restrictions. Future analyses with larger and various samples could provide more evidence about the validity of the statements above.

REFERENCES

BOS, HORTDORFER, MECHLING, Die Veränderung koordinativer Leistungen unter Berücksichtigung von Leistungsgeschwindigkeit und Leistungsgüte. Referat, gehalten auf dem 7. ADL-Kongress, München, 1976.

BUTOLLO (W.H.), "Untersuchung zur Invarianz der faktoriellen Determination von Lernverläufen", Psychologische Beiträge, 12, 52, 1970.

EGGERT (D.), KIPHARD (E.J.), Die Bedeutung der Motorik für die Entwicklung normaler und behinderter Kinder, Schorndorf, 1973.

EGGERT (D.), SCHUCK (K.D.), "Untersuchungen zu Zusammenhängen zwischen Intelligenz, Motorik und Sozialstatus im Vorschulalter", in: Schriftenreihe des NISP Bd. 1, Motorik im Vorschulalter, Schorndorf, 1975, 67–82.

KALVERAM (K.T.), Uber Faktorenanalyse – Kritik eines theoretischen Konzepts und seine mathematische Neuformulierung. Archiv für Psychologie Bd. 122 (1970), S. 92–118.

KIPHARD (E.J.), "Sensumotorische Frühdiagnose und Frühtherapie", in: EGGERT (D.), KIPHARD (E.J.), Die Bedeutung..., op. cit.

KORNMANN (R.), Multivariate Methoden in der sonderpädagogischen Forschung: Zwei Beispiele aus der Unterrichtsforschung bei Geistigbehinderten und Lehrbehinderten, Zeitschrift f. Heilpädagogik (1976) 3, S. 156–166.

MATTAUSCH (W.D.), Zu einigen Problemen der begrifflichen Fixierung der konditionellen und koordinativen Fähigkeiten, Theorie u. Praxis der Körperkultur (1973) 9, S. 849–856.

OPP (K.D.), SCHMIDT (P.), Einführung in die Mehrvariableanalyse, Hamburg, 1976.

RASCH (G.), Probabilistic Models for some intelligence and attainment tests, Copenhagen, 1960.

SCHILLING (F.), Motodiagnostik des Kindesalters, Berlin, 1973.

SCHILLING (F.), Die Bedeutung motorischer Verfahren für die Differentialdiagnose Lernbehinderter, in: KORNMANN (Hrsg.), Diagnostik bei Lernbehinderten, Rheinstetten, 1976.

SCHLOSSER (O.), Einführung in die sozialwissenschaftliche Zusammenhangsanalyse, Hamburg, 1976.

VOLKAMMER (M.), Zur Problematik motorischer Entwicklungstests, Schorndorf, 1971.

WEWETZER (K.H.), Intelligenz und Intelligenzmessung, Darmstadt, 1792.

WILLIMCZIK (K.), Aufbau und Analyse von Untersuchungen zur simultanen Uberprüfung komplexer (motorischer, sozio-affektiver und kognitiver) Lernziele, Referat, gehalten auf dem 7. ADL-Kongress München, 1976.

WOSCHKIND (U.), Untersuchungen zur Motorik bei Volks- und Hilfsschulkindern, in: Zeitschr. f. Heilpäd. (1967) S. 18ff.

NIVEAUX D'APPRENTISSAGE ET RETENTION A LONG TERME

D'UNE TACHE MOTRICE CHEZ DES GARÇONS NORMAUX

ET DES GARCONS DEFICIENTS MENTAUX [x]

F. CARON, N. LAMIRANDE-BLOUIN et L. VACHON

Département des Sciences de l'activité physique,
Université du Québec, Trois-Rivières (Canada)

INTRODUCTION

L'étude analyse la rétention à long terme d'une tâche perceptivo-motrice
chez des garçons normaux et des garçons déficients mentaux. La précédente recherche sur la rétention perceptivo-motrice à long terme effectuée à l'aide
du test du tourneur et réalisée chez les seuls déficients mentaux (Caron, Swalus & Vachon, 1976), tout comme les revues de la littérature qui l'avaient
précédée (Caron, Lyons & Vachon, 1975; Caron, 1976), montrent, en certaines circonstances, que la rétention à long terme des habiletés ou tâches perceptivo-
motrices semble être la même chez les déficients mentaux éducables que chez
les normaux. Cependant, les effets sur la rétention à long terme de l'apprentissage, à différents niveaux, d'une tâche prioritairement motrice, sont encore trop peu connus.

Nous nous proposons de vérifier, d'une part, si différents niveaux d'apprentissage agissent de la même façon sur la rétention à long terme; d'autre part,
s'il existe des différences entre les deux populations, et ce lorsqu'il s'agit
d'une tâche dont le contrôle semble dépendre principalement du feedback
kinesthétique. L'objectif principal est d'étudier l'interaction entre trois
niveaux d'apprentissage initial et deux intervalles de rétention à long terme;
l'objectif secondaire, de comparer le niveau de rétention atteint par les
groupes et les sous-groupes à chaque intervalle.

x Etude subventionnée, en 1975-1976, par le programme de Formation de Chercheurs et d'Action Concertée (FCAC), Ministère de l'Education, Gouverne-
ment du Québec (Canada).

METHODOLOGIE

Sélection des sujets

Les cent trente garçons sélectionnés pour étude furent répartis en trois groupes:

a) trente-sept déficients mentaux éducables, DM, ($\underline{M}$ âge = 137.43 mois, $\underline{s}$ = 13.40; $\underline{M}$ Q.I. = 71.54, $\underline{s}$ = 3.94; $\underline{M}$ âge mental = 72.92, $\underline{s}$ = 10.34);

b) quarante-six normaux appariés en âge chronologique aux déficients mentaux, NAC, ($\underline{M}$ âge = 129.96 mois, $\underline{s}$ = 12.43);

c) quanrante-sept normaux appariés en âge mental aux déficients mentaux, NAM, ($\underline{M}$ âge = 78.81 mois, $\underline{s}$ = 8.09).

Pour chaque groupe, le choix des sujets et les traitements furent assignés, au hasard, à trois sous-groupes: un témoin et deux expérimentaux. Pour chaque sujet, le test de rétention était administré soit à l'intervalle de quarante-huit heures, soit à celui d'un mois, selon une désignation également faite au hasard. Dorénavant, les neuf sous-groupes seront identifiés comme suit: DMt, NACt, NAMt (témoin); DMa, NACa, NAMa (apprentissage); DMs, NACs, NAMs (surapprentissage).

Plan expérimental

Au premier jour du traitement, les six sous-groupes expérimentaux (DMa, NACa, NAMa; DMs, NACs, NAMs) devaient réaliser la tâche définie jusqu'à l'atteinte d'un critère d'apprentissage pré-établi de dix-huit secondes sur trente en équilibre, tandis que les trois sous-groupes témoins (DMt, NACt, NAMt) ne subissaient aucune pratique. Au deuxième jour du traitement, les sous-groupes DMs, NACs, NAMs poursuivaient l'apprentissage de la tâche jusqu'au critère de vingt-deux secondes sur trente secondes en équilibre. Quarante-huit heures ou un mois après que les sous-groupes expérimentaux avaient atteint les critères d'apprentissage déterminés, la moitié des sujets des sous-groupes devait réaliser au minimum une série de cinq essais ou atteindre de nouveau leur critère respectif d'apprentissage initial.

Appareil: choix, description et fonctionnement

L'appareil employé fut le stabilomètre et la tâche d'équilibre dynamique demandée devait être effectuée avec la vue obstruée. Le temps total en déséquilibre enregistré, à chaque essai, au .01 de seconde près, constitue les

données de l'étude. Un nombre élevé de secondes correspond à une faible performance et vice versa. Si le sujet était en déséquilibre pendant l'exécution de la tâche, un signal sonore se faisait entendre. Le cycle de chaque
essai était trente secondes de travail, cinquante secondes de repos.

Traitement statistique

   Les analyses de la covariance furent réalisées pour le critère d'apprentissage temps total, la variable modératrice correspondant à la taille du sujet.
L'alpha accordé à chacune des vingt-quatre hypothèses d'interaction fut de
.001, à chacune des quarante-cinq hypothèses de comparaison de .001. Puisque
les statistiques t de Bonferroni servirent à l'exécution simultanée des infé-
rences statistiques, l'alpha global devait donc être considéré dans l'étude
comme étant inférieur ou égal à .10.

RESULTATS

   Les principaux résultats des groupes qui apparaissent au tableau 1 et qui
sont illustrés dans les figures 1 et 2 se résument ainsi:

a) lorsque, comparés au groupe témoin, les groupes expérimentaux obtiennent
   un niveau supérieur de performance en rétention à long terme;
b) lorsque, comparé au groupe apprentissage, le groupe surapprentissage obtient des résultats qui tendent vers des effets supérieurs en rétention
   à l'intervalle de quarante-huit heures, lesquels effets s'atténuent progressivement à l'intervalle d'un mois;
c) chez les trois groupes, l'oubli apparaît principalement à l'intervalle de
   quarante-huit heures et, pour les DM et les NAC, il reste relativement
   stable à l'intervalle d'un mois;
d) les trois groupes atteignent approximativement les mêmes niveaux de performance en rétention à long terme, exception faite des NAM qui obtiennent
   une performance inférieure aux DM, au test de rétention d'un mois; à l'intervalle de un mois, les NAM démontrent plus d'oubli après le surapprentissage qu'après l'apprentissage;
e) après ajustement du rendement en fonction de la taille, les performances
   en équilibre des NAC sont légèrement supérieures aux NAM.

44

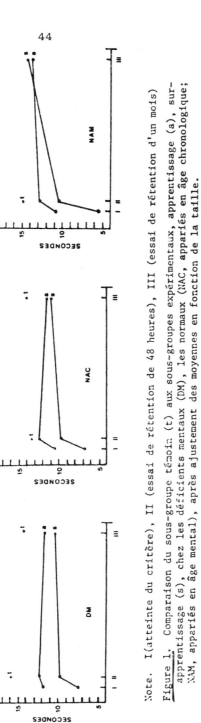

Note. I(atteinte du critère), II (essai de rétention de 48 heures), III (essai de rétention d'un mois)

Figure 1. Comparaison du sous-groupe témoin (t) aux sous-groupes expérimentaux, apprentissage (a), surapprentissage (s), chez les déficients mentaux (DM), les normaux (NAC, appariés en âge chronologique; NAM, appariés en âge mental), après ajustement des moyennes en fonction de la taille.

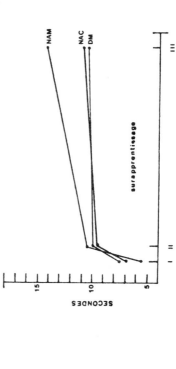

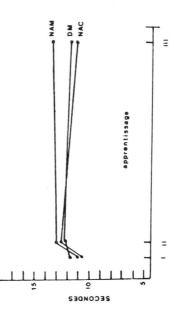

Note. I(atteinte du critère), II (essai de rétention de 48 heures), III (essai de rétention d'un mois)

Figure 2. Comparaison des déficients mentaux (DM) aux normaux (NAC, appariés en âge chronologique; NAM, appariés en âge mental), pour le sous-groupe apprentissage et le sous-groupe surapprentissage, après ajustement des moyennes en fonction de la taille.

TABLEAU 1

Résultats des sous-groupes, en secondes de déséquilibre, après ajustement des moyennes en fonction de la taille

Sous-groupes (a)	Atteinte critère		Rétention 48 heures		Rétention un mois	
	M	s	M	s	M	s
DMt			15.83	1.14		
DMt					14.53	1.55
DMa	11.81	.56	12.39	1.18		
DMa	10.44	.47			11.82	.99
DMs	7.45	.29	9.76	.92		
DMs	6.76	.31			10.65	1.00
NACt			13.38	.68		
NACt					14.09	.67
NACa	10.60	.46	12.57	.97		
NACa	11.21	.47			11.35	.99
NACs	6.95	.29	9.75	.92		
NACs	7.02	.28			11.02	.91
NAMt			14.90	.71		
NAMt					17.05	.68
NAMa	10.91	.44	12.98	.93		
NAMa	9.61	.45			13.58	.94
NAMs	5.48	.31	10.52	.98		
NAMs	6.94	.32			14.34	1.03

(a) DMt (déficients mentaux, témoin), DMa (déficients mentaux, apprentissage), DMs (déficients mentaux, surapprentissage);
NACt (normaux appariés en âge chronologique, témoin), NACa (normaux appariés en âge chronologique, apprentissage) NAMs (normaux appariés en âge chronologique, surapprentissage);
NAMt (normaux appariés en âge mental, témoin), NAMa (normaux appariés en âge mental, apprentissage), NAMs (normaux appariés en âge mental, surapprentissage).

CONCLUSIONS

Les conclusions essentielles à dégager semblent être les suivantes:

- la rétention à long terme d'une tâche prioritairement motrice n'apparaît pas directement associée à l'âge mental;

- plus le niveau initial d'apprentissage est élevé, plus l'oubli est prononcé;

- l'oubli apparaît principalement à l'intervalle de quarante-huit heures et la rétention demeure relativement stable à l'intervalle d'un mois;

- bien que le surapprentissage soit une variable importante pour la réten-

tion à l'intervalle de quarante-huit heures, à l'intervalle d'un mois i
existe un niveau d'apprentissage initial plus fonctionnel au-delà duquel la pratique additionnelle n'entraîne que peu d'effets sur la réten
tion à long terme;

- les normaux appariés en âge mental semblent avoir une moins bonne réten
  tion à long terme que les déficients mentaux d'un âge chronologique plu
  avancé.

REFERENCES

CARON (F.), VACHON (L.) et LYONS (W.), "La performance motrice du déficient
mental. Essai de bilan des recherches, esquisse d'orientation à prendre",
dans, Mouvement, 1975, 10, p. 171-176.

CARON (F.), "Recherches sur la rétention perceptivo-motrice à long terme chez
les normaux et les déficients mentaux (essai de bilan)", 44e Congrès de
l'ACFAS, Sherbrooke, 1976.

CARON (F.), SWALUS (P.) et VACHON (L.), "Niveaux d'apprentissage et rétentic
à long terme d'une tâche perceptivo-motrice chez des garçons déficients
mentaux éducables", Congrès international des sciences de l'activité physique, Québec, 1976.

LE PLAISIR, L'ANGOISSE ET LE CORPS

Dr B. CASTETS

Professeur à l'Institut Supérieur de Rééducation Psychomotrice,
Psychorééducation et Relaxation, Paris (France)

Le lien entre le plaisir, l'angoisse et le corps m'a paru un sujet intéressant, mais si vaste, qu'il n'est possible ici, à moins d'en faire un traité, certainement insuffisant, que d'offrir une suite de remarques.

Bien entendu, le corps est le lieu du plaisir. Mais il ne faut pas oublier
que le corps est aussi le lieu où se manifeste l'angoisse en ce qu'elle a de
plus profond, ni qu'angoisse et plaisir sont liés. Ceci se sait. Toutefois,
pour avoir un corps, chacun ne connaît pas nécessairement le plaisir.
Il en est quantité qui ne connaissent pas le plaisir du corps, quittes à le
quêter, fût-ce même au travers d'une voie qu'ils jugent perverse. Tous les
hommes ne sont pas heureux. Toutes les femmes ne sont pas heureuses; certes
les uns et les autres vivent... ou survivent, mais sans connaître le plaisir.
Il en est aussi qui, privés en tout ou partie de l'usage de leur corps, peuvent connaître le plaisir. Il est possible de penser à certains infirmes,
doués certes, mais qui, sans corps, ont su comme Toulouse-Lautrec, donner
un sens à leur vie. Ceci peut créer quelques perplexités - d'où ces remarques.

Remarque 1

Le plaisir est à la jouissance ce que la douleur est à la souffrance, ce
que la perception est à la sensation. Le plaisir est un sentiment. Le fait
de ce que, à un moment donné, un sujet peut éprouver, en la conscience de
son esprit, d'une cause de satisfaction, quelle qu'elle soit.

Le plaisir est à la jouissance ce que la perception est à la sensation.
Il est fait de l'esprit et de la conscience comme la perception est faite de
l'esprit et de la conscience. La perception, le fait de recevoir en reconnais-
sant, part certes d'une sensation, ou d'un ensemble de sensations. Mais elle
est admission, identification, interprétation, de cette sensation ou de cet

ensemble de sensations. Tout ce qui est ressenti n'est pas perçu, en ce sens. Quantité de choses senties échappent. Nul ne se souvient de cette vieille dame au chapeau rouge vaguement remarquée, non plus que de ce barbu hirsute croisé dans un couloir de métro, non plus que de cette brise dans les bouleaux. N'est perçu que ce qui peut être l'objet d'un intérêt sur un mode ou sur un autre. Ce qui est perçu est le fait d'une élaboration de l'esprit autour de ce qui est senti, élaboration elle-même fondée sur des sentis et des perceptions antérieurs. Elaboration fondée sur des choses reconnues, parce que reconnaissables en un certain désir. Il n'y a pas de reconnaissance sans désir. Au demeurant, ce qui est perçu fonde de nouveaux sentis et de nouvelles perceptions.

Le plaisir est à la jouissance ce que la douleur est à la souffrance. Le corps peut souffrir, parfois longtemps, sans que la moindre douleur soit éprouvée - ainsi, trop souvent, dans les histoires de cancer. Il n'en est souvent éprouvé de la douleur que trop tard et l'intervention salvatrice n'est plus toujours possible. De même la carie dentaire est longtemps silencieuse, et quand vient la douleur, cette carie est devenue évidente au dentiste, mais la dent est morte. A l'inverse, il arrive qu'une douleur intense puisse être éprouvée pour une cause négligeable. Mais est-il des causes de douleurs négligeables? La douleur est ce qui est perçu de la souffrance.

Le plaisir est ce qui est perçu de la jouissance. L'hystérique vivant dans sa grande crise toute l'intensité de la dramatique érotique jouit, en connaît les manifestations physiologiques, l'éprouve inconsciemment, mais ne le perçoit pas et n'en connaît pas le plaisir. Elle ne peut se permettre de le connaître. Elle est généralement frigide. Elle est coupée de son corps et ce qu'il peut éprouver en ce domaine. Elle connaît des satisfactions inconscientes. Elle ne connaît pas le plaisir. La jouissance est du corps. Le plaisir est de l'esprit. Mais le plaisir est fondé sur la jouissance. Il est fondé sur le corps.

Remarque 2

Le plaisir réside en ce sentiment de bien-être, de satisfaction, de plénitude qu'éprouve en certains moments l'être humain. Le plaisir est le terme raffiné de la jouissance en l'esprit - en la conscience. Le plaisir est ce qui vient combler l'inlassable recherche de l'homme devant ce manque fondamental qui le fait mouvoir et progresser. Le plaisir est ce dont l'homme prend

possession par l'esprit, ou plus exactement naît du sentiment de cette prise
de possession par l'esprit. Or, jouir est posséder, maîtriser, avoir ce qui
vient, pour un temps au moins, combler le manque fondamental qui est au départ de la vie.

Remarque 3

Tout être naît dans le manque et meurt dans ce manque, meurt de l'état de
besoin où va le placer ce manque, s'il n'est un autre pour l'en tirer. Le petit, au moins le petit de mammifère ne peut, à la naissance, survivre sans
"autre", et le petit d'homme moins encore. Le poulain s'accote à la jument
pour se redresser; il faut qu'elle l'ait léché, lavé du sébum qui le recou-
vrait; il faut qu'elle lui donne son lait, et, dans les troupes sauvages,
qu'elle le protège. Le petit d'homme ne se redresse pas, ne s'appuie pas, ne
va pas au devant de la mamelle. Il n'est pas d'être plus impuissant, plus me-
nacé de manque que ce petit d'homme naissant immaturé, absolument, dépourvu
de toute autonomie, et cela pour un long temps. Il n'est comparable qu'au
petit de l'oiseau. Il naît dans le manque absolu. Sa vie entière sera fondée
sur ce manque dont il porte jusqu'à son dernier jour l'ineffaçable trace.

La jouissance est d'être délivré pour un temps de ce manque, le plaisir est
de le savoir.

Remarque 4

Ce manque initial n'est certes pas un manque de l'esprit. Ce manque initial
est un manque du corps, et cependant tout de l'esprit va s'organiser autour
de lui. Au même titre, tout du plaisir le plus raffiné, le plus subtil, le
plus spiritualisé va s'organiser autour de la jouissance du corps.

Le manque éprouvé par le corps est une imprescriptible donnée à priori,
non seulement donnée de réalité, mais donnée de matière. S'il ne peut avoir
ce qu'il lui faut à boire et à manger, ce qu'il lui faut de soins du corps
en son ensemble, le nouveau-né est destiné à mourir, rapidement, dans la souffrance - il connaît le besoin et son issue mortelle. Il faut que l'Autre,
élémentairement la Mère, ou toute personne en tenant lieu, le tire de cette
situation de besoin, le soigne, lui donne à boire et à manger, le manque s'ex-
primant dès la naissance dans le corps par le Besoin; le manque s'il existe,
est d'abord manque de l'Autre qui seul peut subvenir aux besoins du nouveau-

né. A ce point se trouve l'inéluctable nécessité de la _relation_ à l'Autre,
ne fût-ce que pour une survie élémentaire. Il ne suffit pas d'éprouver le besoin, ou les menaces du besoin que sont la faim, la soif ou le malaise, il
faut que l'Autre entende; le manque paraît si l'Autre n'entend pas.

L'Autre, jamais, n'entend toujours. L'Autre, fût-ce la Mère la plus atten-
tive, ne peut pas toujours entendre, ou du moins, répondre toujours à l'instant. Il faut qu'elle vive, il faut qu'elle dorme, il faut qu'elle fasse
le nécessaire. L'Autre n'est jamais, et pour personne, parfaitement disponible. L'Autre est toujours pris ailleurs, retenu ailleurs. Il n'est point
d'être qui, ou sur un mode ou sur un autre, ne vive dans le manque de l'Autre
De ce point naît l'Amour.

Remarque 5

En fait, et ceci a déjà été dit ailleurs, en nos civilisations l'enfant
nouveau-né ne connaît guère le manque dans son absolu et bien moins encore
le besoin. Avoir soif ou faim, ou la peau sale, ne constitue pas cet état de
besoin qui aboutit à la déshydratation, à l'athrepsie ou à la cachexie.

Le manque serait déjà sensation de menace d'un état de besoin. Or, ce manque n'est en fait guère connu. Mais, ce qui est connu, du fait de cette in-
disponibilité de l'Autre à certain moment, est la menace du manque et la
crainte qui en découle. Si l'Autre, seul recours contre le besoin, seul recours contre le manque, vient à faire défaut, survient alors le sentiment de
la menace du manque, et la présence seule de l'Autre peut venir l'atténuer
ou l'annuler. Il faut remarquer que la présence de l'Autre peut atténuer à ce
point la crainte du manque, et son retentissement sur le corps, qu'une présence, celle de la Mère par exemple, peut, pour un temps au moins, réduire
l'état de manque physiologique, aider à supporter le besoin. Curieusement
ici, la tendresse se substitue momentanément à la matière; la Mère, au lait
qu'elle n'a plus. Or, nombre d'enfants, en Inde, au Bangla Desh ou ailleurs,
n'ont finalement survécu que de cette tendresse.

Il faut remarquer aussi que de ne trouver de satisfactions qu'en ses besoins physiologiques, ne comble guère le manque de l'enfant, n'efface guère
cette angoisse qu'il peut éprouver du manque. Ici se pose le problème de la
dépression anaclitique du nourrisson. Il a tout ce qu'il faut matériellement
pour vivre, mais il meurt, du manque de tendresse peut-être. Il meurt. Ici
peut-être faut-il parler d'angoisse.

Remarque 6

Il faut parler d'angoisse, c'est-à-dire de sentiment - le terme demeurant insuffisant - d'un danger absolu, de la menace de l'état de besoin, de la menace de mort, encore une fois, ou plutôt de la menace d'une souffrance insurmontable. Ceci est du corps et se traduit dans le corps par ces sensations d'oppression, ces boules dans la gorge, ces sécheresses de la bouche, ces tremblements, que tout le monde a connu ou peut connaître.

Mais cette angoisse est aussi de l'esprit, ne serait-ce que par sa détermination; l'angoisse est faite d'un sentiment, du sentiment d'une certaine réalité, mais non point faite de cette réalité en elle-même. La réalité n'est pas le réel. Elle est ce qui est vécu, non point nécessairement ce qui existe, ce qui est matériellement (le matériel),ce qui est positivement n'a pour l'homme que le sens qu'il lui donne. C'est alors la réalité. L'angoisse en son expression physique est déterminée par le sentiment inconscient, il faut y insister, de cette réalité, sentiment auquel le corps ne fait que réagir.

L'angoisse est aussi de l'esprit par les réactions de l'esprit qu'elle suscite. L'anxiété, certes, mais aussi la colère, le mouvement agressif et aussi tout ce qui s'exprime dans le rire et les larmes.

Remarque 7

L'angoisse naît du sentiment de menace de manque comme le plaisir naît du sentiment de la jouissance, naît du sentiment de non-manque. La jouissance étant de ressentir le fait de ne pas manquer; le plaisir étant, encore une fois, le fait de le savoir, de l'avoir en conscience. L'angoisse naît de l'absence de l'Autre, qui vient combler le manque, comme le plaisir naît de la présence de cet Autre.

Mais si l'on y songe, l'angoisse est peut-être plus proche de la jouissance que du plaisir, en ceci qu'elle n'a pas nécessairement de traduction consciente. Combien d'enfants - les instables psychomoteurs - bégaient ou s'agitent, sans savoir qu'ils expriment là une angoisse qu'ils ignorent, tout comme l'hystérique jouit sans le savoir; tout comme le malade psychosomatique vit son inquiétude dans sa maladie, son inquiétude, ou son désir. L'anxiété pourrait être le répondant de l'angoisse dans l'esprit comme le plaisir est le répondant de la jouissance dans l'esprit.

On pourrait ajouter que la jouissance, comme l'angoisse, naît de l'esprit. Elle ne s'obtient pas sans Autre réel ou phantasmé, et elle ne s'obtient pas avec n'importe quel autre, ou au nom de n'importe quel autre. Chacun, dans sa tête, dans son esprit, se réfère à quelqu'un, se rapporte à quelqu'un, et pense et agit en fonction de ce quelqu'un. Rien n'a de sens sans quelqu'un qui lui donne valeur.

Remarque 8

En somme, un parallèle peut s'établir entre Angoisse et Jouissance d'une part, Plaisir et Anxiété d'autre part. Jouissance et Angoisse, pour naître d'un sentiment, ont le corps, matérialisé, pour inévitable support; Plaisir et Anxiété se réfèrent à la jouissance et à l'angoisse, donc au corps mais, pour s'y référer, n'en sont point. Ni le plaisir, ni l'anxiété n'exigent la participation du corps: on peut trouver plaisir à un travail intellectuel, comme l'anxiété peut se connaître devant des difficultés d'ordre purement intellectuel, par exemple celles que j'ai connues en faisant ce travail.

Remarque 9

Reste le paradoxe de l'angoisse née de l'idée du plaisir, l'angoisse qui empêche de jouir, l'angoisse qui empêche d'être heureux et qui naît de la seule possibilité, de la seule idée, de jouir et d'être heureux. Elle a sa traduction dans l'impuissance, dans l'inhibition, dans la frigidité, dans l'échec, dans des attitudes agressives.

Cette angoisse est paradoxale dans la mesure où le plaisir naît de la plénitude dont le défaut suscite l'angoisse. Elle est paradoxale aussi, au moins apparemment, parce qu'elle se manifeste au travers du corps. Cette angoisse est celle de l'interdit, de l'interdit qui pèse sur toute jouissance, sur tout plaisir dès lors que le sujet risque de s'y retrouver confronté à l'interdit initial, à l'interdit de la possession totale de l'Autre, à l'interdit oedipien si l'on veut parler en psychoanalyste.

Mais ici un autre paradoxe, l'interdit oedipien, l'interdit de la jouissance totale, l'interdit du plaisir absolu, pèse sur tout un chacun. Jamais nul n'y échappe tout au long de sa vie, que ce soit en esprit ou en réalité, que ce soit conscient ou inconscient. La question se pose à nouveau de savoir pourquoi certains connaissent le plaisir, et pourquoi d'autres ne connaissent

que l'angoisse, ou ses manifestations concrètes. Il faudrait ici, même pour
une réponse nécessairement bien imparfaite, entreprendre toute une pathogénie
freudienne des troubles mentaux. Ce n'est pas le lieu.

Remarque 10

Plutôt que d'entreprendre la pathogénie qui vient d'être évoquée, il semble plus raisonnable de réfléchir aux termes fondamentaux évoqués dans ces
réflexions. Ils sont nombreux si l'on y songe: la jouissance, le plaisir,
l'Autre, le manque, l'angoisse, l'anxiété; ils sont nombreux et liés entre
eux.

Il serait tentant et facile d'offrir une explication théorique - se réfé-
rant par exemple à la théorie oedipienne de la castration. Cela ne paraît
pas désirable: théorie valable trouve son application sans tant de mal. Ce
qui peut être intéressant serait le point où la théorie ne s'applique pas
de façon certaine. Ceci au demeurant est sans doute le seul fait de celui
qui interprète.

On pourrait se demander aussi si l'angoisse, devant le plaisir, ne tient
pas à la crainte d'avoir à y renoncer, à la crainte de connaître le sentiment
de Perte, le sentiment de manque qui suit le sentiment de plaisir.

Il est alors un jeu auquel on pourrait songer, qui est le jeu du manque:
pour gagner, il faut savoir perdre; pour ne pas manquer, il faut savoir perdre
(la question serait de savoir ce que l'on risque de perdre, de soi, de son
corps, de l'Autre); pour atteindre le plaisir, il faut perdre quelque chose
de tout ceci. Mais de ne pas atteindre le plaisir, sous quelque forme que ce
soit, est d'être comme mort. La question reste entière. Votre malade angoissé
serait-il celui qui ne veut pas risquer? Serait-il celui qui voudrait bien
mourir, mais qui n'ose pas non plus?

Remarque 11

De ne pas atteindre le plaisir, sous quelque forme que ce soit, est d'être
comme mort. Mais il est toujours, en toute vie, des moments où le plaisir n'est
pas attendu, n'est plus attendu, ne serait-ce que l'instant de la satiété
ou plus rien n'est immédiatement désiré ni désirable. De cet instant, tout
amoureux comblé pleinement fait l'expérience. Il connaît la "petite mort",
pour reprendre l'expression chère à Etiemble.

De ne pas atteindre le plaisir sous quelque forme que ce soit peut être
le fait de celui qu'on dit "déprimé", le fait de celui qui n'éprouve plus de
Désir. Ici se trouve posé le problème de ceux qui vont chercher refuge dans
le délire ou dans la mort. Il n'est pas immédiatement de ce propos, mais il
méritait peut-être d'être évoqué.

Ce fou pourrait être celui qui veut jouer sans perdre, et qui ne veut pas
ou n'ose pas risquer son corps dans l'angoisse de la perte.

REGRESSION DANS LE CADRE

DES ACTIVITES PHYSIQUES ET SPORTIVES

R. CHAUVIER

Professeur d'Education Physique et de Sport à l'I.N.S.E.P., Paris (France)

Avant-propos

Certains enfants, malgré un âge avancé de leur développement vu sous l'angle génétique qui leur reconnaît la possibilité de participer à des activités collectives, ne se plaisent qu'à un niveau très bas d'activités ludiques où toute véritable intégration à une activité concertée est exclue. Lorsque nous observons de près leurs ébats, nous sommes frappés de leur ressemblance avec ceux auxquels se livrent des enfants d'un âge nettement inférieur: une corde à grimper devenant une balançoire, une barre parallèle est l'occasion d'une débauche de suspension du type de celles que pratiquent des bambins dans un square. Il y a un décalage très net entre leur âge, leurs possibilités motrices et les réalisations dans lesquelles ils se complaisent et qui excluent toute forme d'activité physique élaborée.

Attitudes caractéristiques

Ce qui frappe le plus, dans leurs jeux et leurs échanges, est la place privilégiée accordée à l'imaginaire, aux phantasmes de puissance, d'invincibilité personnifiés par Tarzan, Zorro, Bruce Lee et autres héros mythiques auxquels ils s'identifient. Le matériel lui-même n'échappe pas à cette métamorphose du réel en symbole (la barre parallèle devient diligence, etc.).

Plus significatif est le fait que ceux qui se livrent ainsi à leurs phantasmes se révèlent être aussi ceux qui sont les moins aptes à assumer la rivalité individuelle ou collective que présuppose la pratique des activités sportives. Leur état régressif s'exprime par un recours massif à l'imaginaire, dont ils sortent difficilement, et qui met souvent en échec nos interventions pédagogiques habituelles.

A. Freud, dans Le Moi et le mécanisme de défense, dans le chapitre intitulé: "La négation par actes et paroles", évoque cette possibilité de la
plupart des enfants de transcender la réalité:

"Pendant plusieurs années le Moi infantile, tout en conservant un sens
intact de la réalité, garde le privilège de nier tout ce qui, dans cette
réalité, lui déplaît. Il use amplement de cette faculté et, ce faisant,
ne se cantonne pas dans le seul domaine des représentations et des phantasmes, il ne se borne pas à penser, il agit. Pour parvenir à transformer
la réalité, il se sert des objets extérieurs les plus divers. On retrouve
fréquemment aussi, dans les jeux enfantins, en général, et dans ceux où
l'enfant adopte un rôle, en particulier, cette même négation de la réalité" (1).

Soit. Mais dans certains cas précis, ne peut-il être question de régression tant l'activité phantasmatique subsiste aux dépens de comportements ludiques plus élaborés, malgré un âge réel avancé qui, à d'autres enfants ou
adolescents, permet d'accéder à un niveau de compétition réelle.

Certains enfants ou adolescents régressent selon un autre mode de comportement, soit qu'ils somatisent (une soudaine douleur les empêche de participer à l'instant même où la demande leur est faite), soit qu'ils se rétractent
à la fois avec agressivité et rationalisation. En fait, ces derniers ont l'expérience de leurs insuccès et cette réminiscence de leurs insuccès, ravivée par
la demande professorale, les bouleverse et les force à adopter une conduite
de refus et de retrait massifs.

Dans ce cas, la régression naît de l'image qu'ils ont d'eux-mêmes. Mais
la plupart d'entre eux supporte mal cette impuissance, aussi sont-ils portés
malgré l'incapacité ressentie, à manifester une certaine puissance sous une
autre forme. Ainsi, ils provoquent le professeur (indiscipline, insolence,
critique acerbes) ou perturbent les jeux auxquels adhèrent des camarades plus
maturés, en vue de créer des conflits où ils "jouent" une part active. Leur
conduite est régressive en ce sens que, faute de pouvoir assumer la situation
réelle d'affrontement inhérente à l'activité sportive, ils recréent les condi-

_____

(1) P.U.F., Paris, p. 74.

tions d'un affrontement de type sadique-anal. Il est étonnant de voir combien ces comportements rapportés ici corroborent des observations déjà faites
par A. Freud (La rétraction du Moi):

"La supériorité des résultats obtenus par autrui équivaut à la vue d'organes génitaux plus grands que les leurs et qui suscitent leur jalousie.
Quand ces sujets s'engagent dans quelque compétition, celle-ci évoque
pour eux une concurrence désespérée avec le rival de la phase oedipienne
ou leur rappelle malencontreusement la différence des sexes" (2).

Cela est si vrai que ceux qui se refusent à toute réelle rivalité se font
traiter par leurs camarades de "pédales" ou de "femmelettes".

Je voudrais maintenant rapporter une expérience qui porte sur près de
quinze années. Elle s'est déroulée dans le cadre d'un hôpital de jour qui reçoit des adolescents caractériels intelligents de douze à dix-huit ans. Ces
adolescents, selon des critères qui relèvent autant de la pédagogie que de la
psychiatrie, sont dits "inadaptés", "asociaux". Leurs troubles de comportement sont tels qu'ils les excluent de toute scolarité normale car les symptômes de leurs troubles se révèlent essentiellement sous forme de dyslexies,
dysorthographies, dyscalculies et aussi, pour beaucoup d'entre eux, de troubles psychomoteurs. Dans les cas graves, on parle plus aisément de névroses,
voire de psychoses. Il s'agit donc d'une catégorie très particulière d'adolescents.

C'est la raison pour laquelle je fais miennes les remarques de Roland
Doron:

"C'est dire que les recherches personnelles dont nous ferons état ne
peuvent prétendre à l'objectivité du biologiste dont le champ d'observation se découpe entre lame et lamelle!"

Elles se situent au sein d'une action research "où l'investigation sur un
sujet humain ou sur un petit groupe est jugée indissociable de l'action pratiquée sur eux, où l'intéressé apprend quelque chose en vivant une expérience
nouvelle et où l'expérimentateur acquiert le statut d'observateur participant".

---

(2) Op. cit., p. 86.

E.P.S. et régression: compte rendu d'une expérience

Pour la pratique des activités de stade et de gymnase, les élèves sont
groupés par niveau d'âge: cinquième-sixième, quatrième-troisième. Or, ce qui
est remarquable pour chacun de ces groupes, c'est leur répartition en trois
sous-groupes qui se mobilisent selon des modalités différentes:

a) Un premier sous-groupe qui adhère spontanément à l'activité proposée.
   Les membres de ce premier sous-groupe se sentent suffisamment à l'aise
   corporellement pour se mobiliser sans grande intervention de l'adulte.

b) Un deuxième sous-groupe, plus réservé, qui porte intérêt d'abord et
   surtout à la personne qui va s'occuper d'eux. Autrement dit, les éléments de ce deuxième sous-groupe n'investissent l'activité proposée
   qu'après avoir investi la personne qui en est chargée. Si la personne
   change, leur participation est mise en cause.

c) Un troisième sous-groupe, le plus difficile parce que le plus anarchique,
   n'investit ni la personne ni l'activité, mais le lieu (c'est-à-dire le
   stade ou le gymnase), mais d'une façon non élaborée, telle que le matériel prend une signification très différente de celle pour laquelle
   il a été construit. Les adolescents de ce troisième sous-groupe arrivent
   au stade ou au gymnase et vous ignorent ou presque. Les activités sportives telles que nous les connaissons n'ont aucun sens pour eux.
   En revanche, l'énergie qu'ils dépensent à explorer le stade est de loin
   supérieure à celle nécessitée par une activité organisée. Ces adolescents
   parcourent le stade tels des rats dans un labyrinthe: ils montent au
   portique, grimpent aux échelles horizontales, jouent dans le fossé de
   saut, arpentent en tous sens les tribunes, tout en inventant des jeux
   où l'imaginaire l'emporte sur le réel.

L'adulte, au départ, a peu de prise sur eux: ce troisième sous-groupe refuse toute initiation à des jeux plus élaborés et préfère rester au niveau de
son activité à la fois exploratoire et phantasmatique. La façon d'occuper
l'espace, de l'explorer, de l'utiliser dans leurs jeux imaginaires, nous paraît symptomatique de leur immaturité affective et sociale, qui les font se
tenir à l'écart des jeux plus codifiés de leurs pairs. Nous sommes même tenté
de dire que quel que soit le lieu où ils évoluent, ils le peuplent d'abord de
leurs phantasmes et ne sont capables, durant un long temps, de ne faire que
cela.

Leurs jeux sont pétris d'agressivité simulée: ils imaginent les plus ef-
froyables tortures à exercer sur leurs adversaires et jouissent des souffran-
ces qu'ils peuvent leur infliger. Les enfants de ce groupe agissent et réag-
gissent tous comme s'ils étaient détenteurs d'une puissance magique et démo-
niaque qui les rend invulnérables, de sorte que même tués symboliquement par
leurs adversaires, ils ressuscitent pour les tuer. On songe dès lors à la
blessure insupportable que semble représenter pour eux toute défaite au cours
d'un jeu sportif réel et qui explique leur fuite de toute activité ludique et
sportive codifiée. Leurs jeux expriment à la fois la crainte de l'échec et
leur désir de toute-puissance qu'ils n'arrivent pas à assumer dans une situation réelle.

Les pré-adolescents et adolescents de ce troisième sous-groupe donnent en
même temps l'impression d'être à la recherche de leur propre corps. Ils ex-
plorent l'espace, mais se livrent aussi à une débauche d'activités corporelles.
Tout le problème alors est de savoir ce que nous sommes capables de supporter
au cours de ces essais anarchiques, car nos connaissances, notre formation
ne nous ont pas appris à répondre à ce genre de situation où personne et espace, où fonction et environnement prennent un sens très différent.

Pour chacun de ces sous-groupes existe une forme spécifique de régression:

- celle qu'il est possible d'observer chez ceux qui constituent le sous-
  groupe a) tient essentiellement aux défaites que leur équipe a pu subir.
  Elle est le type même de régression que nous rencontrons couramment en
  tant qu'enseignants d'E.P.S. Même si parfois cette régression a des aspects classiques, elle reste transitoire et aisément réversible par une
  simple intervention pédagogique appropriée;
- celle qui tient au sentiment d'abandon éprouvé par ceux du sous-groupe b)
  qui ayant participé à une activité par l'intermédiaire d'un professeur
  investi affectivement d'une manière privilégiée, supporte très mal son
  absence. Cette régression est indéniablement liée à des phénomènes de
  transfert dont nous ne sommes pas toujours conscients. Celle-là est plus
  délicate à manipuler, souvent la personne, qui remplace le pédagogue ab-
  sent, paie le prix de l'abandon ressenti sous forme de provocations diverses et d'insolences caractérisées. Cette forme de régression est certes transitoire, mais cependant déjà plus difficilement réversible que
  la précédente. Seule la qualité de la relation pédagogique que le rem-

plaçant est capable de mettre en oeuvre, peut aider l'élève, qui en est
le support et l'acteur, à la surmonter;
- celle qui caractérise le sous-groupe c) est à beaucoup d'égards celle
qui revêt un aspect pathologique par sa durée et sa très lente et labo-
rieuse réversibilité. Elle est, pour ceux qui se trouvent confrontés à
elle, insaisissable, incompréhensible et, qui plus est, difficilement
supportable, dans la mesure où elle s'inscrit dans un mode de relations
inhabituel entre enseignants et enseignés.

Dangers et limites de la régression

La liste est longue de ceux qui ont utilisé la régression comme mode
d'approche et d'intervention auprès d'enfants, d'adolescents et d'adultes
atteints de troubles psycho-affectifs graves. De même, pouvons-nous être
sensibles aux élaborations théoriques très poussées que l'utilisation pratique de la régression a suscitée. Nous pensons en particulier aux travaux de
recherches de Maud Mannoni (3), Winnicott, Dolto, Balint (4) et Bettheleim (5)
Toutefois, si nous estimons devoir trouver auprès de ces praticiens théori-
ciens un encouragement à valoriser la régression comme alliée pédagogique,
nous nous devons aussi de ne pas ignorer les dangers et les limites d'une
telle démarche. Quels sont-ils?

Si, selon M. Mannoni,

"on exige de l'enfant qu'il se conforme à une norme, ou ne se demande
pas toujours pourquoi il s'en écarte. Du moins est-ce l'attitude pédagogique des enseignants dans leur grande majorité. Ils imputent à l'enfant
seul les difficultés qu'il rencontre dans l'acquisition du savoir: le ca-
talogue des adjectifs dévalorisants est à cet égard fort riche: paresse,
mauvaise volonté, inattention, désintérêt, etc. Au contraire, le thérapeut
recherche si l'enfant ne manque pas d'une base de sécurité intérieure qui
l'empêche de franchir les étapes de son développement".

(3) M. MANNONI, "Le rôle de la régression en psychothérapie infantile",
    R.F.P., n° 2, avril-juin 1950.
(4) M. BALINT, Le Défaut fondamental: aspects thérapeutiques de la régressio
    p. 161.
(5) B. BETTHELEIM, La Forteresse vide, Gallimard, Paris, 1969.

C'est-à-dire qu'il tente de voir si l'enfant, en fait, n'est pas victime d'événements perturbants et de quelle nature sont ces événements. Cette interrogation, sur ce qui provoque la régression chez l'enfant, est primordiale. Mais si la situation analytique classique est très définie dans sa forme comme l'est la situation pédagogique traditionnelle, elle l'est beaucoup moins en ce qui concerne la psychanalyse d'enfants où la latitude des attitudes adoptées est grande. Il y a donc là un premier danger à vouloir extrapoler des attitudes qui sont parfaitement compréhensibles dans la situation analytique, mais qui deviennent plus sujettes à caution lorsqu'elles sont à vouloir inspirer une pédagogie. L'antinomie du sens des deux termes - régression et pédagogie - ne peut pas manquer d'alerter notre vigilance.

Une pédagogie qui accorde à la régression un rôle premier, échappe aux aspects les plus formels à partir desquels se définit une pédagogie traditionnelle ou active. Disons qu'elle est une pédagogie autre qui fait éclater les habituelles structures figées des relations qui peuvent exister entre un enseignant et ses élèves, et qui se moque avant tout de tout formalisme. Elle se réjouit, par exemple, de voir un inhibé devenir insolent et un insolent presque inhibé. D'autres dangers tiennent au caractère ambigu de la régression que nous avons auparavant mis en évidence, c'est-à-dire aux difficultés d'estimer, sans risque d'erreur de diagnostic, la nature intrinsèque des phénomènes de régression auxquels nous nous trouvons confrontés ou que nous avons pu provoquer par stratégie pédagogique.

"Freud nous apprend, rapporte M. Balint, que, sur le plan clinique, la régression peut avoir quatre fonctions: a) celle de mécanisme de défense; b) de facteur pathogène; c) de forme puissante de la résistance et d) de facteurs importants du traitement analytique" (7).

Bénigne ou maligne? Réversible ou irréversible? Demande qui s'actualise ou répétition d'un processus bloqué comme la rotation d'un disque rayé? Telles sont les questions que nous devons nous poser dès que la régression apparaît ou persiste chez l'un de nos élèves. De telles questions font écho aux préoccupations exprimées par M. Balint:

---

(7) M. BALINT, op. cit., p. 172.

"Le problème est de savoir comment on peut déterminer si une régression
aura un effet pathogène ou un effet thérapeutique. Si ce résultat est dé-
terminé ou même simplement influencé par des événements externes, par que
moyen l'analyste pourrait-il s'assurer que la régression de son patient
sera thérapeutique et que tout danger de régression pathogène sera
écarté?" (8).

Un autre danger - peut-être le plus important - tient à la capacité même
de l'enseignant de faire face à la régression qu'il aura lui-même suscitée
et encouragée. Pygmalion en puissance ou apprenti sorcier en détresse? Tel
est le dilemme auquel l'enseignant ne peut échapper.

Il est facile de constater ou de provoquer les manifestations de la régre
sion. Il est beaucoup plus difficile de les manipuler et de ne pas leur lais
ser envahir le champ des rencontres entre analyste et analysé, et ce pour ce
qui nous préoccupe plus précisément: le champ des échanges entre le pédagog
et ses élèves. Autant il paraît simple à l'analyste de l'utiliser, autant
son utilisation par un pédagogue apparaît comme un pari difficile à tenir.

Il ne s'agit nullement, dans une pédagogie qui tenterait de définir sa
stratégie à partir de la compréhension en profondeur des phénomènes de régression, de laisser libre cours aux pulsions sous prétexte de respecter "la
liberté" de l'enfant, mais bien au contraire de lui apprendre ou de lui res-
tituer l'exercice de cette liberté. Entre la sublimation et la répression, l
voie offerte à l'éducateur pour intervenir à l'aide de la régression est étr
te, d'autant que les pressions institutionnelles viennent souvent pousser la
seconde à prendre le pas sur la première.

Ne nous leurrons pas, la pédagogie qui s'appuie sur la régression est une
pédagogie difficile:

a) Pour l'élève qui peut, un moment, avoir l'impression qu'il est abandor
   à lui-même, ce qui a pour conséquence d'augmenter son désarroi et va l
   pousser à des écarts de conduite encore plus grands et à un sentiment
   d'échec encore plus accentué. Les mêmes phénomènes de chaos, de disso
   tion ou d'irréversibilité évoqués par Winnicott, Diatkine et Dolto

---

(8) Op. cit., p. 173.

peuvent se produire en situation pédagogique comme en situation analytique. Il se peut aussi que l'élève trouve dans la régression de tels "bénéfices secondaires" (9) qu'il peut s'y complaire et refuser tout effort qui le conduirait à plus d'autonomie.

b) Pour l'enseignant qui doit apprendre à "se comporter comme un adulte qui ne répond pas, comme le font tous les autres, aux mille provocations par lesquelles l'enfant aménage, dans un monde sado-masochiste ses relations avec l'adulte" (10). Mais "ne pas répondre", n'est-ce pas démissionner et adopter une attitude démagogique? L'apparence ici est trompeuse. En fait, toute la portée dynamique de l'acceptation de la régression, sous quelque forme qu'elle se manifeste, tient à la capacité de l'enseignant de maîtriser son propre contre-transfert et de savoir lui-même ne pas laisser libre cours à sa propre agressivité.

La pédagogie qui s'appuie sur la régression est une pédagogie de l'insolite et du paradoxe, de l'imprévu et de l'imprévisible, et qui sollicite du pédagogue une disponibilité permanente, voire une remise en cause immédiate de ce sur quoi il a voulu fonder ses interventions. Si un pédagogue estime nécessaire d'accorder une gratification à l'élève sous forme d'une régression acceptée, il doit cependant avoir constamment présent à l'esprit qu'il ne doit pas transformer la régression autorisée en aventure dangereuse. Bref, il est nécessaire, autant pour lui que pour l'élève, d'apprécier avec lucidité jusqu'où il ne peut pas aller.

La pédagogie qui va s'autoriser la régression comme alliée, retrouve dans sa démarche les mêmes difficultés d'ajustement soulignées à la fois par S. Sferenczi et Grunberger entre l'anarchie pulsionnelle d'un patient en état de régression et la reconnaissance narcissique à laquelle, malgré tout, il a droit en tant qu'être humain en détresse. Ferenczi recommande "la fiabilité (11) de l'analyste en toutes circonstances et en particulier la bienveillance iné-

(9) Cf. Vocabulaire de la Psychanalyse, p. 46.

(10) R. DIATKINE et J. SIMON, op. cit., p. 461.

(11) Grandeur caractérisant la sécurité de fonctionnement d'un mécanisme, Grand Larousse encyclopédique, Larousse, Paris, 1961.

branlable à quelque extrémité que celui-ci se laisse aller dans ses mots et dans son comportement" (12).

Après une longue analyse de toutes les formes d'utilisation de régression, R. Diatkins conclut:

"Si effectivement une certaine "gentillesse" est nécessaire, il faut qu'elle représente une bienveillance de bon aloi et non l'élaboration ou la sublimation d'une redoutable agressivité" (13).

Aussi, quels que soient les sentiments ambivalents que la régression puisse inspirer et les difficultés d'ajustement dans la conduite pédagogique que suscitent certaines de ses manifestations, elle n'en offre pas moins une possibilité de renouveau (14) à laquelle nous ne pouvons pas rester insensibles et qui doit déboucher, sans nul doute, sur une nouvelle formation des enseignants trop souvent formés pour des élèves qui n'ont pas besoin d'eux pour se mobiliser et s'investir narcissiquement.

(12) Rapporté par André GREEN dans son introduction à un article de S. FEREN intitulé: "Principes de relaxation et néo-catharsis", paru dans Nouvell Revue Française de Psychomotricité, Aux limites de l'analysable, Galli-mard, Paris, n° 10, automne 1974, p. 19-34.

(13) Op. cit., p. 467.

(14) Terme utilisé par M. BALINT, op. cit., p. 178.

PSYCHOMOTOR LEARNING AND TRADITIONAL CHILDREN'S GAMES

With regard to normal psychomotor development

Dr. R. COCCHI

Doctor-psychologist
Ospedale Neuropsychiatrico, Racconigi (Italy)

So far as we know, there exist sufficiently concordant opinions concerning what psychomotor development is; the stages in its development, its deficits and their consequence, and the criteria which ought to determine the setting up of any educative or re-educative program of psychomotor development.

The one thing which has never really been very clear is how, in practice, psychomotor development has always occurred and one must presume with results in the great majority of cases, which are more than valid.

Some authors have noted negatively the lack of an analytical study of normal functional development, in particular for children of school age, but we believe indeed that because of the fifth stage in sensomotor development, i.e. the stage following neurological maturity and going from two-three to six-seven years and seemingly the one in which, due to the lack of development or integration, the most frequent disturbances may be found, this study should be extended to this age group and perhaps even earlier.

In any case an analytical study of normal psychomotor development implies a series of problems of difficult solution.

Though neuromotor development has already been sufficiently, investigated, also because it contained inherently both the possibility of its own maturity as well as placement in objective, the subject becomes more complex with regards to stimulation by the environment and its relationship to normal psychomotor development. It is a fact that for thousands and perhaps tens of thousands of years, the psychomotor development of the individual human being always occurred without any intervention of theoreticians or educators specialized in psychomotor development and as far as one can judge, considering the epochs for which we have historical information and those times closest to us, one could say that it followed, at least in most cases; its regular

course, with more than appreciable results. But a process of such delicacy;
with such a complex structure of biologic-relational circular feed-back, must
surely have occurred and even now occurs in a casual manner, or does there
exist a cultural tradition of intervention even though up to now we have not
been able to fully understand it? If such a cultural tradition does exist, it
is possible that it has become the common heritage of the human species; or
does every area have, in this regard, a different behavior permitting us to
conclude that what can be distinguished in certain peoples has no equivalent
in others?

The problems raised here constitute a subject of direct interest to us and
indeed in an effort to try the find answers, we have begun this first informa
research on popular children's games. The starting hypotheses for our study
are:

- that at least within certain cultural areas (in particular in our Italia
  area) the human species has worked out its own traditional practices
  aware (or semiaware) that they serve to favor the normal psychomotor
  development in the young generations;
- that this process gradually as time has passed, has proved to be suited
  to the purpose, or better, that with time a selection was made of func-
  tionally valid acquisitions and the non-functional ones discarded;
- that this cultural tradition of intervention could have developed becaus
  it corredponded to the necessities both of the subjects both during the
  developing age as well as adult age and that in particular there.exists
  a series of exercises, scaled according to age group to satisfy the moto
  and emotional needs of the individual during growth phase and fulfill
  the requirements of society.

At this point it was a question of trying to distinguish and utilize
common indicators, i.e. those signals, representative of the different stage
in the normal process of psychomotor development, supposing such indicators
with the characteristics we were looking for (excepting naturally those
constructed specifically, as for example the items for motor development tes
existed and were moreover representative.

We now believe these indicators do exist and we all know them even though
they have never been considered as very important. The indicators are the tra
tional children's games, those games in which play is not the object but the

action, the relationship one with another or others, the sequence in action.
Based prevalently on cooperation, and not on competition, they are games in
which an eventual object, usually a very simple one (a ball, a rock, a rope,
etc.) is the instrument for evolving into a game and not the game itself.
They are based almost exclusively on psychomotor and creative activities of
the child, who thus "constructs" the game, and not on the passive observation
of a toy which is always more perfect and tending therefore to exclude any
intervention made by the child himself. Only in that moment in which,
after a brief period, he makes the toy his own by destroying it does the child
express his own fantasy.

Also ethnologists have become aware, though only relatively, of the fact
that these traditional children's games were important, and not only as play
activities. R. Leydi wrote in 1973:

"As for the rhymes and children's games, it should be remembered that
in this case too the main function is not play, entertainment or amusement.
The games adults play with children (e.g. bouncing children on their knees
and then pretending to let the child fall, asking the children to clap or
move their hands to a certain rhythm and in accordance with a certain
pattern, or when guiding the child's hand touching the nose, mouth, eyes,
ears and so on) serve to promote coordination of movements, provoking
emotional control; teaching notions and vocabulary. The games children play
mong themselves on the other hand have (and according to us also have)
the purpose of suggesting models of socialization in accordance with the
cultural patterns of the group through a ritual that is developed under the
appearance of amusement? Lullabies, nursery rhymes and games are, in other
words, the primary and essential elements of instilling culture in a
traditional society and farmer economy."

Apart from the arguable insistance on the binomial culture-society, in this
regard (one should remember in fact that in the learning of mammals certain
behavior such as the hunting in the case of lions, is learned through the
game and therefore in man too children's games could be an ethonological
inheritance), it should nevertheless be stated that in the above-mentioned
words there exist already all the problems of psychomotor development:
development of the corporeal pattern, the primary abilities, general dynamic
coordination, rhythm, emotional control and socialization.

There exists therefore an entire series of theoretical presuppositions leading us to distinguish in traditional children's games the exercises utilized by the human species for thousands of years suited for promoting psychomotor development.

These games, however, are disappearing, as is true in a large part of the culture of a traditional far-bases society which is replaced by a prevalently industrial and services-oriented economy. They are also disappearing because toys are replacing games: the objects are imposed on the child by a consumer society and are often passed to adults under a strange pseudoscientific aura.

Replacing the cooperative game, when acceptable, is the competitive game which transfers to infancy the pattern of behavior prevalent in industrial society. Because of the growing lack of public space, we find replacing the child, who in the city or in the country used to play in the street in front of his house, the protected "apartment child" for whom quite often a game consists of passive enjoyment of a TV program. It is not just the active play aspect of the game which has been lost, but also the "exercises" for psychomotor development which the human species (or at least part of it) had built and selected for its own needs over thousands of years, and nothing has taken the place of what has been too hastily abandoned.

It is difficult to believe that all those series of cognitive and/or expressive lacunar disturbances which we encounter with more and more frequency in cases of dyslexia, dysorthography, contrasted left-handedness, stuttering, disphasia, etc. and that have at their base a psychomotor development deficit (corporeal pattern, rhythm, space-time perception, etc.) were but the confirmation of an improved diagnostic ability. On the contrary it is more likely that these disturbances are progressively increasing because normal psychomotor development, which occurs in a rather precise and effective cultural channel, has also, after remaining in that condition for a very long time, been spoiled and altered during the last twenty-twenty five years and risks being even more so.

Referring back to children's games there exist well-founded opinions and programs of intervention as well, principally basing educative activity and re-educative therapy of psychomotor processes on such games. In this perspective we believe in the validity of studying and replacing in circulation traditional children's games, those for every age, both in pre-school and elementary schools. And this could be one of the tasks of the psychomotor educator.

The incredible wealth of traditional children's games has been abundantly collected by ethnologists and folklorists since the middle of the last century and is available to us not only as an intellectual curiosity but also for practical applications in the field which is of interest to us. It is a question therefore of reviving these games, classifying them according to difficulty and reproposing them to children in accordance with their age levels in the nursery schools and elementary school. The children themselves will take care of spreading them if, as we believe, these games are not bound to any pa rticular historical epoch but correspond to cognitive, expressive and emotional needs of the age of development.

The implications of such a program of intervention are perhaps greater than we at first realize. Certainly besides the educational (or re-educational) aspect of motor development, emotional growth and socialization are directly and beneficially influenced and the same occurs for creativity and fantasy in a continuous relational exchange effected mainly within the peer group, this in the end corresponding with current pedagogical beliefs.

A PROPOS DU CORPS, LIEU DE LANGAGE

Approche psycho-pédagogique de la maladresse
chez le déficient mental

A. DEGOUTE

Rééducateur, professeur à l'Unité d'Enseignement et de Recherches
en Education Physique et Sportive de l'Université de Lyon (France)

L'étude proposée est un essai d'approfondissement des rapports entre les
troubles instrumentaux, affectifs et mentaux. Partant des travaux de Geneviève
Guilmain, elle est une contribution à la connaissance des "maladresses sous
conditions" évoquées par Wallon en 1959.

Elle a pour cadre un Institut médico-professionnel dont la mission est
l'épanouissement et l'insertion socio-professionnelle d'adolescents qui présentent une débilité mentale moyenne (quotien intellectuel verbal compris
entre 50 et 70 selon l'examen psychologique d'admission) avec des troubles
associés, tels que difficultés aux plans affectif, moteur et caractériel.

Cette population est composée de filles et de garçons présentant une débilité vraie endogène typique, mais aussi une débilité exogène atypique, selon
la classification de Zazzo et Kohler, par agression externe physique (traumatisme crânien, séquelles d'encéphalite) ou psychologique (pseudo-débilité
d'origine culturelle, psychotique et névrotique grave).

METHODOLOGIE

L'observation clinique s'est exercée à partir d'un outil de travail que
nous nous sommes forgé: le bilan psychomoteur. En 1959, Geneviève Guilmain,
dans son livre: Contribution à l'étude de la maladresse chez l'enfant, avait
suggéré l'idée que l'on puisse observer les progrès réalisés, non plus à partir de tests moteurs de niveau (les âges d'acquisition constituant un facteur
névrosant supplémentaire) courammant utilisés à des fins pratiques et professionnelles, mais à partir d'épreuves qui seraient identiques pour tous les
âges. C'est ce que nous avons tenté dans notre bilan psychomoteur qui nous

a permis d'étudier l'évolution de la maladresse dans les gestes larges et fins à l'aide de tests classiques de coordination dynamique générale et oculo-manuelle, ainsi que l'évolution de la fonction neuro-motrice à l'aide des tests d'extensibilité et de ballant non moins classiques.

HYPOTHESES DE TRAVAIL

Première hypothèse:

Existe-t-il, à côté des atteintes organiques de l'ajustement moteur, d'autres troubles non lésionnels, fonctionnels pouvant être interprétés comme symptôme d'une inadaptation momentanée au milieu, autrement dit être le signe d'une mauvaise relation à l'objet et/ou à l'Autre?

Deuxième hypothèse:

Dans les cas pathologiques de troubles profonds de la personnalité, la maladresse ne peut-elle, de façon synchrone, correspondre d'une part à un trouble primaire de l'image du corps en tant que "forme" (Corps Gestalt) fonctionnant comme structure spatiale et lien dynamique entre "partie et totalité" dont la dissociation (Spaltung) provoque la schizophrénie ou Kern-psychose; d'autre part, à un trouble patent de l'image du corps en tant que contenu et sens d'une structure spatiale empreinte de l'histoire de l'individu dans sa relation au monde des personnes et des objets et dont l'atteinte donne la psychose marginale ou rand psychose décrite par Gisela Pankow? Dès lors, la maladresse dans la réception d'un ballon, peut-elle être symptomatique d'une mauvaise relation à l'objet inscrite dans l'histoire personnelle du sujet qui revit le ballon comme dangereux, méchant, objet de haine et de perturba-tion, et qui refuse de communiquer?

Troisième hypothèse:

Elle s'appuie sur les deux problématiques précédentes. Le syndrome de dé-bilité motrice de Dupré est-il fatalement incurable? Existe-t-il un diagnostic différentiel entraînant deux modes différents d'approche et de traitement mé-dico-éducatif en fonction d'une étiologie organique ou fonctionnelle? Faudra-t-il ne plus traiter ce trouble de l'ajustement moteur qu'est la mal-adresse par une gymnastique spécifique basée sur la répétition des gestes jusqu'à l'obtention d'une réponse motrice juste, mais par une éducation cor-porelle spécifique de nature à agir sur la cause et non sur le symptôme lui-même.

THEORIE DE LA MALADRESSE

On admet généralement que la maladresse est un symptôme des troubles du schéma corporel. Pour Dupré, elle constitue un des signes cliniques du syndrome de débilité motrice, décrit en 1907, avec les syncinésies et la paratonie, qui est l'impossibilité de réaliser volontairement la résolution musculaire. Naudascher traite, en 1908 (thèse de médecine) du syndrome de débilité motrice dans les débilités mentales. Expérimentant sur 508 observations de sujets normaux et anormaux, selon la définition de Dupré, il conclut à l'existence du syndrome complet dans 75 % des cas d'idiotie, 44 % des cas d'imbécillité, 24 % des cas de déblilité mentale et 2 % des enfants normaux de neuf à seize ans. En 1923, Vermeylen, reprenant le rapport de la débilité motrice et de la déficience mentale, conclut à l'existence de la débilité motrice, au moins partielle, chez un grand nombre de cas de déficients mentaux, présence d'autant plus grande que la déficience est profonde. Néanmoins, Dupré pense que cette association n'est pas fatale car on peut trouver des intelligences supérieures cohabitant avec des débilités motrices, et des aptitudes motrices normales servant des débilités intellectuelles. Quoi qu'il en soit, et pour compléter les résultats des travaux que nous venons de citer, nous disons qu'à leur entrée à l'Institut médico-professionnel, la totalité des adolescents (785 cas étudiés en huit ans) présente à l'observation une déficience mentale avec troubles associés: au plan moteur, le syndrome complet ou des symptômes isolés de la débilité motrice décrite par Dupré; au plan affectif, l'immaturité; au plan caractériel, l'opposition, les réactions classiques.

Sans vouloir prétendre au caractère exhaustif de l'étude, les cinq observations qui suivent illustrent cinq cas typiques de maladresse. Dans les premiers cas, le schéma corporel est intégré; dans le dernier, il sera déstructuré.

OBSERVATIONS

Premier cas: Robert B..., né le 11-07-1948.

Antécédents familiaux et personnels: dernier de cinq enfants. Encéphalite à quatre mois, séquelles importantes, syndrome cérébelleux avec tremblements permanents et légère dysmétrie. Scolarité jusqu'au C.M.I., mais retard intellectuel. Déjà orphelin de père, le décès, en 1963, de la mère, atteinte d'éthylisme, le fait placer en foyer d'accueil. Il entre à l'Institut médico-professionnel en septembre 1963.

L'examen psychologique révèle une déficience mentale moyenne avec un Q.I. verbal de 64, une maturation affective insuffisante. Robert est coopérant. Le bilan psychomoteur fait apparaître le syndrome de débilité motrice complet: paratonie, fortes syncinésies et maladresse dans les mouvements larges. Equilibre impossible. Les perceptions sont très insuffisantes. Son Q.I. pratique 78, relativement élevé pour cette population, le fait placer en apprentissage de menuiserie. Après quatre ans passés au centre, et malgré sa bonne volonté, les conclusions du psychiatre sont: "Retards moteurs persistants avec tremblement kinétique, hypertonie, syncinésies et maladresse. Les résultats professionnels restent médiocres."

Robert se retrouve en Atelier protégé des Paralysés de France où il s'acquitte de certaines tâches ne nécessitant pas une trop grande précision de gestes.

Interprétation du cas: Cette observation illustre une maladresse d'origine organique, issue d'un syndrome neuromoteur à note extra-pyramidale confirmée, constituant, avec les troubles de la dysphasie, la grande classe des troubles instrumentaux. Ce garçon, bien que bénéficiant d'un arsenal médico-éducatif complet, n'a pu récupérer une motricité "adaptée" du fait même de l'existence d'atteintes lésionnelles irréversibles. L'institution spécialisée n'a rien pu; elle a même compliqué le cas d'une maladresse d'origine émotive car, plus elle demandait à Robert d'être adroit pour son placement en menuiserie, plus Robert devenait maladroit.

Deuxième cas: Michel B..., né le 9-10-1949.

Antécédents familiaux et personnels: cadet de deux enfants d'une famille unie et stable. Crispations nerveuses sans perte de connaissance quand il était bébé et de nouveau à la puberté. Léger bégaiement. Placement à sept ans en institution spécialisée mal vécu par lui. Admis à l'Institut en septembre 1964. Suivi médicalement. L'examen psychologique révèle une déficience mentale avec Q.I. verbal à 70. Fixation au stade oedipien, très coopérant. L'examen neurologique est négatif: ni syndrome cérébelleux ni signe de Romberg. Gêné par un tremblement émotif persistant sans support organique puisque, en deux ans, trois électro-encéphalogrammes présentent un tracé identique sans signes électriques particuliers. Bilan psychomoteur: syndrome complet de débilité motrice: paratonie, très fortes syncinésies, maladresse dans gestes larges et fins. Gros trouble de l'équilibre. Perceptions insuffisantes. Il suit l'apprentissage en peinture et ses tremblements de mains redoublent. Changement d'éducateur et les tremblements disparaissent. Ils réapparaissent en situation d'apprentissage. Après cinq ans de ce régime, il n'a pas évolué. Il conserve le même profil: "Débilité mentale avec maladresse et troubles de l'équilibre. Problèmes affectifs, coopérant."

Interprétation du cas: sans signes neurologiques bien confirmés, Michel présente, à son placement, une débilité motrice au sens de Dupré, une immaturité neuro-musculaire et socio-affective. Sa fixation au stade oedipien, le rejet de son éducateur technique dont il a peur et le facteur névrosant du rendement ont aggravé le syndrome de débilité motrice: la désorganisation de sa motricité est provoquée par les facteurs émotionnels. Le mouvement est perturbé et donc maladroit car il se tisse sur une trame tonique perturbée par le bombardement permanent du cerveau des émotions (intégrées dans le système thalamique diffus) et la substance réticulée bulbo-mésencéphalique qui renforcent ou inhibent le tonus musculaire.

Dans ce cas limite, l'institution n'a fait que renforcer une maladresse instrumentale d'origine émotive dans laquelle la désorganisation fonctionnelle est en rapport avec une carence gnosique et affective.

Troisième cas: Pierre G..., né le 8-03-1952.

Antécédents familiaux et personnels: quatrième d'une famille de sept enfants, de père éthylique et de mère hyperanxieuse. Pas d'anomalies ni de manifestations pathologiques pendant son enfance. Semble avoir été l'objet d'un rejet familial. Entré à l'Institut en 1967, il présente une déficience mentale avec un Q.I. verbal à 54. Gros retard scolaire. Débilité motrice (paratonie, syncinésies, maladresse). Personnalité névrotique, schizoïde et mutique. Très opposant, inhibé avec problèmes sexuels, réactions explosives au cours des scéances de danse mixte, et en natation où il ne flotte pas. Après trois ans de présence au centre, les conclusions médico-éducatives font état d'une évolution affective très positive et de progrès spectaculaires au plan moteur et caractériel et à un degré moindre au plan intellectuel. Opposition passive à l'atelier.

Interprétation du cas: Pierre a résolu de façon synchrone son problème de paratonie, son problème postural, sa maladresse et ses relations sociales. Il participe avec autant d'aisance à toutes les activités qu'il refusait au début: la natation et la danse folklorique et le jazz - où il excelle -, les

sports collectifs de petit et grand terrain, les activités de plein air. Il
est devenu, dès la fin de deuxième année, le leader effectif du centre. Son
problème était là. Maturation affective et valorisation. Nous sommes ici en
présence d'un cas de maladresse comme trouble psychomoteur qui, selon Ajuriaguerra et au-delà des points de vue non homogènes d'Heuyer, Baruk, Launay,
Lebovici, ne répond pas à une lésion en foyer à l'origine des syndromes neurologiques classiques. Le trouble de la maturation neuro-motrice semble être
en rapport avec des facteurs de l'évolution de la personnalité. L'évolution
affective, qui dépend du milieu et qui semble être le mécanisme essentiel qu
bloque tous les autres mécanismes, a permis l'évolution de la motricité dien
céphalique de Pierre, caractérisée par un mauvais contrôle tonico-émotionnel
en motricité contrôlée (le néo-cortex étant devenu fonctionnel).

Quatrième cas: Alain B..., né le 26-12-1950

Les trois observations précédentes nous permettent de mettre en évidence
trois types de maladresse dont les signes apparents pouvaient faire croire à
une même étiologie. L'évolution ne laisse aucun doute sur la nature de l'atteinte: troubles instrumentaux d'origine organique confirmée, troubles instr
mentaux d'origine organique non confirmée mais se compliquant d'un trouble p
chomoteur, et enfin trouble instrumental d'origine fonctionnelle à dominante
affective.

A côté de ces maladresses, dont on peut ou non se défaire, il existe des
sujets possédant une efficience motrice dans les gestes acquis, apparemment
bien adaptée lors de leur admission, qui rencontrent des difficultés insur-
montables dans l'acquisition de "savoir-faire" nouveaux. Le bilan psychomote
d'Alain fait apparaître un appareillage gnosique insuffisamment affiné, des
coordinations motrices difficiles, voire impossibles dès que le facteur
"vitesse d'exécution" intervient, des syncinésies toniques et de reproductio
et une hypertonie musculaire qui entravent les mouvements associés ou disso-
ciés des bras et des jambes. Le bilan médical et psychologique signale un
abandon maternel. Alain remplace sa mère auprès de ses frères et soeurs. Con
tact difficile: il parle très peu et faiblement, avec parfois quelques parol
explosives. Emotif et anxieux, il ne parvient pas à surmonter son inhibition
Le Q.I. verbal à 62 révèle une déficience mentale sans doute moins important
qu'il n'y paraît. Aux épreuves de performance, il se révèle débrouillard et
adroit. Il fait tellement illusion qu'il devient très vite l'individu phare

centre auprès de ses camarades. Il joue au football, basket et hand-ball en club civil, avec beaucoup de réussite, mais il ne sait pas nager et ne peut pas danser. Il n'y arrive pas. Alain, après trois ans, présente les mêmes perturbations toniques. Les apprentissages au plan professionnel et sportif ont échoué. Il n'a pas progressé, l'hyperémotivité et l'anxiété subsistent. "Refoulement d'un passé non liquidé (rapport à la mère) et difficultés affectives en série", telles sont les conclusions du psychiatre.

Interprétation du cas: Alain illustre parfaitement le cas de l'apprentissage technique prématuré (avant la puberté selon Le Boulch) conduisant à un conditionnement strict ou dressage qui entraîne l'acquisition d'automatismes rigides immédiatement utiles, mais constituent une entrave aux progrès. Les résultats trompeurs obtenus sont non seulement inutiles, mais nuisibles, car ils provoquent des réponses stéréotypées n'ayant aucune valeur de transfert d'acquisition.

Conclusion des quatre observations

On retrouve comme dénominateur commun aux quatre cas les difficultés psycho-affectives.

Dans les quatre cas, la maturation affective (liquidation des conflits, contrôle émotionnel, accession à une morale autonome), la régression de la maladresse et la maturation neuro-motrice (possibilité de relâchement tonico-moteur volontaire et conscient, disparition des syncinésies, mouvements bien ajustés au but) vont de pair. Robert, Michel et Alain n'ont pas résolu leurs problèmes affectifs. Le développement neuro-moteur a été bloqué en même temps que la maladresse a persistée à des degrés différents. Seul Pierre, dont les difficultés affectives ont disparu, a évolué sur tous les autres plans.

Les difficultés affectives viennent toujours compliquer le cas, quel que soit le degré d'atteinte neurologique et le corps maladroit se présente à la fois comme moyen d'expression de l'inconscient et comme expression symptomatique de l'institution. Tout se passe comme si les problèmes de l'institution, projetés sur l'adolescent, étaient en interférence avec ses propres problèmes existentiels. Le morcellement des discours, souvent contradictoires, sur les conceptions fondamentales de l'éducation ne risque-t-il pas de faire du déficient un instrument pragmatique et impersonnel dépouillé de son expressivité, dont le corps devient lieu de langages des autres et terrain d'affrontement?

La fiche signalétique de l'enfant en difficulté porte habituellement la mention "débilité mentale" avec troubles associés (moteurs, caractériels, affectifs). Il conviendrait mieux de dire: "difficultés affectives" avec troubles associés (débilité mentale, débilité motrice, troubles caractériels). En d'autres termes, ce n'est pas la débilité mentale qui engendre les troubles moteurs affectifs, caractériels, ce sont les difficultés affectives qui provoquent la débilité et les troubles mentaux, la débilité motrice et les troubles du comportement, à l'exclusion de la débilité génétique dans les cas de trisomie 21, de la débilité exogène par agression externe physique et de la maladresse instrumentale d'origine organique.

OBSERVATION

Cinquième cas: Gérard R..., né le 26-08-1931

C'est un cas de déstructuration de l'image du corps. Scolarité normale jusqu'à quatorze ans. Traumatisé par l'hospitalisation de sa mère, période pendant laquelle il se brûle au troisième degré à la jambe; il est mal supporté par son père qui décède quelque temps après. Sa mère le fait hospitaliser à quinze ans car il est devenu trop nerveux. Admis à l'hôpital psychiatrique pour hébéphrénie d'abord, puis schizophrénie. Il a quarante ans lorsqu'on le prend en rééducation psychomotrice. Gérard illustre un cas type de maladresse comme trouble de la relation à l'objet et à l'Autre et comme non-communication. Il apparaît comme isolé, mutique, catatonique, maladroit. Le bilan psychomoteur n'est pas possible car il ne se laisse pas approcher. Il fuit dès qu'on entre dans son espace proche. Pendant un an, il assiste aux séances sans participer activement. Il repousse, sans le capter, le ballon qu'on lui lance en fermant les yeux et en détournant brusquement la tête... Un jour, il capte le ballon et le renvoie au rééducateur. Entre-temps, l'attitude permissive du rééducateur fait qu'il soutient de mieux en mieux son regard, se laisse approcher, toucher et même serrer la main.

Interprétation du cas: dès que Gérard a vécu le rééducateur comme "non méchant", "non dangereux", l'objet médiateur-ballon fut vécu comme non dangereux puisque lancé par une personne non dangereuse. La relation à l'objet redevient possible après un long cheminement. L'incapacité à se saisir d'une balle ne provient pas, dans ce cas, d'une impossibilité d'origine organique, mais d'une inaptitude à la communication, car la capacité d'entrer en relation en profondeur est bloquée. Nous savons maintenant que le déblocage passe par le corps, et notamment les sensations. Gérard est passé d'un corps dissocié, sans communications verbales et gestuelles, à un corps dont la main n'est plus vécue comme un "tout" mais comme "partie d'un tout chargé de sens". A l'évidence, il retrouve les limites de son corps dans et par les sensations corporelles des mains qui lancent et attrappent le ballon. Il existe de nouveau en tant que "corps qui n'est pas le gymnase qui l'entoure" mais "autre chose" signifiant globalement son histoire personnelle. Sa première communication verbale avec le rééducateur s'est faite sur le mode agressif en le qualifiant de "nazi". Gérard a vécu l'occupation de la France jusqu'en 1944. Il avait treize ans. Il semble avoir reconstruit son image du corps. La psychothérapie devient possible pour quelqu'un qui est rentré dans ses limites corporelles, lieu de son histoire personnelle.

CONCLUSION

Cette approche clinique de la maladresse, qui a porté sur 785 cas, nous fait aboutir au regroupement des maladresses, selon des critères somato-gnosiques, en deux grandes classes.

Première classe. Observations numéros 1, 2, 3 et 4 . Le schéma corporel est intégré (plus ou moins) et non dissocié. Cette classe est constituée par plus de 95 % des cas. Elle se subdivise en trois sous-classes:

1re sous-classe. Les maladresses d'origine organique avec signes neurologiques confirmés entraînant des troubles de fonctionnement moteur irrécupérables quels que soient les modes d'approche et de traitement. Le syndrome de débilité motrice persiste. L'institution spécialisée, prônant l'insertion socio-professionnelle par le rendement, aggrave le cas en le compliquant d'une maladresse d'origine émotive (15 % des cas, observation 1).

2e sous-classe. Les maladresses d'origine relationnelle, sans support organique, entraînant des troubles de fonctionnement moteur récupérables. Observations 2 et 3 (55 % des cas). Elle se subdivise en deux familles: 1° les difficultés affectives sont résolues. Disparition complète du syndrome de débilité motrice; 2° les difficultés affectives ne sont pas résolues. Le syndrome de débilité motrice persiste. Les causes du "raté institutionnel" sont à rechercher dans la formule "le rendement, condition du placement". Nos solutions: apprentissage moteur comportant une approche spécifique des troubles du tonus musculaire qui peut être "cuirasse protectrice" (Reich) ou fonction de communication (Wallon, Ajuriaguerra) inclus dans une éducation corporelle globale s'appuyant sur des situations aquatiques et terrestres de jeux indi-viduels et collectifs d'expression et sportifs qui visent la mise en fonctio et l'affinement de l'appareillage practo-gnosique, le déconditionnement et l'épanouissement.

3e sous-classe. La maladresse dans l'acquisition des "savoir-faire" nou-veaux (25 % des cas). Quasi irrécupérable du fait même d'un apprentissage mo teur prématuré par conditionnement avant la puberté (travaux de Jean Le Bou Observation 4.

Deuxième classe. Observation numéro 5. Le schéma corporel est dissocié. La maladresse, comme signe d'une relation en profondeur "bloquée". Nos solu-tions: le déblocage passe par le "corps" (moins de 5 % des cas).

En conclusion de cette recherche, quelle que soit l'étiopathogénie des di férents types de maladresse, le corps maladroit se présente à la fois comme "moyen d'expression de l'inconscient et comme expression symptomatique de l'institution." L'institution spécialisée ou non projette sur l'adolescent e difficulté des problèmes relationnels. Le corps, de déficient devient alors lieu de discours pour l'équipe médico-éducative au lieu d'être le creuset de sa propre expression.

Dans ces conditions l'institution va à l'encontre du développement psycho moteur de l'individu et par le fait se disqualifie.

Bibliographie

AJURIAGUERRA (Julian de), Traité de psychiatrie infantile, Masson, 1970.
- Interprétation de la motricité. Colloque sur la motricité chez l'enfant, organisé par la section de Psychologie de l'enfant et de l'Education, Société Française de Psychologie.

AZEMAR (Dr Guy), "Tonus musculaire et dynamogénie", dans Cahiers scientifique d'Education Physique, sept.-déc. 1965.
- Les problèmes physiologiques posés par le tonus. Conférence faite à l'E.N.S.E.P.S., Chatenay-Malabry, 1er mars 1973.

DARWIN (Charles), L'expression des émotions chez l'homme et les animaux, trad. de l'anglais par les docteurs Samuel POZZI et René BENOIST, Paris-Reinwald, 1874.

GUILMAIN (Dr Geneviève), Contribution à l'étude de la maladresse chez l'en-fant, Librairie Vigne, Paris, 1955.

KOHLER (Dr Claude), Jeunes déficients mentaux, éd. Charles Dessart, Bruxelle 1967.

KOHLER (Dr Claude), Les déficiences intellectuelles chez l'enfant, coll. SUP., Paris, P.U.F., 1968.

LE BOULCH (Dr Jean), "La coordination motrice," dans Cahiers scientifiques d'Education Physique, juin 1964.

- "L'importance de l'Education motrice et Psychomotrice dans la formation de l'apprenti", dans idem, déc. 1964.

- "L'apprentissage du mouvement en psychoninétique", dans idem, mars 1969.

- "Vers une science du Mouvement. Introduction à la psychocinétique, E.S.P., Paris, 1971.

MANNONI (M.), L'enfant, sa maladie et les autres. Le symptôme et la parole, éd. Seuil, Paris, 1967.

MUCCHIELI (R.), La personnalité de l'enfant, E.S.P., Paris, 1962.

MURCIA (R.), "Eutonie et transfert". Conférence faite à l'E.N.S.E.P.S., Chateny-Malabry, 27 mars 1973.

PANKOW (G.), L'homme et sa psychose. Préface de Jean Laplanche, éd. Aubier, Montaigne, 1969.

PELLET, L'image du corps, 1971.

PREVOST (Cl.), L'émotion. Séminaire de IIIe cycle, U.E.R. de Sciences humaines cliniques, Université Paris VII, 10 mars 1973.

RAIMBAULT, "Aspects physiologiques de la maturation", dans Annales de l'E.N.S.E.P.S., Chatenay-Malaby, 1977.

WALLON (H.), De l'acte à la pensée, Paris, Flammarion, 1942.

- "La Maladresse", dans Enfance, nov.-oct. 1959.

ZAZZO (R.), "Motricité et Emotion". Conférence à l'Ecole Normale supérieure d'Education Physique et Sportive, Chatenay-Malabry, 16 mars 1973.

ACQUISITION DU LANGAGE VIA DES OUTILS MATHEMATIQUES

A. de KERCHOVE-WATERKEYN et F. LOWENTHAL
Université de l'Etat, Mons (Belgique)

Il peut sembler étrange de vouloir réunir, en un seul travail, des notions mathématiques et d'autres relevant de l'usage du langage naturel uniquement. Des expériences pédagogiques récentes semblent pourtant "indiquer" le contraire pour des enfants normaux. D'autres expériences pédagogiques ont permis de "démontrer", le contraire à propos d'enfants handicapés. Nous voulons exposer ici ces deux aspects de notre recherche, et en particulier montrer comment l'un (enfants caractériels) nous conduit à l'autre (enfants normaux).

Techniques

Au cours d'une expérience antérieure, nous avions essayé d'employer des techniques empruntées aux mathématiques - dites modernes - pour enseigner les mathématiques à vingt enfants caractériels (deux groupes de dix, âgés de huit à dix ans et dix à quatorze ans). Cette expérience a été reproduite depuis par d'autres chercheurs.

Les techniques employées se réduisent principalement à l'emploi de diagrammes de Venn (des ensembles, pour les problèmes de classement) et de graphes multicolores (pour l'introduction de relations entre objets et/ou entre ensembles). Tous les enfants qui nous avaient été confiés présentaient une inaptitude fondamentale à accéder à la compréhension du langage rationnel utilisé à l'école; ces enfants ne parvenaient pas à user de raisonnements fondés sur un langage formalisé. En revanche, tout, chez les plus intelligents, indique cependant que la conceptualisation, si elle dispose d'un support concret ou intuitif, est de qualité équivalente à celle des enfants dits normaux.

Nous avons très rapidement pu constater des progrès considérables dans le domaine mathématique; puis l'acquisition, la maîtrise par nos élèves de cet "outil" qu'est le langage des mathématiques et de la logique. Bien qu'il n'y ait pas à ce stade de l'expérience de progrès notable dans le "langage usuel

apparent" des enfants, il y avait déjà des modifications importantes à un niveau plus profond: nous avons constaté chez nos élèves des progrès dans les
domaines si importants de l'appréhension de l'espace et du temps, de la prise
de conscience par les enfants de leur schéma corporel. Cela doit-il être attri-
bué uniquement au fait que nos élèves dominaient la feuille de papier sur laquelle ils travaillaient? Ils étaient "hors" de l'espace qu'ils étudiaient et
non plus "plongés" en son sein. Nous ne pensons pas que cela soit la seule
cause des résultats observés. Les graphes et ensembles que nous avons employés,
et qui constituent les bases du langage des mathématiques, sont perçus par
les enfants comme des "supports concrets" de la pensée et permettent dès lors
la conceptualisation de notions très éloignées du domaine concret.

Nous avons recherché les causes réelles de ces progrès apparemment dus à
un enseignement des mathématiques. En fait, nous opérions dans une situation
de jeu, sur base de représentations formelles inhabituelles (mais aisées à
maîtriser), donc sur base d'exercices de discriminations perspectives et de
manipulation de l'espace via un formalisme accessoire. Nous pensons que le
rôle d'un tel formalisme est capital: il a servi de guide stable autour duquel nos élèves ont pu développer leur propre langage et, à partir de là, leur
propre personnalité. Nous avions, en somme, réussi à introduire à côté d'une
langue maternelle en pleine évolution, un code précis associé à des représentations concrètes (les graphes) facilement compréhensibles; ce code n'excluait
pas l'emploi et le développement de la langue maternelle, et inversement il
n'était pas exclu par elle.

Résultats

Nous présentons ici une série de remarques et conclusions basées sur notre
travail avec des enfants caractériels. Il est néanmoins capital de savoir que
ceci est également vrai pour l'enfant dit normal.

Les ensembles constituent en fait un découpage de l'espace et les diagrammes de Venn en sont une représentation naturelle et concrète. Ces diagrammes
permettent d'aborder toutes sortes de situations grâce aux opérations ensem-
blistes élémentaires: l'intersection, la réunion, la différence. Ces opérations présentent la particularité suivante: concrètes sur la feuille de papier,
concrètes dans le formalisme auxiliaire que nous avons introduit, elles sont
immédiatement associées à des notions abstraites dans le langage usuel. Il

s'agit en particulier des notions d'opposition: "dedans-dehors", "dessus-dessous", "devant-derrière". Ceci joue bien sûr un rôle fondamental dans l'appréhension de l'espace par le jeune enfant. Mais ces diagrammes de Venn peuvent aussi être utilisés pour introduire l'implication: le fameux "Si, ... alors...". Ainsi, le phénomène "statique" qu'était le diagramme devient orienté; dès lors, il sera naturel d'employer la flèche, ou plutôt des flèches de couleurs différentes pour les relations. Le phénomène est alors devenu "dynamique" et reste cependant, pour l'enfant, tout aussi naturel et concret que précédemment: après avoir introduit l'espace, nous avons introduit le temps,... et la cause.

La technique que nous avons utilisée, ces ensembles et ces graphes, repose, elle, sur une logique naturelle. En outre, elle met celle-ci en évidence; ces éléments étaient probablement présents dans l'environnement de l'enfant, mais ils n'avaient pas été assimilés par lui avant notre enseignement. Des caractériels qui ne bénéficient pas d'un tel enseignement ne réalisent pas de progrès comparables; nous ne pouvons pas encore donner de réponse à propos de l'enfant normal.

Nous avons souligné plus haut que par cette méthode l'enfant n'était plus plongé dans l'espace qu'il étudie: en fait, il peut d'abord dessiner les ensembles et les graphes, puis les mimer, puis mimer ce qu'ils représentent en ayant leur image présente à l'esprit. Mais alors l'enfant devient le "point-sujet": les oppositions, les relations temporelles se font par rapport à lui, centre de l'univers, l'enfant prend ainsi conscience de son schéma corporel.

Faut-il en outre souligner la liberté dont jouit l'enfant (sur le plan esthétique) quand il dessine un graphe? Peu importe qu'une flèche soit ronde ou carrée, pourvu qu'elle relie tel point à tel autre. La résolution d'un exercice de mathématique devient ainsi la source d'un merveilleux dessin.

Extension des techniques

Ces résultats obtenus pour des caractériels, nous ont conduits à nous demander si des techniques semblables, mais non identiques, ne pourraient pas être utiles pour des enfants normaux. La première question est dès lors la suivante: quel est le but essentiel d'un enseignement de base? Pour nous, il s'agit d'aider l'enfant à devenir un individu responsable, c'est-à-dire un individu capable de "respecter la loi" tout en la contrôlant (en la modifiant si c'est nécessaire).

Or, pour l'enfant le jeu est la loi. Il y a pour lui deux étapes: d'abord, il apprend et joue le jeu, ensuite il utilise cela pour créer un nouveau jeu, son propre jeu. Ceci correspond bien à ce que nous exigeons d'un individu responsable: d'abord il s'intègre à la société dont il fait partie, mais dans un deuxième temps il s'efforce de contrôler l'évolution de cette société. Kohl, parmi d'autres, a souligné les problèmes liés à ces deux stades: l'enfant n'est pas toujours conscient du caractère arbitraire des modifications qu'il introduit au jeu primitif, il n'est généralement pas non plus capable d'expliquer pourquoi il a introduit ces modifications. Kohl propose alors de remédier à cette situation en codant partiellement le jeu (numéroter les "cases" par exemple); nous proposons d'aller plus loin en mathématisant complètement le jeu: il faut alors adopter un symbole pour chaque situation possible et un autre pour chaque mouvement des joueurs; enfin, il faut indiquer clairement les liens entre les uns et les autres.

Comme nous le mentionnons plus haut, le formalisme mathématique nous permet d'évoluer dans une situation de jeu. Nous voulons en profiter pour proposer ici une méthodologie nouvelle inspirée des remarques qui précèdent: nous voulons provoquer des situations qui forceront l'enfant à passer par les cinq étapes suivantes:

1) apprendre un jeu et le jouer;
2) décrire (verbalement) ce qui s'est passé;
3) décrire complètement le jeu à l'aide d'un graphe (analyse du jeu);
4) modifier arbitrairement ce graphe;
5) décrire et jouer un nouveau jeu (ou raconter une histoire logique) qui pourrait être illustré par le nouveau graphe.

Les étapes 2, 3 et 4 sont nouvelles; toutes utiliseraient le formalisme des graphes et la logique sous-jacente. Chaque jeu serait donc une expérience nouvelle pour l'enfant au cours de laquelle il pourrait "raccrocher" sa pensée à un formalisme bien connu, à des structures familières.

Méthodologie

Nous voulons montrer ici comment il est possible d'introduire, et surtout d'utiliser un jeu auprès de jeunes enfants, déjà familiers avec la notion de graphe.

Règle de jeu: Deux joueurs, I et II, jouent à "pile ou face". Les joueurs jouent alternativement. Le premier joueur qui obtient un pile a gagné et le jeu s'arrête immédiatement.

En premier lieu, nous devons décrire les situations possibles: nous utiliserons un tableau où nous indiquerons, colonne par colonne, le nombre de "pile" obtenus par I et II. Chaque colonne représente une situation possible au cours d'un jeu de "pile ou face".

Tableau 1

Joueur I $\begin{bmatrix}0\\0\end{bmatrix}$ $\begin{bmatrix}0\\1\end{bmatrix}$ $\begin{bmatrix}1\\0\end{bmatrix}$ $\begin{bmatrix}1\\1\end{bmatrix}$ $\begin{bmatrix}0\\2\end{bmatrix}$ $\begin{bmatrix}2\\0\end{bmatrix}$ etc.
Joueur II

Les élèves éliminent très vite toutes les colonnes, à l'exception des trois premières qui seules correspondent aux règles du jeu que nous analysons en ce moment. Les élèves constatent alors que ces trois colonnes ne suffisent pas pour décrire complètement le jeu: "Si nous savons qu'aucun des joueurs n'a réussi, jusqu'ici, et si nous apprenons que celui des joueurs qui joue maintenant obtient "pile", cela ne nous permet pas de dire qui est le vainqueur". Nous demandons ensuite aux enfants: "Quelle solution proposez-vous?" Après quelques hésitations, ils concluent qu'il faut considérer chaque colonne deux fois, une fois pour le cas où I joue, une autre pour le cas où II joue. Ceci nous donne six cas que nous noterons comme suit:

Tableau 2

Situation	I doit jouer	II doit jouer
I et II n'ont pas de pile	0	1
II a un pile, mais pas I	2	3
I a un pile, mais pas II	4	5

Le jeu commence en l'état (cas) 0 et se termine soit en 5 (victoire pour I: II devrait jouer, mais le jeu vient de s'arrêter), soit en 2 (victoire pour II). Les états 3 et 4 sont inaccessibles parce que dans chaque cas le joueur qui devrait jouer a déjà gagné précédemment. De ce qui précède, sans oublier que les joueurs jouent alternativement, les enfants déduisent le graphe suivant:

Figure 1

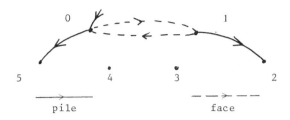

pile   face

Nous demandons alors aux enfants de modifier ce graphe. On pourrait, par exemple, inventer le graphe de la figure 2.

Figure 2

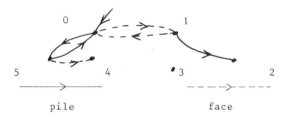

pile   face

Nous demandons enfin aux enfants de décrire un nouveau jeu qui pourrait être illustré par ce nouveau graphe. On décrirait un nouveau jeu comme suit: "I et II jouent à "pile ou face". Seul le nombre de "pile" compte. Les joueurs jouent alternativement. Le but du jeu est d'être le premier à obtenir un "pile" alors que l'adversaire vient d'obtenir un "face". Les deux joueurs doivent jouer un même nombre de coups".

Le jeu se déroule comme suit:

- I commence; s'il obtient "face", II doit jouer et gagne (en arrivant à l'état 2 par "pile"), ou rend l'initiative à I (en arrivant à 0 par "face").
- Si I marque un point par "pile", il n'a pas nécessairement gagné le jeu modifié.

  Dans ce cas:
- Si II obtient "face", il a définitivement perdu, mais s'il obtient "pile" nous revenons à 0 (selon le nouveau graphe). II a égalisé et le jeu recommence.

Remarquons en passant que les "états" ont légèrement changé de signification, mais pas de nom.

Ceci n'est qu'un exemple parmi d'autres. Le nouveau graphe permet diverses
interprétations, il aurait pu être différent, on aurait pu ajouter ou supprimer des "cas". Mais nous retrouverons toujours la même situation initiale et
pour la description des autres nous rencontrerons toujours le même support
de pensée.

Il faut souligner que l'attitude que nous adoptons ici est proche de celle
de Bruner qui estime que le développement cognitif de l'enfant a pour moteur
principal le langage, outil apporté par l'environnement; mais nous ne rejetons
pas la critique de Piaget selon qui l'enfant ne peut recevoir de technique
venue de l'extérieur si ce n'est grâce à l'existence préalable d'une structure
correspondante interne. Nous pensons que le formalisme accessoire que nous
proposons, et qui ne varie pas pendant l'évolution de l'enfant, fournit l'outil
nécessaire pour lui permettre de maîtriser les techniques venues de l'extérieur. Ce "langage des graphes" servirait de "révélateur". Comme Bruner,
nous pensons que le développement cognitif de l'enfant suit la maîtrise
de certains outils, mais nous croyons en outre que le support concret, que
représente le "langage des graphes", lui permet aussi de mieux assimiler
les outils fournis par l'environnement en permettant de dégager plus aisément les structures logiques qui sont à la base de leur maniement. Enfin,
comme l'écrit Kohl, nous pensons qu'il faut utiliser autant que possible
la tendance à jouer manifestée par les enfants.

On ne peut éviter de préciser que la technique que nous avons choisie pose,
entre autres, des problèmes philosophiques (épistémologie génétique), neurologiques (maturation du système nerveux), psychologiques (affectivité) et aussi
des problèmes liés à la nature des structures scolaires.

Les enfants qui auront subi un tel enseignement, plutôt qu'un enseignement
n'utilisant que la langue maternelle, seront-ils plus aptes à devenir des individus qui savent ce qu'ils font et pourquoi ils le font?

MOVEMENT DIAGNOSTIC AND PSYCHOMOTOR THERAPY

OF CHILDREN SUFFERING

FROM MINIMAL CEREBRAL DYSFUNCTION

G. DOLL-TEPPER

Scientific Assistant, Department of Physical Education and
Sport Medecine, Free University of Berlin (B.R.D.)

Introduction

In recent times not only physicians but also parents and teachers have
shown an increasing interest in the problems of handicapped and retarded
children. When a child has an obvious handicap, teachers and parents and even
the environment will show kindness and give them help. This, however, is not
the case with a child whose handicap is not recognized as such. It will not
be treated with the right amount of tolerance both at home and at school.

"Handicaps which are apt to pass unrecognized include visual and auditory
defects, defective concentration due to organic defects (...), sensory and
perceptual difficulties, specific learning disorders, and clumsiness"
(Illingworth, 1963).

Very often these children go through school as "normal" children but because of their clumsiness of movement, their slowness and lack of concentration, their anxiety of failure and their difficulty in finding social contact
they will suffer from being compared with and having to compete with others.
Therefore it is not only a medical problem, but also an educational and psychological problem. Information and instruction of teachers as well as of
parents are urgently needed.

This report will focus on psychomotor disabilities of children at pre-
and primary school age suffering from minimal cerebral dysfunction who are
undergoing special therapy.

Since January 1975 a pediatrician, a psychologist, physiotherapists and
occupational therapists as well as a group of physical education students

and teachers have been cooperating in a cerebral palsy centre in Berlin-Lichterfelde aiming at a better knowledge of minimal cerebral dysfunction.

There are four out-patient groups of five to eight children aged between four and ten taking part in a psychomotor therapy based on the "psychomotor exercise treatment" by Kiphard and others.

On terminology and definition

Besides the term "minimal cerebral dysfunction" various other terms are used, such as:

- minor nervous dysfunction; minimal brain injury;
- minimal brain damage; minimal cerebral palsy;
- minimal motor disability; hyperactive child syndrome.

These are all loaded with multiple meanings with regard to different disabilities. The following elements make up the syndromes of MCD (abbreviation of minimal cerebral dysfunction) but not all of them have to occur in each case.

This list has been drawn up by Wigglesworth (1963):

- minimal cerebral palsy (motor disturbance);
- minimal sensory dysfunction;
- minimal perception dysfunction;
- minimal intellectual (conceptive) dysfunction;
- minimal behavioral dysfunction;
- minimal consciousness dysfunction and some other neurological dysfunctions.

As all of these aspects are only minimal dysfunctions, but occur with a great variety, diagnosis is difficult. The great difficulty in defining MCD results partly from these problems of diagnosis. So far there is no universally acknowledged definition. The following broad explanation, however, is accepted by a large number of experts: "Slightly abnormal motor and/or 'patchy' mental development; this may or may not be combined with mental and motor retardation" (quotation from Bobath in: Mac Keith, 1963).

On movement diagnostics

In addition to several examinations by the pediatrician and the psychologist as well as by the occupational therapists (Frostig-Test, 1966) each child undergoing psychomotor therapy is tested by means of the Body Coordination Test (Schilling/Kiphard, 1974) as one method of movement diagnostics.

The Body Coordination Test which belongs to the category of motometric testing methods consists of four subtests serving the examination of total body coordination and body control as important criteria of motor development.

From the results obtained information on each child's motor abilities can be gained. This can be advantageous especially in the diagnosis of a brain injury. As this testing method is not only a means of diagnostics but also a means of therapy control the Body Coordination Test is repeated every six months.

When therapy began the average MQ (motor quotient; x = 100; s = 15) was about 58. It is now 65 which means that there still exists a motor disturbance. The MQ varies between less than 40 and 109. There are some children whose MQ was and still is under or about 40 and we can note only very little improvement. Most of these children for example cannot keep their balance when walking backwards and they are unable to jump on one leg or even stand on one leg. At first sight you would not imagine that MCD children could have such immense problems with these motor tasks.

There are two groups of older children aged between six and eleven who take part in trampoline tumbling in addition to the psychomotor exercise treatment. During the very first lesson they had to pass the Trampoline Test (Kiphard, 1973) which belongs to the category of motoscopic testing methods. On the trampoline the children's difficulties in total body control are shown very clearly.
Kiphard calls this "the magnifying effect" (Lupenwirkung). Even minor disturbances in motor behaviour can be discovered. It was generally noticed that by trampoline tumbling the children could be classified according to their motor behaviour into hypermotor and hypomotor types. The latter form the minority.

Photos, especially sequences of photographs, and videorecordings have been made in order to describe the structure of the children's movements and the effects of the therapy with regard to motor behaviour. This tape of procedure belongs to the category of motographic testing methods.

These recordings, for example of trampoline tumbling, show clearly the following motor disturbances (which are given here in abridged form).

- Firstly in the totality of their movements the children are incapable of jumping continuously; they fall down very easily.

- Secondly in their bearing the children are incapable of jumping in an upright fashion and are unable to control the movement of their head.

Lastly the movement of their limbs is asymmetrical.

By recording every child's motor behaviour the interest of both children and parents can be stimulated to direct their attention to some details of a special skill and to their behaviour in general. This should lead firstly to a better understanding of the parents for their children's problems and secondly to a better awareness of the children towards their own behaviour.

Psychomotor therapy. Its meaning and contents

Since 1955 the so-called "psychomotor exercise treatment" has been used by Kiphard and others at the Westphalian Clinic for Youth Psychiatry first in Gütersloh, and today in Hamm. Psychomotor education is of great importanc not only for handicapped and retarded children but also for pre- and primary school children.

"The term 'psycho-motor' emphasizes the identity of psychological proce and movement expression, and " psycho-motor education involves the child in his entirety' (Kiphard/Leger, 1975).

Therefore it is the aim of psychomotor therapy to stimulate and develop motor and mental qualities - understood as a unity - as well as to enable ea child to become an accepted and self-confident member of a group. Obligatory exercises should not be contained in the program. Children find their own ways of expression and teachers and parents should encourage them instead of correcting and in many cases worrying them.

The following parts constitute psychomotor education and therapy:

- sensory experiences;
- body experiences;
- motor experiences involving space;

- motor experiences and handling of materials involving precision.

It also includes trampoline tumbling, swimming and dancing as well as rhythmic-musical and miming forms of expressions (see Kiphard/Leger, 1975). The MCD-children referred to above are treated on the basis of this special type of therapy.

Twice a week the children take part in the therapy: one day they are given exercise treatment, another day they do trampoline tumbling. Different apparatuses are available, and apart from the large trampoline there are three small trampolines.

In the training program for trampoline tumbling attention must be paid to the following points:

- safety precautions must be observed;
- as beginners the children must jump one at a time and not longer than one minute;
- the training should be individually adapted to each child's capability.

Elements of the training program are:

- jumping in an upright position (turning clockwise and anti-clockwise while jumping and other variations);
- jumping from a standing position into a sitting or kneeling position and vice versa.

Once the children have gained confidence they can be allowed to exercise in groups of two.

Since the children have learning disorders and a short span of attention it is necessary to train their powers of concentration by making them practise for example sequences and combinations of movements.

The general method of procedure is as follows:

at first   - simple tasks, so that the children gain confidence and can
                see themselves the progress they are making;
afterwards   - progressive increase in the level of difficulty according to
                the individual in order to enlarge the range of motor skills;
in addition   - frequent repetition to achieve qualitative improvement and
finally   - combinations of movements to improve the coordination and the
                powers of concentration.

There is close contact with the parents of the participating children and they are informed about psychomotor therapy. During the trampoline lessons brothers, sisters and friends of the MCD children are allowed to take part.

In addition to the homogenous groups in psychomotor exercise treatment efforts are made to form groups in which the MCD children are active alongside the non-disabled and have the possibility of enlarging their social contacts.

It was observed that in the beginning most of the children were isolated, making only a few attempts to come into contact with other children. We now find the MCD children playing and exercising with one another and they are today more open to the ideas of both the other children and of therapists.

Conclusion

To sum up, it must be emphasized that minimal cerebral dysfunction should be diagnosed as early as possible - that is to say before these children enter kindergarten and school - in order to avoid psychological and educational problems. Besides pediatric and psychological diagnosis examination of motor abilities is of great importance to give a comprehensive description of the stage of a child's development.

With regard to the project described it can be said that we have obtained positive results with psychomotor therapy concerning the test scores, although it must be admitted that improvement in the field of motor skills can only be reached slowly. The quality of the movement structure of the children as can be seen in videorecordings and sequences of photographs has improved. In addition to these observations it has to be mentioned that the MCD children are more self-confident now because they have learned new skills, for example trampoline tumbling, which their class-mates and friends cannot do and they now have a little less difficulty in performing everyday motor tasks such as tying shoe-laces and writing legibly.

It is the aim of this therapy to reach a change in general behaviour step by step by reducing the children's difficulties in the motor, behavioral and learning fields and by trying to avoid the development of new problems.

BIBLIOGRAPHY

ASCHMONEIT (W.), Motorik und ihre Behinderungen im Kindes- und Jugendalter, Dornburg, 1974.

BAX (M.), MAC KEITH (R.) (ed.), Minimal Cerebral Dysfunction, Clinics in Developmental Medicine, n° 10, Lavenham 1963, repr. 1968.

BECHT (W.), ALTHERR (P.), KERN (R.), "Visuo-motorisches Koordinationstraining unter verhaltenstherapeutischen Gesichtspunkten", Z. Krankengymnastik 28 (1976), n° 7, 224-229.

EGGERT (D.) (ed.), Psychomotorisches Training, Weinheim-Basel 1975.

EGGERT (D.), KIPHARD (E.) (ed.), Die Bedeutung der Motorik für die Entwicklung normaler und behinderter Kinder, Schorndorf 1973[2].

EHRHARDT (K.J.), "Leitsymptom: Konzentrationsstörungen bei Schulkindern", Deutsches Arzteblatt 46 (1975), 3179-3182.

FROSTIG (M.), Bewegungserziehung, München-Basel, 1973.

FROSTIG (M.), Developmental Test of Visual Perception, Palo Alto, revised 1966.

GROSS-SELBECK (G.), "Das Bild der leichten frühkindlichen Hiernschäden in der täglichen Praxis", Deutsches Arzteblatt 1 (1976) 15-20 und Deutsches Arzteblatt 2 (1976), 57-61.

HEESE (G.) (ed.), Rehabilitation Behinderter durch Förderung der Motorik, Berlin 1975.

ILLINGWORTH (R.), "The Clumsy Child", in BAX-MAC KEITH, Minimal..., op. cit.

KIPHARD (E.), Bewegungsdiagnostik bei Kindern, Gütersloh 1972.

KIPHARD (E.), "Bewegungs- und Koordinationsschwächen im Grundschulalter", in Schriftenreihe zur Praxis der Leibeserziehung und des Sports, 39, Schorndorf 1973[2].

KIPHARD (E.), Leibesübung als Therapie, Gütersloh 1975[2].

KIPHARD (E.), HUPPERTZ (H.), Erziehung durch Bewegung, Bad Godesberg, 1973[3].

KIPHARD (E.), LEGER (A.), Psychomotorische Eelementarerziehung, ein Bildbericht, Gütersloh, 1975.

MAC KEITH (R.), "Defining the Concept of 'Minimal Brain Damage' ", in BAX-MAC KEITH, Minimal..., op. cit.

MULLER (H.J.), DECKER (R.), SCHILLING (F.) (ed.), Motorik im Vorschulalter, Schorndorf, 1975.

NEUHAUSER (G.), "Motorische Koordination und Perzeption", in Mschr. Kinderheilk. 124 (1976), 619-622.

RAUTENSTRAUCH (Th.), WITTROCK (J.), "Unerkannte minimale cerebrale Dysfunktion bei erziehungsschwierigen Kindern", in Mschr. Kinderheilk. 122 (1974), 629-630.

SCHILLING (F.), Motodiagnostik des Kindesalters, Berlin, 1973.

SCHILLING (F.), KIPHARD (E.), Körperkoordinationstest für Kinder, Weinheim 1974.

SCHIRM (H.), BAHL (R.), RANDOLPH (R.), "Die minimale zerebrale Bewegungsstörung", in Fortschr. Med. 90 (1972), 985-988.

98

SCHULTE (F.), "Current concepts in minimal brain dysfunction", in J. Amer. Med. Ass. 217 (1971), 1237-1238.

TOUWEN (B.), PRECHTL (H.), "The Neurological Examination of the child with minor nervous Dysfunction", Clinics in Developmental Medicine, n° 38, Lavenham 1970.

WIGGLESWORTH (R.), "The Importance of Recognising Minimal Cerebral Dysfunction in Paediatric Practice", in BAX-MAC KEITH, Minimal..., op. cit.

WITTROCK (J.), "Minimal cerebral dysfunction", in Fortschr. Med. 91 (1973), n° 25, 997-998.

L'INDUCTION AU TRAITEMENT PSYCHOMOTEUR

DU DEBILE MENTAL ADULTE INHIBE

Dr J.-J. EISENRING
Médecin-Chef du Centre universitaire
de Diagnostic et de Soins de la déficience mentale.
Département de Psychiatrie de l'Université de Genève (Suisse)

INTRODUCTION

Nous avons recours, depuis plusieurs années, à la thérapie psychomotrice dans la prise en charge de handicapés mentaux adultes, qu'il s'agisse de débiles moyens ou profonds. Par delà le plaisir de fonctionner dans une meilleure acceptation de leur corps, la thérapie psychomotrice leur permet une réelle rencontre, et par conséquent un échange avec leur thérapeute. Nous avons tenté d'utiliser cette technique également chez des débiles légers. L'indication de la prise en charge est alors essentiellement l'inhibition et le retrait dans une position dépressive. Ce mode d'être prend ses racines dans le tragique vécu de l'échec, dont une des conséquences est la fragilisation du "Moi". On conçoit alors que ces débiles légers ne parviennent pas à fonctionner en harmonie avec leur réel potentiel. Ils n'exploitent que partiellement et irrégulièrement leurs instruments cognitifs. Leurs prestations leur échappent, constamment modulées par la perception dévalorisante des réactions du milieu. Ce vécu se manifeste, par ailleurs, également dans la mauvaise utilisation du corps: la posture est repliée, les gestes lourds et gauches. Il n'est guère possible, du moins dans un premier temps, d'élaborer verbalement un tel vécu, les difficultés de conceptualiser qui les affectent étant trop grandes. Il est donc nécessaire de faire appel à des modes d'approche permettant de percevoir et de comprendre directement et concrètement le vécu, pour parvenir progressivement à maîtriser cette réalité et non pas à céder à la tentation de la régression ou du retrait autistique. En effet, il existe constamment, chez le débile, une infiltration des processus secondaires par les processus primaires, entraînant ainsi le risque de réduire le déplaisir de la tension instinctuelle par l'accomplissement du désir hallucinatoire.

Dans ce contexte particulier, les techniques qui s'adressent au corps, qui passent par le corps, tiennent une place privilégiée. Mais l'inhibition peut être telle qu'une mise à contribution d'emblée de ce corps peut être ressentie comme une nouvelle agression et renforcer le repli, fermant le sujet à tout dialogue.

Que reste-t-il alors?

Nous avons essayé, par l'expression graphique, de préparer le sujet à être suffisamment disponible pour finalement accepter à entrer dans une thérapie psychomotrice classique. Nous allons tenter, par la description d'un cas particulier, d'illustrer ce cheminement.

Présentation de la malade

Catherine, c'est ainsi que nous appellerons notre malade, est âgée de dix-neuf ans et trois mois; elle a suivi une scolarité avec d'énormes difficultés dans des classes dites normales. Les tentatives de formation et d'insertion professionnelles ont toutes échoué, par suite de la lenteur et du comportement de panique. Chaque fois que son travail est contrôlé ou que quelqu'un assiste à ce qu'elle fait, elle est bloquée, incapable de se souvenir de la consigne. Par ailleurs, elle est décrite comme docile, persévérante, appréciant le moindre travail qui lui est confié.

Les résultats au WAIS la situent dans la zone de débilité avec un Q.I. verbal de 88, un Q.I. performances de 69 et un Q.I. total de 68. Aux épreuves de Piaget, elle possède la conservation du poids mais non celle du volume. La mémoire, telle qu'elle apparaît à l'épreuve des quinze mots de Rey, se situe à un niveau correspondant à celui d'un débile. C'est ce problème d'échec qui incite les parents à nous consulter. La prise en charge est assurée ambulatoirement.

Déroulement des séances (1)

Le choix de la technique nous a été dicté par le sujet lui-même, qui nous a confié aimer peindre et dessiner. Les premières séances se sont déroulées

(1) Je tiens à remercier Mme F. Loosli et Mlle D. Lavallée, thérapeutes de la psychomotricité pour leur collaboration.

dans un local aux dimensions réduites, permettant de créer ainsi une ambiance
d'intimité rassurante. Deux feuilles de papier d'emballage furent fixées au mur
l'une pour la malade, l'autre pour la thérapeute. Cette dernière propose le
sujet et doit inciter la malade à choisir une couleur parmi les trois à sa dispo
sition. La peinture est exécutée à traits lents, maladroits. La main n'arrive
pas à se libérer du bras, voire de l'épaule. Le mouvement implique quasiment
tout l'hémicorps droit, comme s'il ne pouvait se dégager. Constamment retenu,
il n'ose s'imposer. La thérapeute réalise sa propre peinture en prenant certains des éléments de la peinture de la jeune débile, et son intervention va
dans le sens d'un constant renforcement. A la fin de la séance, Catherine ne
manifeste que peu d'intérêt pour ce qu'elle a fait; elle s'est efforcée, cependant, de remplir consciencieusement sa feuille jusque dans ses moindres
recoins. En quittant, elle se dit d'accord de revenir.

Au début de la deuxième séance, la thérapeute propose de renoncer au pinceau et d'étendre la couleur directement avec la main. L'objectif est alors
d'inciter à une implication plus directe, à un contact plus intime avec la
matière. Catherine accepte docilement, mais paraît rapidement tellement dé-
goûtée que la thérapeute suggère de reprendre les pinceaux, ce que Catherine
fait avec un sentiment manifeste de soulagement. Toutes deux travaillent sur
une même feuille, ce que Catherine semble apprécier. Il s'agit, après avoir
réalisé le fond, de peindre une sorte de longue guirlande aux lignes bri-
sées; alternativement, chacune exécute un segment. Au début, Catherine ne se
permet d'intervenir que par petites touches mal définies, généralement dans
l'axe imprimé par le dessin de la thérapeute. Par la suite, elle se lance
à tirer des traits plus fermes, qui prennent des directions variées et qui
ne reviennent pas toujours au point de départ. Elle ose même franchir ce que
la thérapeute a peint. Quand elle est parvenue à réaliser un segment de trente
centimètres de longueur environ, elle exprime son sentiment de satisfaction
d'avoir enfin osé s'étendre. On assiste ainsi à une véritable conquête de
l'espace. A la fin de la séance, elle trouve que son travail n'est pas si mal.
Constamment, elle recherche l'approbation de la thérapeute.

A la séance suivante, toutes deux travaillent côte à côte, mais Catherine
semble se renfermer, elle paraît ignorer ce que fait la thérapeute, ne répondant guère aux commentaires de cette dernière. Mais, avant de partir, à nouveau, elle manifeste de l'approbation et semble satisfaite de ce qu'elle a
fait.

Pour la quatrième séance, la thérapeute propose d'exprimer un sentiment, que ce soit la joie, la tristesse ou la colère, cela non seulement par le pinceau mais également par la voix. Catherine choisit comme sujet la colère. Ce choix se fait d'ailleurs après de nombreuses hésitations. Elle se libère au fur et à mesure que les taches s'accumulent. Pour les réaliser, alternativement, toutes les deux se tiennent à une certaine distance du mur, ce qui à chaque fois les oblige à partir en avant, à faire quelques pas, pour s'approcher de la feuille de papier, puis à revenir en arrière. Non seulement la main, le bras, sont impliqués, mais tout le reste du corps, dans un mouvement beaucoup plus global. Par ailleurs, la thérapeute propose qu'à chaque touche de peinture on exprime des sentiments de colère et des exclamations. Au début, Catherine répète d'une voix douce et monotone ce que la thérapeute vient de dire, mais progressivement elle est entraînée, sa voix devient plus grave, plus intense et prend manifestement de l'autonomie. L'échange devient plus riche, Catherine s'implique davantage et, finalement, elle se prend au jeu et rit. A la fin de la séance, elle paraît fatiguée et contente: elle s'est donnée complètement. Elle ne peut cependant quitter son travail sans faire quelques appréciations, qui appellent confirmation et réassurance.

Les séances suivantes se succèdent sur le même mode, Catherine manifeste à chaque fois de l'assiduité et finalement du plaisir. A la septième séance, elle parvient à proposer d'emblée le sujet: un vitrail. Il s'agit d'une peinture qu'elle a déjà eu l'occasion de réaliser alors qu'elle était à l'école. Sa participation l'implique davantage. Le graphisme a évolué, les traits sont plus fermes, plus longs, les points plus fins, moins empâtés, le geste plus délié. Elle peut se révéler. A la fin, elle manifeste un très grand contentement.

Au cours des séances suivantes, la thérapeute lui propose de dessiner un bonhomme. Elle accepte avec plaisir, disant qu'elle a l'habitude de faire des clowns et qu'elle les réussit chaque fois très bien. En réalité, il s'agit de bonshommes très grossièrement dessinés, qui ne correspondent pas à son réel potentiel. Par la suite, ses bonshommes se structurent et s'articulent beaucoup mieux.

On reprend ce même thème aux séances suivantes, mais en quittant le petit local de peinture pour travailler dans la grande salle de psychomotricité. Au début, Catherine paraît très impressionnée par les dimensions nouvelles du

local, elle se sent mal à l'aise et se réfugie dans des dessins stéréotypés.
Progressivement, au cours des séances ultérieures, elle reprend de l'assu-
rance et devient capable de dessiner des clowns dans diverses positions. La
thérapeute lui propose alors d'imiter dans son propre corps ce qu'elle vient
de dessiner. Le dessin perd de son importance, Catherine est capable de s'en
détacher et d'impliquer son corps dans le mouvement, qu'elle ose accepter et
qu'elle parvient à ressentir comme agréable. Le pas est franchi, il n'est
plus nécessaire d'avoir recours à la peinture pour entrer en matière, c'est à
une véritable séance de psychomotrocité que Catherine est capable de participer. Il a fallu trois mois environ pour arriver à ce résultat.

COMMENTAIRES

Un des aspects déterminants de la prise en charge psychomotrice, comme par
ailleurs de toute forme de psychothérapie, est d'obtenir l'adhésion du sujet.
Non seulement ce dernier ne peut pas, contrairement à ce qui se passe dans
d'autres formes de traitement, rester passif, se contenter de consommer l'acte
thérapeutique, mais il doit s'impliquer et sa propre participation déterminera
la réussite ou l'échec du dit traitement. L'art du thérapeute consiste alors
à amener le sujet à investir suffisamment, non seulement la relation qu'il
établit avec lui, mais encore le traitement en tant que tel. Ce malade parviendra ainsi à quitter des modes de fonctionnement régressifs, en réalité
insatisfaisants; il osera renoncer à des bénéfices partiels, mais bien connus,
et il pourra miser sur le changement et sur ses avantages, même s'ils sont,
somme toute, bien hypothétiques, du moins au départ.

Ce que nous risquions constamment avec notre malade, qui était prise en
charge ambulatoirement, était de la voir abandonner le traitement avant même
de l'avoir commencé. C'est pour cette raison que cette phase d'induction nous
paraissait tout particulièrement importante. Les propositions devaient être
à la fois attrayantes, suffisamment progressives pour pouvoir être intériorisées, offrir une satisfaction directement perceptible et aller dans le sens
d'une réelle préparation au traitement psychomoteur.

Nous sommes partis d'un élément, la peinture, que nous offrait en quelque
sorte la malade, que nous connaissions pouvoir être suffisamment investi par
elle. C'est à travers cette peinture que nous avons pu progressivement mettre
en mouvement la main, le bras, puis le corps dans son ensemble, faire parti-

ciper la voix, pour finalement arriver à utiliser cette peinture comme un réel moyen de communication.

Cette démarche a permis à la jeune débile de rencontrer la thérapeute, de sentir que cette dernière l'accueillait telle qu'elle était. Grâce à cette constante réassurance, elle a pu dépasser la peur de l'échec et accepter de se lancer dans un monde nouveau pour elle. La peinture, par sa présence concrète, a permis de dépasser l'angoisse. A chaque fois, la malade dut s'y référer pour y puiser l'énergie nécessaire à la poursuite du traitement. Par ailleurs, la thérapeute, en peignant également, démontra combien elle s'impliquait. Il était alors possible non seulement d'échanger, mais également de s'affronter sans trop de risque. La peinture mobilisait progressivement tout le corps et même la voix dans la conquête de l'espace. Elle a permis également le partage des goûts et la référence au passé.

Les conditions furent alors réalisées pour une prise en charge plus globale, permettant non seulement de vivre le plaisir à travers le corps, mais également, par la verbalisation, de prendre conscience de l'inhibition et, jusqu'à un certain point, de la dépasser.

RESUME

L'inhibition entraîne une restriction marquante dans l'utilisation du potentiel déjà limité de nombre de débiles adultes. Le traitement psychomoteur, par la relation structurante qu'il implique, l'harmonie du fonctionnement qu'il entraîne et le droit au plaisir qu'il révèle, réalise une voie thérapeutique particulièrement féconde dans ces cas. La référence au vécu peut ainsi être intériorisée chez ces sujets aux possibilités conceptuelles restreintes.

Cependant, le corps peut être vécu sur un mode souvent tellement pénible, voire distordu, qu'il ne peut être possible de s'adresser sans autre à lui. Les résistances sévères qu'un abord direct déclenche, sous forme de réactions de prestance, d'exagération du fond tonique, loin de réconcilier le sujet avec son corps, risquent d'entraîner de la part de l'adulte débile un refus définitif d'entrer en matière.

Devant cette difficulté, fréquemment rencontrée, le praticien est amené à suggérer, dans un premier temps, une démarche qui permette de réaliser une relation suffisamment rassurante pour donner au sujet la possibilité de vaincre ses premières résistances et le rendre accessible, par la suite, à jouir du bien-être dans le mouvement et la détente. La peinture à deux, soignant-soigné, a permis, dans certains cas, d'accéder ainsi au traitement psychomoteur proprement dit.

BIBLIOGRAPHIE

J.-J. EISENRING, "Une expérience de mobilisation de handicapés mentaux profonds adultes: l'apport de la thérapie psychomotrice", dans Médecine et Hygiène, 32, p. 1454-1456, 1974.

J.-J. EISENRING, "Mobilisation des handicapés mentaux adultes: apport de la rééducation psychomotrice", 1er Congrès international de psychomotricité, Nice, 10 et 11 mai 1974.

L'INFLUENCE DES APTITUDES MOTRICES

SUR L'EXECUTION MOTRICE COMPLEXE

Dr V. GIKALOV

Dr Phil. Psychologue du Sport,
Institut d'Education physique, Université de Berne (Suisse)

L'étude des aptitudes comme composantes de la recherche de la performance sert à éclairer l'effet des dispositions à la performance. Hull différencie les capacités intellectuelles des capacités motrices. Une des plus grandes différences est qu'il existe de hautes corrélations entre les capacités intellectuelles, alors qu'il n'en existe presque pas, ou même aucune, entre les capacités motrices. Fleishman n'a pas non plus trouvé de facteurs communs entre les capacités motrices. Pour nous, la question qui se pose est de savoir dans quel sens les pronostics de la performance à long terme sont applicables pour faire progresser l'individu. Le but de ces prédictions est également la recherche de l'amélioration du processus d'apprentissage.

INTERROGATION

Les pronostics pour l'amélioration de la performance résultent de la relation entre la structure du devoir et la structure de la capacité. Il y a des capacités motrices qui permettent certaines prédictions de performance, mais, en même temps, nous nous apercevons de l'existence de tests de capacité dont les résultats ne prennent de l'importance que plus tard, c'est-à-dire à la suite du processus d'apprentissage. En outre, une capacité ne facilite pas nécessairement le processus d'apprentissage; on observe parfois des effets inhibitoires. On peut donc supposer un transfert positif aussi bien qu'un transfert négatif.

METHODE

Nous avons examiné chez les sujets les capacités motrices suivantes:

Vitesse

Tapping. Mettre avec un crayon des points sur une feuille de papier. Six
séries de six secondes (d'après Meili).

Grand tapping. Mouvements perpendiculaires à l'horizontal de tout le bras.
Touchés répétés d'un disque. Durée de vingt secondes (d'après Fleishman).

Tapping du pied. Frapper alternativement avec le pied droit et le pied
gauche dans un carré. Durée de quinze secondes (d'après Fleishman).

Aiming

Lier des points. Sur le papier de petits cercles de 45 mm de diamètre sont
dessinés. Le sujet doit les lier d'un trait. Durée de vingt secondes
(d'après Fleishman).

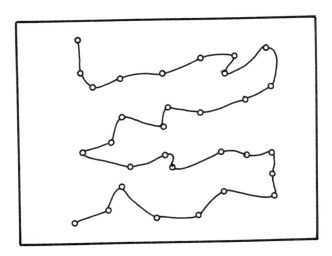

Figure 1. - Aiming

Tracking

Le sujet essaie de tenir le crayon sur un cercle tandis que le disque
tourne. Mesurer le temps de contact (d'après Fleishman).

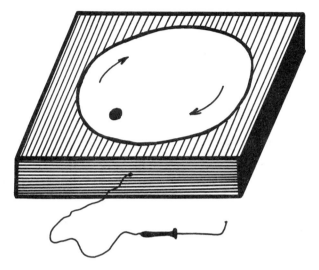

Figure 2. - Tracking

Dynamic flexibility

Bend-Twist-Touch. Le sujet doit se courber sans fléchir les genoux, puis se tourner vers le mur et toucher un signe dessiné sur celui-ci. Durée de vingt secondes (d'après Fleishman).

Duck-Run

Courir "en huit" autour de deux jalons et au-dessous d'une latte (le temps de quatre courses) (d'après Fleishman).

Balance

Balance statique avec les yeux ouverts. Mesurer le temps que le sujet peut ainsi rester debout (d'après Fleishman).

Tenir un bâton en équilibre sur l'index de la main la plus habile. Mesurer le temps (d'après Fleishman).

En plus de ces tests, chaque sujet exécute un test d'intelligence (AIT) et un test de concentration (d'après Meili).

Pour la deuxième partie de l'expérience, les sujets parcourent un circuit dans la salle de gymnastique (figure 3).

Brève description de l'exercice. Départ assis, course jusqu'aux barres

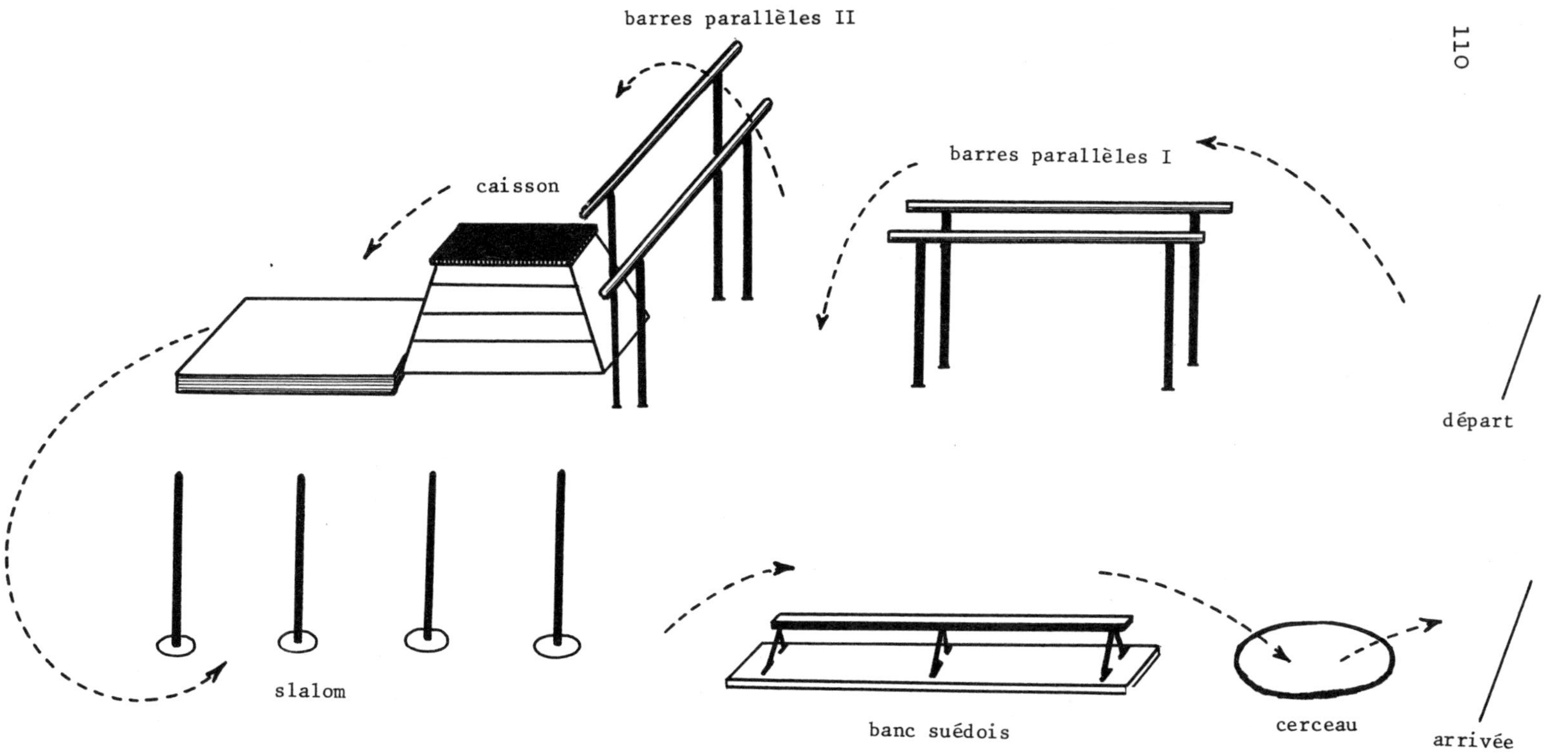

110

départ

arrivée

cerceau

barres parallèles I

banc suédois

barres parallèles II

caisson

slalom

Figure 3. - Circuit dans les salles de gymnastique

parallèles II, passer par-dessus l'engin, puis sur le caisson, saut, course à travers le slalom, puis sur le côté étroit d'un banc suédois, d'un pied fouler le milieu d'un cerceau, puis franchir l'arrivée. Chaque sujet exécute quatre fois la course. Une pause de quatre minutes sépare les différentes courses. On mesure les temps intermédiaires ainsi que le temps total de chacune d'elles.

Quarante-huit candidats au brevet d'éducation physique et de sport de l'Université de Berne se sont mis à notre disposition pour cette expérience.

TABLEAU 1

Tests des aptitudes et temps total

Analyse factorielle après la rotation

Variables	Facteur 1	Facteur 2	Facteur 3	Facteur 4
1. Tapping	-.023	-.169	-.236	-.771
2. Lier des points	-.096	-.601	-.088	-.340
3. Tracking	-.111	-.765	-.098	-.036
4. Grand tapping	-.031	-.082	-.174	-.655
5. Tapping du pied	-.847	-.014	-.139	-.240
6. Balance du corps	-.553	-.178	-.182	-.152
7. Equilibre d'un bâton	-.515	-.501	-.236	-.240
8. Bend-Twist-Touch	-.697	-.048	-.095	-.304
9. Duck-Run	-.602	-.366	-.197	-.032
10. Concentration	-.096	-.149	-.720	-.118
11. Intelligence	-.182	-.135	-.801	-.089
12. Valeur intermédiaire temps de la 1re course	-.578	-.147	-.600	-.106
13. Différence temps 1re - 4e course	-.651	-.179	-.390	-.079

RESULTATS

Les valeurs obtenues ont été élaborées par la méthode de l'analyse factorielle (cf. Tableau 1).

Le temps total de la première course, le test d'intelligence et le test de concentration se démontrent dans un facteur commun. En outre, un facteur commun est obtenu par les progrès dus à l'apprentissage (différence entre la première et la quatrième course) et les tests d'aptitudes (tapping du pied, balance, Bend-Twist-Touch et Duck-Run).

Ces résultats laissent supposer un effet positif des capacités motrices testées au cours de l'apprentissage. L'influence des qualités intellectuelles (intelligence et concentration) se démontre lors de la première rencontre avec un devoir moteur complexe.

DISCUSSION

Les rapports entre les capacités motrices et une performance motrice complexe ne sont pas simples. La première course est dominée par l'influence positive des qualités intellectuelles. La plasticité des procès mentaux rend possible la planification, y compris les réflexions tactiques, la conception du mouvement et la disponibilité des valeurs fonctionnelles.

Des réflexions concentrées en s'imaginant la course et un degré d'attention élevé, en ce qui concerne l'attitude pendant la course, sont d'autres composantes importantes pour obtenir une bonne performance. En revanche, l'influence des capacités motrices sur la performance, lors de la première course, est à peine sensible.

Cependant, l'impression change quand on compare les relations entre les succès d'apprentissage (différence entre la première et la quatrième course) et les résultats des tests de capacité. L'analyse factorielle montre qu'il y a de bonnes corrélations entre les tests de capacité (tapping du pied, balanc Bend-Twist-Touch et Duck-Run) et le processus d'apprentissage moteur. Il s'agit exclusivement de tests, qui se composent de mouvements plus complexes. Les devoirs élémentaires n'ont pas de haute corrélation avec le succès d'apprentissage.

D'après Hull, les activités plus complexes contiennent plusieurs éléments (determinators). Plus complexes sont les devoirs, plus ils ont d'éléments communs. Thomson et Vernon ont obtenu des résultats analogues. Ils ont constaté que la hauteur des corrélations entre les devoirs de tests particulier augmente avec la complexité de ces devoirs. On peut imaginer qu'ils aient le caractère de structures motrices devenant disponibles à la suite d'un appren tissage. Les tests sont comparables à certains patterns de mouvements qui produisent des notions et des symboles. Ils sont rendus disponibles au devoi plus complexe par un procédé d'accommodation. Puis des configurations corres pondantes se forment par le procédé empirique.

Ces structures, d'origine rigide, sont mises en mouvement et sont coordonnées selon les besoins du devoir. La prise de connaissance et la sélection de ces schémas se déroulent dans la mémoire. Ces structures motrices doivent être capables de se composer et doivent être transitives; c'est là ce qui se passe au sujet de la dynamique des opérations mentales. Les devoirs de tests élémentaires ne montrent aucune corrélation ou seulement une corrélation très basse avec les performances complexes. Selon les présentations de Hull, on peut qualifier ces devoirs de determinators comme représentant des éléments trop fragmentaires et resserrés, ainsi sont-ils à peine disponibles pour les devoirs moteurs complexes. Les expériences examinant le temps de réaction, par exemple, ont montré qu'il existe une corrélation très basse entre vitesse du mouvement (par exemple freiner la course d'une voiture) et le temps pur de réaction.

Fleishman et Hempel ont observé, au sujet de certaines capacités, une influence sur l'effet d'apprentissage après plusieurs répétitions du devoir complexe. De même Hebb considère les capacités comme variables, celles-ci n'exerçant une influence sur l'augmentation de la performance que lors de l'apprentissage par des effets de transfert. La structure du devoir décide quels éléments peuvent être utilisés. Ces éléments ne doivent pas avoir une ressemblance extérieure; la ressemblance peut être conçue par des caractères structurels. Les devoirs de test sont assimilés au devoir complexe comme pattern de mouvement. Ce procesus influence, sans doute, l'effet d'apprentissage. Par l'intégration des patterns moteurs, il en résulte des unités qui ne s'entendent pas seulement comme structure de volume plus grand. De même, la plasticité de ces structures composées s'agrandit considérablement. Ce fait facilite l'apprentissage d'un devoir moteur complexe.

BIBLIOGRAPHIE

CRATTY (B.J.), Movement behavior and motor learning, Lea & Febiger, Philadelphia, 2d ed., 1967.

FERGUSSON (G.A.), "On learning and human ability", in Canadian Psychological Journal (1975), 8, p. 95-112.

FLEISHMAN (E.A.), HEMPEL (W.E.), "Changes in factor structure of a complex psychomotor test as a function of practice", in Psychometrica, 19, 1954, p. 239-252.

FLEISHMAN (E.A.), The structure and measurement of physical fitness, Prentice-Hall Englewood Cliffs, N. Jersey, 1964.

114

HEBB (D.O.), The organisation of behavior, J. Wyley & Sons, New York, 1949.
HULL (C.L.), Aptitude testing, World Book Co, 1928.
THOMSON (G.H.), The factorial analysis of human behavior, London, 1946.
VERNON (P.E.), The structure of human abilities, Methuen, 1950.
WISEMAN (S.), Intelligence and ability, Baltimor, 1967.

Schéma 1.

La rétroaction des capacités élémentaires des devoirs de test.

Les capacités élémentaires que contiennent les devoirs de test (composantes V1, F1, V2, F2) sont pour ainsi dire spécifiques pour celui-ci. On arrive à la rétroaction de ces capacités élémentaires par l'association et l'assimilation des devoirs de test. Une part seulement du domaine entier des capacité élémentaires a une influence positive sur l'apprentissage des devoirs complexes (domaine X du schéma). Cette sélection dépend de la structure du devoir complexe. Le reste, cependant, influence encore le processus d'apprentissage. Si son influence est négative, on pourrait supposer que c'est une façon d'inhibition de la ressemblance.

L'effet positif, sur le processus d'apprentissage (P) dans le domaine de la performance motrice complexe se démontre suivant le schéma 1 (dessin).

Schéma 2.

Modification des capacités élémentaires pour le devoir complexe moteur.

La suite des composantes motrices, modifiées pour l'exécution motrice, s'influencent mutuellement dans le cours du processus d'apprentissage. On ne s'attend pas à un effet d'inhibition de la ressemblance, étant donné que les composantes du mouvement sont conformément différentes. Le domaine de contact est important pour faciliter l'assimilation des clusters (Pv, Pf) dans la performance complexe. On peut s'imaginer, que la structure fondamentale de la coordination du mouvement complexe se constitue de ce domaine de contact. Des corrélations faibles ou nulles entre les résultats des tests et une performance motrice complexe ont été confirmées plusieurs fois. En rapport avec le processus d'apprentissage, nous avons obtenu de hautes corrélations avec les tests composés de plusieurs éléments, donc possédant le caractère de patterns moteurs. Il me semble que pour l'utilité pratique, cette relation

Schéma I

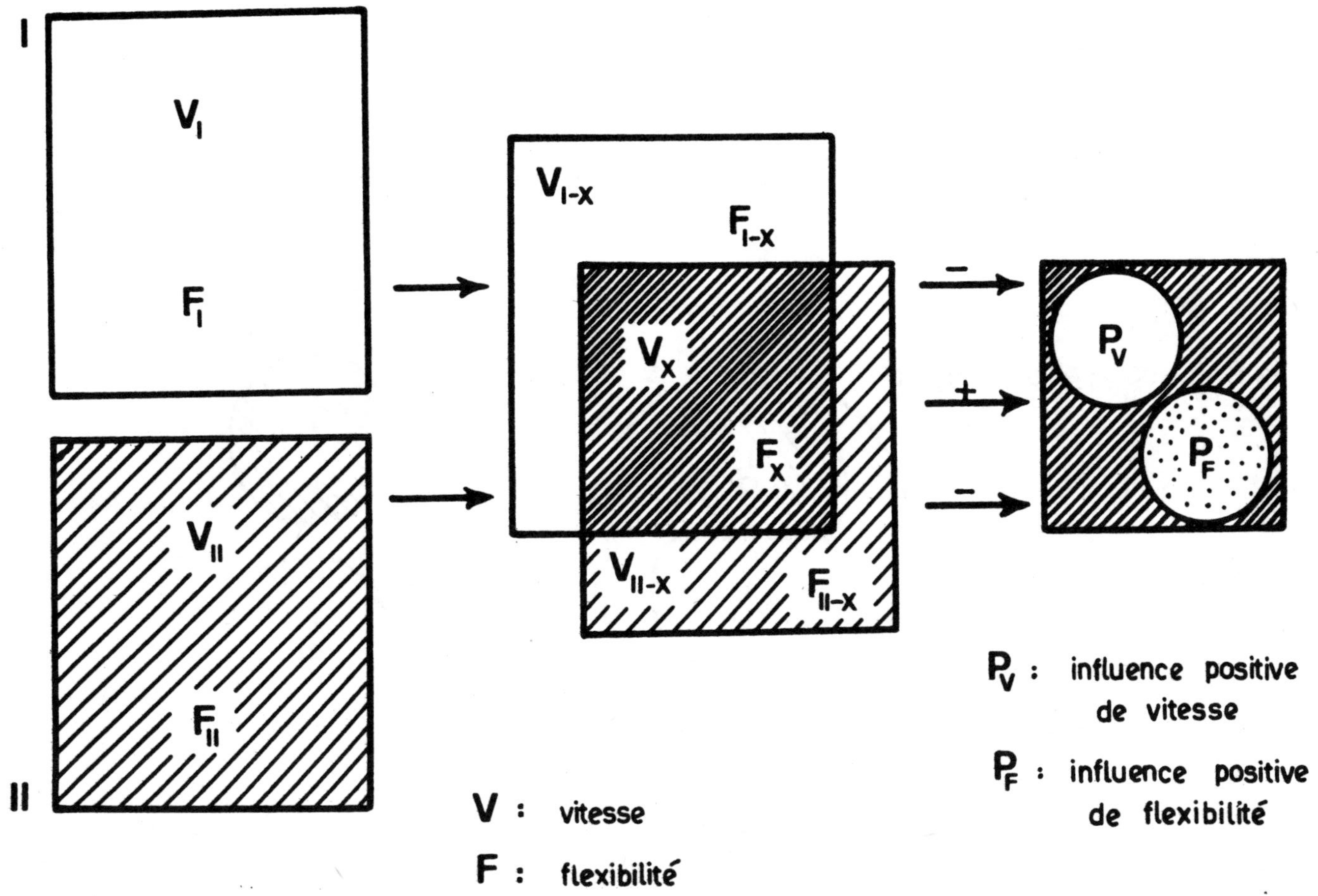
I
II
V_I
F_I
V_{II}
F_{II}
V_{I-X}
F_{I-X}
V_X
F_X
V_{II-X}
F_{II-X}
−
+
−
P_V
P_F
V : vitesse
F : flexibilité
P_V : influence positive de vitesse
P_F : influence positive de flexibilité

Schéma 2

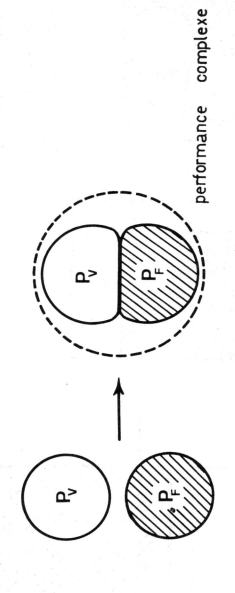

performance complexe

P_V : influence positive de vitesse

P_F : influence positive de flexibilité

entre les résultats des tests et le succès d'apprentissage est importante:
elle permet d'établir des pronostics concernant l'augmentation de la performance, en supposant que le processus d'apprentissage soit façonné proprement (cf. schéma 2).

LA PSYCHOMOTRICITE

A TRAVERS LA LOCOMOTION

CHEZ LES AVEUGLES RECENTS

C. GIRARDON et A. LEBREC
Psychomotriciennes et rééducatrices de locomotion au
Centre de Rééducation pour Aveugles récents, Marly-le-Roi (France)

INTRODUCTION

Le Centre de Rééducation pour Aveugles récents accueille des personnes at-teintes depuis peu par la cécité, pour une réadaptation à une vie sociale normale. Le stage dure trois mois en internat, avec un groupe mixte de dix-sept personnes appelées stagiaires, âgées de dix-huit à cinquante-cinq ans.

Les différentes activités proposées sont les suivantes:

- écriture manuscrite et dactylographique: moyen de communication;
- écriture braille;
- ergothérapie, en vue de développer l'habileté manuelle, le toucher, l'organisation;
- activités de la vie journalière, pour réapprendre les gestes quotidiens (couture, cuisine, ménage, etc.);
- atelier où l'on travaille surtout sur machines pour une plus grande maîtrise de soi et une meilleure précision des gestes;
- locomotion: indépendance dans les déplacements.

Pourquoi la locomotion est-elle de la rééducation psychomotrice?

La survenue de la cécité entraîne, d'une part, des problèmes psychologiques à cause du choc que représentent la perte brutale de la vue et l'acceptation du handicap; d'autre part, une perturbation dans l'utilisation de la fonction motrice due à la perte du contrôle visuel, bien qu'il n'y ait pas de trouble moteur sur le plan neurologique ou musculaire.

INDEPENDANCE DANS LES DEPLACEMENTS

La cécité entraîne souvent une dépendance totale aux autres pour toute
activité. En particulier, l'aveugle n'ose marcher seul, soit parce que sa famille le surprotège (et dans ce cas, sera-t-il motivé pour être indépendant?),
soit parce qu'il a réellement peur du danger, alors il devient immobilisé par
la force des choses.

Cependant, ces déplacements sont possibles sans danger, s'il y a une protection par rapport aux obstacles, protection apportée par une technique bien
précise, celle de la canne longue et par l'apprentissage du développement et
de l'utilisation de tous les autres sens.

NOTIONS DE LA REEDUCATION PSYCHOMOTRICE

Tout déplacement implique la notion du corps dans l'espace et l'organisation de cet espace.

Position du corps. Sens kinesthésique

Avant de parler des déplacements, il faut aborder le problème de l'attitude
non pas seulement extérieure, mais comme étant la connaissance ou la conscience que l'on garde de son corps.

Attitude figée: elle reflète une crainte de tout ce qui environne l'aveugle et qu'il ne peut contrôler visuellement. Crainte qui disparaîtra progressivement par l'acquisition de la technique de la canne longue qui le proté-
gera des obstacles.

Attitude désorganisée: comme il ne peut plus le voir, il peut avoir perdu
la notion de son corps, les positions à avoir ne pouvant plus être prises par
imitation mais uniquement "de l'intérieur". Par exemple, au cours d'un
exercice, lorsqu'on demande de placer les bras tendus à la hauteur des épaules,
il est fréquent de voir les bras placés beaucoup plus bas ou plus haut.
C'est pourquoi il est fondamental, avant de se déplacer, d'acquérir une bonne
position du corps à tous les niveaux. En effet, si les épaules et les pieds
n'ont pas la même direction, l'orientation est complètement faussée (marche
en crabe, difficulté de ligne droite, désorganisation dans l'espace). Il en
est de même s'il n'a pas conscience de la stabilité de son corps, et qu'il se
tourne dans tous les sens. Dans ce cas, des exercices spécifiques seront proposés.

Une fois la direction prise de façon précise, on peut envisager un déplacement qui devra être analysé: par exemple, quand on fait un exercice de ligne droite avec repère au départ et à l'arrivée, il est important que de lui-même, à l'arrivée, il se rende compte d'une éventuelle déviation, mais aussi qu'il en prenne conscience en cours de route.

Orientation

En principe, au départ la latéralisation est bonne (acquise avant) et la cécité n'entraîne pas de perturbation importante sur ce plan, si ce n'est une légère désorganisation qui sera supprimée par des exercices classiques.

a) Déplacements à l'intérieur

Ils s'effectuent dans un espace plus restreint et moins angoissant que la rue, ce qui permettra de reprendre un peu confiance en soi, et d'acquérir déjà une certaine autonomie (sans crainte). Le stage débute en effet par la découverte de la maison dans laquelle les aveugles récents sont appelés à vivre pendant trois mois.

Cette découverte se fait en suivant le mur avec une main, ce qui implique une bonne position du corps par rapport à celui-ci, comme nous venons de le voir.

Elle permet de remettre en route la mémoire pour savoir retenir l'énumération des pièces. Elle nécessite l'organisation de cette mémoire pour pouvoir prendre des points de repère et ainsi savoir toujours se situer dans l'espace (esquisse d'un schéma d'ensemble).

Elle permet aussi de visualiser, c'est-à-dire, d'après la forme découverte sur place et sur maquette, d'arriver à une élaboration d'une image visuelle plus exacte et plus globale des lieux (pièces, couloirs, étages).

Elle permet enfin de transposer, autrement dit, être capable de faire la comparaison entre les étages pour savoir quelles sont les pièces situées les unes au-dessus des autres. Ceci est l'aboutissement de toute l'organisation spatiale.

b) Déplacements à l'extérieur

Ils ne sont possibles qu'avec une bonne technique de canne longue. Cette canne est adaptée à la taille de chacun; elle se tient au milieu du corps, en oblique vers le sol et par un mouvement de balayage de droite à gauche, elle permet de détecter les obstacles à environ un pas et demi devant soi.

Pendant la période du stage, les aveugles vont apprendre à se déplacer dans une ville qu'ils ne connaissent pas. Tout trajet sera donc une découverte; par la suite, il leur faudra transposer chez eux, en mettant en pratique ce qu'ils auront appris.

La découverte, cette fois-ci, se fait dans une ambiance différente, à cause de la peur du danger que représente la circulation, les obstacles tels que poteaux, poubelles, fin de trottoirs, etc.

Il faut arriver à marcher droit au milieu du trottoir (trop d'obstacles le long des murs et trottoirs marche normale); il faut apprendre à suivre la direction que prennent les voitures (trottoir parallèle à la rue). Il sera donc important au départ de bien placer son corps parallèle au bruit de la circulation. Puis, en se déplaçant, rester à égale distance de celui-ci, ou prendre conscience que l'on s'en écarte ou que l'on s'en rapproche. Tout ceci fait appel à l'audition dont on parlera plus loin.

Pour se situer dans l'espace, il est important d'avoir des points de repère: savoir les prendre en développant l'observation auditive et sensitive (par exemple, pouvoir reconnaître les différences de nature du sol); savoir les organiser et les localiser (par exemple, un passage pavé qui se trouve juste avant un carrefour). Ceci permettra de développer en même temps la notion de distance parcourue ou à parcourir. Une fois le trajet parcouru, il faut pouvoir se le représenter dans son ensemble, c'est-à-dire le visualiser (carré, triangle, trajet en forme de P).

Toutes ces notions ayant été acquises en présence du rééducateur, il est indispensable que le stagiaire agisse seul ensuite. En effet, c'est déjà une première étape d'indépendance que de marcher seul sur un trajet maintenant connu. La deuxième étape consistera pour lui à découvrir un trajet seul, sans la présence du rééducateur.

IMPORTANCE DE L'AUDITION

Il faut préciser qu'une personne atteinte, en plus de la cécité, d'une surdité totale non appareillable ne pourra jamais être totalement indépendante dans ses déplacements, et nous allons voir maintenant l'importance de l'audition.

La personne qui devient aveugle n'a pas, au départ, une meilleure auditon que quiconque; mais elle va la développer et apprendre à mieux l'utiliser, pour qu'elle devienne une source de renseignements supplémentaires.

Comment y parvenir?

Dès le début du stage, l'aveugle récent apprend à être attentif à tous les bruits (pas, porte qui claque, machine à écrire, etc.). Ensuite, comme on l'a vu dans les déplacements à l'extérieur, il apprendra, tout en marchant, à suivre le bruit des voitures. Il faut donc y accorder une attention constante. Puis il faut localiser et interpréter les bruits, aussi bien ceux de la circulation (voitures qui ralentissent ou s'arrêtent, donc approche d'un carrefour) que ceux de la rue (caisse enregistreuse d'un magasin, café).

Une fois cette progression suivie, le stagiaire a affiné son audition et devient attentif aux bruits beaucoup plus spontanément, et sans qu'on le lui rappelle.

Il peut donc franchir l'étape suivante, qui consiste à analyser des bruits. Cette analyse se fait plus spécialement à un carrefour: savoir entendre les directions que prennent les véhicules indique l'ampleur du carrefour et l'existence éventuelle d'un rond-point (toutes les voitures font une courbe), la signalisation (feux, stop). En y ajoutant l'observation pour connaître le nombre de rues, le sens de la circulation, il arrive à se représenter le carrefour dans son ensemble, c'est-à-dire à le "visualiser".

Ainsi, en cours de trajet connu ou inconnu, le stagiaire pourra sélectionner de lui-même les bruits, en éliminant ceux qui sont éphémères (marteau-piqueur, tondeuse à gazon) et écouter les carrefours pour s'en servir comme points de repère.

Comment faire quand l'audition est moins bonne?

Il faut, d'une part, apprendre à compenser en utilisant plus une oreille que l'autre; d'autre part, apprendre à interpréter et situer les bruits par rapport à l'orientation du corps. Par exemple, lorsqu'il y a une déficience auditive à gauche, les bruits venant de droite ne posent pas de problème, mais pour ceux venant de gauche, il sera plus difficile d'en situer l'origine et la direction.

Ceci demandera donc beaucoup plus d'attention et de concentration afin de ne pas tourner son corps dans tous les sens pour chercher le bruit, mais uniquement la tête; pour ne pas se laisser attirer par les bruits qui proviennent du côté où l'audition est bonne.

Tout ceci pourra s'apprendre, non pas uniquement en rue avec le bruit de la circulation urbaine, mais également à l'aide d'exercices spécifiques à l'intérieur (sonnettes, etc.).

CONCLUSION

Volontairement, dans cet exposé, nous ne sommes pas entrées dans tous les détails de la progression technique de la locomotion, ce qui n'en était pas le but, mais nous avons essayé de montrer l'intrication étroite qui existe entre la rééducation psychomotrice et l'indépendance dans les déplacements de l'aveugle récent.

L'EDUCATION CORPORELLE

(Langage tonique et langage de l'action)

DANS LE RETABLISSEMENT DES COMMUNICATIONS

INTERPERSONNELLES CHEZ LES DEFICIENTS MENTAUX

C. GROENEWEG

Educateur-Chef à l'Institution Médico-Educative "L'Espérance"
à Etoy, Vaud (Suisse)
Secrétaire général du Groupe d'Etude et de Recherche
en Dynamique de l'Education

C. MELLOT, J. DESTROOPER et P. VAYER

INTRODUCTION

Les difficultés au niveau du Moi sont un caractère constant des
personnalités définies comme débiles, quelles que soient par ailleurs
les manifestations plus ou moins adaptées de ces personnalités.
Ces difficultés personnelles sont nécessairement le résultat actuel
d'interactions et d'interrelations, c'est-à-dire de communications
mal élaborées et mal vécues avec ces trois données de la présence
au monde que sont le Moi, la réalité du monde matériel et le monde des
autres.

La réorganisation du Moi, comme la construction de la personnalité,
ne peut être conçue unilatéralement, mais en termes de dialogue avec
l'environnement (le milieu, les autres). C'est pour autant que ce dialogue avec l'environnement soit assumé personnellement par le sujet
et qu'il soit bien vécu, que l'on pourra observer:

- une amélioration des réponses dans les différentes conduites;
- une amélioration des comportements, c'est-à-dire des manifestations de la personnalité face à la réalité du monde;
- une amélioration des communications avec les autres.

Dans cette communication avec l'environnement, la présence de l'autre
est une donnée essentielle, car c'est dans les interactions sociales que

les gestes ou les actes prennent leur signification. De la même façon que
la fonction tonique constitue le soubassement de toutes les actions humaines, elle est également la base de toutes les communications interpersonnell[

Notre hypothèse de travail et de recherche a été la suivante : en
quelle mesure la réorganisation du Moi, celle qui se réalise et se
développe à travers l'action vécue, peut-elle favoriser le développement et la réorganisation fonctionnelle des communications avec l'autre?

Il nous fallait donc trouver une population d'expérience caractérisée
par la non-communication avec l'environnement et sur laquelle nous
puissions intervenir, observation et relation éducative, en dehors des
systèmes de normes habituels qui tendent à enfermer le débile dans son
état et à renforcer la non-communication.

EXPERIMENTATION

Situation 1 (janvier 1974)

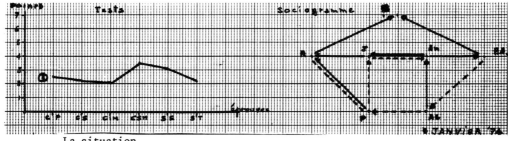

La situation

Les personnes : débiles garçons (sept adolescents et adultes; âge
moyen : vingt ans) vivant depuis plusieurs années en institution, c'est-
à-dire dans un système fermé, sans aucune communication. Ces jeunes garçons sont installés dans une unité de vie suffisamment spacieuse, mais
totalement impersonnelle. Quatre personnes du groupe travaillent en
atelier, les trois plus jeunes suivent une classe spéciale.

L'observation

Parmi les épreuves utilisées pour l'observation, nous allons mettre
en parallèle :

- l'observation du comportement dynamique (examen psychomoteur de l'adulte)=
1. Contrôle postural (P)   2. Contrôle segmentaire
3. Coordination idéo-motrice   4. Coordination sensori-motrice
5. Organisation de l'espace   6. Organisation du temps
- les relations interpersonnelles (sociogramme du groupe).

Constatations
    Les niveaux de réponses oscillent entre les points 2 et 4, ce qui
correspondrait chez l'enfant à des niveaux de trois à cinq ans.

    Le sociogramme montre des figures dépourvues de toute communication =
les figures de référence B et J sont les personnalités les plus sécuri-
santes, la communication est essentiellement psycho-affective (B et J
ont les niveaux de réponses les plus faibles, mais ils ne sont pas mena-
çants).

Situation 2 (juin 1974)

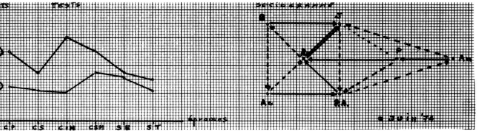

    Intervention de l'éducation corporelle à partir du mois de janvier.
Deux modes d'activité complémentaires :
    1) L'éducation psychomotrice visant à la reconnaissance de soi, à la
       reconnaissance de son action, à la reconnaissance de l'autre.
    2) L'éducation sociomotrice à travers des activités dynamiques adap-
       tées aux possibilités de nos sujets.

    Cette éducation corporelle a été réalisée par les éducateurs respon-
sables du groupe eux-mêmes : activités psychomotrices tous les jours,
activités sociomotrices deux fois par semaine.

    Notre intervention, avec l'aide du professeur consultant, s'est dévelop-
pée dans trois directions:

1) Rencontres avec le groupe d'expérience.

2) Information aux éducateurs sous forme d'entretiens et de travail
pratique.

3) Discussions avec le personnel.

La pauvreté du passé d'action nous a conduits à recréer un certain
vécu, certaines références à travers l'action, à développer les recherches et les explorations que nous avons dû initier, avant que nos garçons deviennent capables de désirer, de faire et de se prendre en charge
dans l'action entreprise.

On constate, à l'issue de six mois d'expérience, une augmentation très
significative des différents niveaux de réponses (courbe 2).
N.B. Dans un groupe témoin observé dans les mêmes conditions, il n'y a
eu aucune modification particulière.

Le sociogramme met en évidence l'émergence d'un véritable réseau de
communication polarisé par R qui est la personne qui dispose du maximum
de possiblités.

La communication tonico-relationnelle est toujours présente, mais
l'information commence à intervenir.
N.B. Il n'y a eu aucune modification dans le groupe témoin.

Situation 3 (juin 1975)

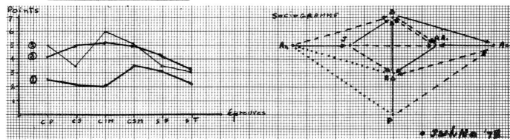

Au cours de la deuxième année (1974-1975), nous nous sommes efforcés
de faciliter le développement de l'autonomie dans les diverses activités
corporelles. L'atelier a été introduit pour l'ensemble des personne du
groupe (les trois plus jeunes garçons avaient un vécu d'échecs suite aux
méthodes scolaires peu adaptées à leurs problèmes).

Il n'y a pas de modification signficative des niveaux de réponse
(c'est un phénomène normal). On constate, en revanche, une harmonisation
de la courbe, ce qui correspond à une restructuration des personnalités.

Le sociogramme nous permet d'observer une nouvelle modification de
l'organisation du groupe. Il apparaît nettement que la communication ne
se polarise plus autour d'une personne (R) mais autour d'un groupe où
l'on retrouve cette personne. Les trois jeunes gens, nouvellement intégrés à l'atelier, forment un sous-groupe mais qui communique avec l'ensemble.
Donc la structure de communication commence à réguler les fonctions du
groupe.

Situation 4 (janvier 1976)

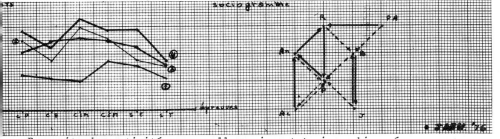

Poursuite des activités corporelles qui sont toujours bien vécues
par la groupe. Introduction de nouveaux moyens d'expression et, tout
particulièrement, de l'organisation de clubs de loisirs où nos jeunes
gens peuvent rencontrer les autres groupes et l'autre sexe dans des
activités de musique, de mime, de philatélie, de jeux de cartes, etc.

Modification des communications hiérarchisées (avec les éducateurs,
les maîtres d'ateliers) qui tendaient à dominer les communications
interpersonnelles.

On constate que la courbe 4 est parallèle à la courbe 2, mais avec
une amélioration générale des niveaux de réponse (l'organisation de
l'espace a évolué de façon très significative). On observe également une
nouvelle transformation des communications dans le groupe, qui se polarise
autour d'une figure qui appartenait à la triade des apprentis.

Cette nouvelle structure du réseau de communication permet de dynamiser le groupe avec les phénomènes habituels de régulation des comportements, signe évident de l'évolution des individus.

DISCUSSION

La seule donnée importante qui soit intervenue dans ce groupe de jeunes gens, est l'introduction de l'éducation corporelle prise en charge par le personnel d'éducateurs chargé de réguler les activités du cadre de vie, et cette éducation corporelle a dynamisé l'ensemble des communications dans le groupe de pensionnaires.

Le cadre de vie lui-même a évolué au cours de la deuxième année (aménagements, décorations, transformations) avec les comportements eux-mêmes. Or, nous avions donné comme règle aux éducateurs de favoriser et de faciliter les changements, mais de ne pas les suggérer, encore moins de les imposer. Ce sont les jeunes gens eux-mêmes qui ont pris les initiatives et qui ont réalisé les transformations.

Par ailleurs, si l'évolution des jeunes gens du groupe d'expérience fut intéressante à suivre, celle des éducateurs impliqués dans l'action avec ce groupe ne le fut pas moins. Nous pensons que cette évolution parallèle du personnel, dans ses attitudes et ses façons d'être, est due au fait que les éducateurs étaient, à leur tour, devenus capables de communiquer avec leur groupe et que leur relation d'aide avait pris une signification véritable.

CONCLUSIONS

Malgré les résultats positifs, cette expérience de psycho-pédagogie nous conduit à nous poser de nouvelles questions :

- ce groupe peut-il continuer à évoluer favorablement?
- peut-on envisager la sortie de l'institution pour certains, le placement en apprentissage pour d'autres?

Ce sont évidemment des questions importantes pour les personnes con-
sidérées. Mais pour envisager ce développement de notre intervention, il
faudrait modifier profondément les structures de pensée des individus au
sein de l'institution, qui est encore une monde à l'écart de la société,
avec ses hiérarchies, ses statuts, ses rôles. Alors, il faut résoudre
d'abord le problème au niveau de la société, qui doit s'ouvrir sur l'institution, et ensuite au niveau de l'institution, qui doit pouvoir, matériellement, accueillir cette société et y contribuer tant sur le plan humain que culturel.

KINESTHESIS :

A RE-DEFINITION FOR PHYSICAL EDUCATION RESEARCH

G. HAMSEN

Institüt für Sport und Sportwissenschaft, Universität Heidelberg (B.R.D.).

In the field of sports the problems of kinesthetic or proprioceptive information feedback and the measurement of kinesthetic sensitivity has not sufficiently been dealt with up to now.

One of the reasons for this lack of valid evidence concerning kinesthesis in sports is the fact that there were numerous different approaches to this phenomenon in the last decades, which made it difficult to compare results. Physiologists, psychologists and physical educators looked at kinesthesis from different points of view.

Physiological investigations have sought to find out the necessary stimulation for the production of responses in proprioceptive receptors. This required the surgical treatment of organisms - a method which obviously cannot be applied to living human beings for experimental purposes.

Psychological approaches had two main objectives :

1. Exploration of man's capacity to detect body movement and changes in body movement.
2. Examining individual differences in kinesthetic sensitivity and assessing the relevance of these differences to motor performance.

The aims of physical education research concerning kinesthesis are comparable to the intentions of psychological approaches. There is, however, one essential difference : physical educators are less interested in small scale movements than in large movements, especially those which are subcomponents of sports' skills.

Thus the psychological methods of measuring kinesthesis -- mainly psychophysical techniques - have proved unsuitable for sport specific research.

According to the different scientific approaches various definitions were brought forth. The dissent about the term kinesthesis ans proprioception goes back to Sherrington's (1906) invention of the term "proprioception". After that year there was a tendency for physiologists to use Sherrington's term where as most psychologists continued to use Goldscheider's (1889) "kinesthesis". The difference between both terms was that, "proprioception" denoted muscular, tendonous, joint and vestibular receptor systems while "kinesthesis" excluded vestibular stimuli.

This basic dissent can be traced until these days. If one looks at more modern definitions of proprioception respectively kinesthesis three main tendencies can be seen :

- a trend to the synonymous use of both terms ;
- an attempt to define proprioception/kinesthesis in terms of conscious and/or unconscious perception;
- a tendency to highly differentiated definitions on the one side and to rather complex definitions on the other.

What about the synonymous use of proprioception and kinesthesis : one should agree to it in order to diminish the confusion about the terms because they are no longer labels for a psychological respectively physiological point of view. Both disciplines alternately used the terms for their purposes. Therefore the physical educator should not create further confusion by trying to differentiate between these terms which, would be impossible anyway.

The problem of conscious vs. unconscious perception with the aid of proprioceptive receptors was discussed by Henry (1953), Merton (1964) and more recently by Smith (1969). She excludes all proprioceptive receptors which have no direct link to the cortex from the term kinesthesis arguing that only receptors with a direct cortical link are able to subserve perceptual processes. This rather narrow definition seems somewhat arbitrary because as Dickinson (1974, p.10) states "(...) the absence of a direct link from receptors to the cortex may not necessarily preclude some indirect participation in perception". This statement may be speculative to a certain extent but it is highly probable that also receptors without cortical links do play an essential role in the unconscious control of muscular activity. This is confirmed by Schnabel (1968, p. 14) who says that even in a very simple coordinative task some anatomically fixed muscle synergies must be blocked in order to allow a coordinated movement. The blocking mostly happens without conscious control. Smith's definition can be considered as an example of a highly differentiated, physiologically influenced way of looking at kinesthesis. She represents one extreme of a continuum on which the different views of kinesthesis can be demonstrated. The other extreme can be exemplified by Dickinson's definition:

" Proprioception is to be defined as the appreciation of movement and position of the body and parts of the body based on information from other than visual, auditory or superficial cutaneous sources" (p. 10).

Thus the extremes of the continuum consist of a very narrow (Smith) and a fairly broad way of defining kinesthesis (Dickinson). Looking at kinesthesis in terms of an experimentally practicable definition Dickinson's concept, however, is not broad enough for sport specific research. Of course this statement will have to be clarified, which leads to measurement problems. The measurement of kinesthesis is indeed a very intricate field of study, the difficulty of which is partly based on the uncertainty which receptors really provide the individual with information about his body position, movement and weight. Starting from Dickinson's definition who excludes superficially cutaneous sources form being proprioceptors it becomes very difficult to decide whether a subject gets information about his body by means of proprioception or superficial tactile stimuli. The experimenters who use Dickinson's definition cannot make valid statements about proprioceptive sensitivity in terms of this definition.

Let me give an example : tests for the accuracy of vestibular functions are made by rotating subjects and observing the detected amount of acceleration. It is obvious that the signals of the inner ear are responsible for the results but they may be confounded by cutaneous pressure cues. Therefore it is impossible to discriminate the roles of these two sensory mechanisms in the perception of rotating movement. The fact of potentially confounding cues from different receptors which cannot be experimentally

controlled caused the following suggestion for a redefinition of
kinesthesis :

Kinesthesis is to be defined as the appreciation of movement and position of the body and parts of the body based on information from other than
visual or auditory sources.

So vestibular and tactile stimuli are included.

This rather comprehensive definition bears the advantage that all
potentially confounding receptors are enclosed. It will not be very diffi-.
cult to reach exact experimental control of visual or auditory stimuli but
it is almost impossible to control tactile or vestibular stimuli in an
intact human organism. This is especially true for experiments in the
area of sport specific large movements which are normally rapid, dynamic
actions of high complexity.

Conclusion

It was the purpose of this paper to give a short overview of current
definitions of kinesthesis and to show the measurement problems which arise
for experiments in physical education research on the basis of these definitions. A suggestion is made for a redefinition : besides the "traditional"
proprioceptors also vestibular and tactile stimuli were explicitly included
in the term "kinesthesis". In addition there was a plea for the synonymous
use of the terms "proprioception" and "kinesthesis".

It must be noted, however, that this attempt of redefining kinesthesis
for practical experimental purposes cannot solve all problems of measurement
of kinesthetic sensitivity for gross sport specific movements but it can be
a first step to more valid experimental procedures concerning kinesthesis
in physical education research.

REFERENCES

1. CRATTY (B.J.), Motorisches Lernen und Bewegungsverhalten,
   Frankfurt/Main, 1975.
2. DICKINSON (J.), Proprioceptive Control of Human Movement,
   London 1974

3. GOLDSCHEIDER (A.), Untersuchungen über den Muskelsinn. Arch. Anat. Physiol, Leipzig, 1889, 392-502.

4. HENRY (F.), "Dynamic kinesthetic perception and adjustment", Research Quarterly, 24, 1953, 176-187.

5. HOWARD (J.P.), TEMPLETON (W.B.), Human spatial orientation, New York, 1966.

6. MERTON (P.A.), Human position sense and sense of effort, Cambridge (Mass.), 1964.

7. SCHNABEL (G.), "Zur Bewegungskoordination", Wissenschaftl. Zeitschrift d. DHfK Leipzig, 1968, 11-32.

8. SCOTT (M.G.), "Measurement of kinesthesis", Research Quarterly 26, 1955, 324-341.

9. SHERRINGTON (C.S.), The integrative action of the nervous system, New Haven, 1906.

10. SMITH (J.L.), "Kinesthesis: A model for movement feedback", In R.C. BROWN and B.J. CRATTY (Eds). New perspectives of man in action, Englewood Cliffs, N.J., 1969.

11. WIEBE (V.R.), "A study of tests of kinesthesis", Research Quarterly, 25,1954, 222-230.

LE DEVENIR SCOLAIRE DES ENFANTS INTELLIGENTS

PRESENTANT DES TROUBLES PSYCHOMOTEURS (x)

M. KLEES-DELANGE, F. DENOLIN, C. MERTENS, A. CARTON, A.-M. FRERE et H. BUKI
Département Médico-psychologique du Service de Pédiatrie de l'Hôpital
Saint-Pierre, Université Libre de Bruxelles (Belgique).

INTRODUCTION

Une proportion significative d'enfants échouent dès le début de la scolarité primaire en dépit de moyens intellectuels suffisants, d'un équipement sensoriel adéquat et d'un équilibre affectif non franchement pathologique. Leur échec surprend à première vue. Un travail de recherche portant sur une population consultant un centre de guidance pour difficultés
scolaires [1] (xx) a montré que quatre facteurs conditionnent ces échecs:

- une intelligence normale mais modeste;
- un milieu social hautement défavorisé;
- des troubles affectifs;
- des troubles instrumentaux.

Chacun de ces facteurs suffit en lui-même pour arrêter un enfant s'il
existe à un degré élevé, mais c'est le plus souvent une combinaison d'entre
eux qui conduit à l'échec, même si chacun, pris séparément, n'est pas
marqué suffisamment pour l'engendrer.

(x) Recherche réalisée grâce à l'appui de la Commission française de la
Culture de l'Agglomération de Bruxelles.

(xx) Cf. Bibliographie en fin de l'article.

Il est possible que les troubles instrumentaux soient l'expression d'anomalies minimes dans les circuits cérébraux: certains organicistes en font l'hypothèse, par analogie avec ce que l'on observe dans les cas de lésions cérébrales avérées. Ils se réfèrent, par ailleurs, à la fréquence de leur aspect familial et héréditaire [2] . Néanmoins, il faut se rappeler que les troubles instrumentaux sont essentiellement des troubles fonction-nels, qui ne prennent de sens que par leur usage; ce que le sujet vit dans sa relation à l'autre va influencer de manière très déterminante la forme qu'il va donner aux messages qu'il envoie aux autres, ainsi que le conte-nu qu'il va conférer aux messages qu'il reçoit des autres. Et cette distor-sion sera d'autant plus grande que les messages réalisés et réalisables seront peu nets au départ. C'est dire, en d'autres termes, que l'expres-sion langagière et la psychomotricité d'une part, la perception visuelle et auditive d'autre part, seront susceptibles de certaines variations selon la qualité de la relation du sujet avec son entourage, donc selon les si-tuations et les moments.

La mère, partenaire privilégiée dès le début de la vie, puis les autres par la suite (l'instituteur à un moment donné) seront susceptibles de réduire ou d'amplifier une difficulté intrinsèque à l'enfant, par leurs attitudes, gratifiant le succès ou pénalisant l'échec. Ces attitudes des mères sont souvent inconscientes, certaines d'entre elles étant incapables d'assumer l'anxiété de leur enfant et de la partager avec lui.

Pour les psychanalystes, l'origine des troubles instrumentaux est à rechercher dans des moments très précoces de la vie de l'enfant, et ne représentent que certains aspects des vicissitudes de l'établissement de la relation à la mère et à l'entourage [3] .

Dans le but de concilier les points de vue organicistes et psychanaly-tiques dans la discussion des mesures pratiques à prendre, il semble raison-nable d'essayer, pour chaque cas particulier d'enfant qui présente des troubles instrumentaux, d'objectiver ce que sont les déficits inhérents à l'équipement neurobiologique de base et comment ils s'inscrivent dans le contexte de personnalité et d'adaptation émotionnelle de cet enfant-là, à ce moment-là. Ceci justifie qu'il est partiel et souvent erronné de vouloir concevoir les troubles instrumentaux pour eux-mêmes et en eux-mêmes, c'est-à-dire définis uniquement par les données psychométriques de l'examen psychologique; il faut toujours les intégrer dans un contexte, sans les isoler de l'ensemble de l'organisation de l'individu. On comprend ainsi que les troubles instrumentaux témoignent d'un dysfonctionnement, ce qui signifie que, à quantité et à qualité équivalentes au départ, leurs répercussions varient d'un enfant à un autre en fonction de toute une série de facteurs dont les principaux sont : l'intelligence de l'enfant, son équilibre affectif et ses motivations, ainsi que la nature des attitudes éducatives familiales et scolaires, et le niveau d'exigence requis. Ainsi apparaît comment l'enseignement prend sa part de responsabilité dans le diagnostic de difficultés scolaires d'origine instrumentale, voire dans sa pathogénie [4] .

Nous sommes forcés de constater que les instrumentaux vrais sont noyés et minorisés dans des classes qui, théoriquement, leur sont réservées. La confusion règne auprès des enseignants notamment, qui reçoivent ces enfants et qui sont chargés d'adapter des méthodologies appropriées à des enfants si différents les uns des autres [5] .

OBSERVATION

Nous voudrions faire part ici de notre expérience très spécifique de la psychopathologie des enfants d'intelligence normale qui présentent des troubles instrumentaux concommittants à des difficultés scolaires spécifiques et précoces, sans que des troubles neurologiques, sensoriels ou affectifs graves puissent être valablement envisagés d'un point de vue étiologique. Nos observations concernent des enfants sélectionnés à partir d'un centre de guidance. Après anamnèse et examen complet, ont été retenus des enfants d'âge préscolaire et scolaire de cinq à huit ans, d'intelligence au moins normale, présentant des troubles instrumentaux associés à des difficultés scolaires avérées ou à un état psycho-affectif de souffrance manifeste dans le domaine scolaire (au jardin d'enfants, en situation de haut risque d'en présenter ultérieurement), se comportant de manière suffisamment adaptée avec les autres, sans trouble neurologique ni sensoriel et ayant été examinés et suivis par notre équipe. Ils se répartissent comme suit au moment de la consultation : dix-sept enfants de jardin d'enfants; vingt et un enfants de première année et douze enfants de deuxième année.

Tous ces enfants furent soumis à un examen psychologique approfondi, indispensable à la compréhension de leurs troubles instrumentaux. En effet, pour bien comprendre ces derniers et pour en discuter les indications thérapeutiques, il convient de les intégrer dans le contexte global de la personnalité. Dans ce but, l'intelligence des enfants et leur affectivité furent notamment soigneusement évaluées.

La présence de troubles (x) instrumentaux fut relevée dans les domaines suivants:

- le langage fut évalué non seulement dans ses aspects instrumentaux (perception auditivo-verbale, articulation, parole), mais aussi en ce qui concerne les aspects sémantiques et syntaxiques. La manière dont les sujets investissaient le langage et l'économie avec laquelle ils s'en servaient étaient notées;
- les perceptions visuelles furent investiguées dans leurs aspects figure-fond, constance de forme, orientation et structuration spatiales de même que dans leurs aspects visuo-moteurs;
- la psychomotricité et la qualité du contrôle moteur furent évaluées dans les domaines du rythme, de la grosse et de la fine motricité, de la graphomotricité et de la latéralisation [6] ;
- les possiblitiltés de concentration et d'attention de chaque enfant furent observées tout au long de l'examen psychologique.

L'examen se terminait par une mise au point pédagogique dans les domaines de la lecture, de l'orthographe, du calcul et de l'écriture.

RESULTATS

A. Au moment du diagnostic.

Notre exigence, au départ de la sélection des cas, était telle que l'intelligence de tous les enfants se traduisait par un Q.I. supérieur à 90. Il apparut que sept enfants seulement présentaient un Q.I. supérieur à 120.

(x) Nous avons considéré qu'il y avait "trouble" lorsque le niveau de performance se traduisait psychométriquement par un percentile inférieur à 25, et/ou lorsque celle-ci était estimée cliniquement comme dysmature.

Leur personnalité était sans pathologie particulière pour quatorze d'entre eux; de type névrotique, avec inhibition prévalente interférant dans les apprentissages scolaires, et mécanismes de défense mobilisant une grande partie de l'énergie psychique au détriment de l'adaptabilité pour vingt-quatre sujets; de type dysharmonique dans le sens où leur personnalité était excessivement fragile, leur perception de la réalité relativement perturbée du fait d'une anxiété mal contrôlée, et leur énergie psychique dès lors trop peu disponible dans douze cas.

Du point de vue instrumental, il émerge de ce groupe trois sous-groupes caractérisés par des constellations spécifiques de troubles instrumentaux:

a) trente-deux étaient fortement perturbés simultanément dans la plupart des domaines instrumentaux investigués, gnosiques et praxiques, ainsi que dans certains ou tous les aspects du langage;

b) onze étaient handicapés principalement dans le domaine psychomoteur, y compris dans les aspects praxiques de l'articulation et de la parole. Ils se rapprochaient fort des enfants dyspraxiques décrits par Berges [7] ;

c) sept présentaient des troubles du langage relativement isolés, associés, dans cinq cas, avec des troubles du rythme. Ils ressemblaient aux enfants dysphasiques décrits par Ajuriaguerra [8] bien que leur pathologie fût moins intense.

Aucun enfant ne présentait de difficultés perceptives isolées. Selon Chiland [9] de tels enfants existent mais sont rares.

Ces chiffres ne sont en rien représentatifs d'une population quelconque, et certainement pas tout-venant. Ils représentent seulement un échantillon du type d'enfants que nous sommes amenés à examiner dans notre consultation et que nous avons retenu dans le cadre de nos recherches. La fréquence proportionnelle de leur association avec des difficultés scolaires est sans doute, quant à elle, plus significative.

Tous les enfants d'âge scolaire (trente-trois) étaient dyslexiques-dysorthographiques, très gravement dans certains cas; vingt-trois étaient, en outre, dyscalculiques et dix-huit étaient dysgraphiques. Au moment du diagnostic, ni la nature des difficultés scolaires ni leur degré n'ont pu être mis en relation significative avec la nature ou l'intensité des caractéristiques instrumentales des enfants étudiés ici. (Néanmoins, à la lumière d'une autre recherche longitudinale antérieure, d'une durée de deux ans, dans laquelle nous avons confronté ces données relatives à la seule présence de troubles instrumentaux, à celles relevées dans un groupe témoin de cent quatorze enfants de jardin d'enfants et de première année, et dans un autre groupe témoin de vingt-six couples de jumeaux homo- et hétérozygotes [dans lequel les différences étaient manifestes, entre les faux jumeaux], nous pouvons affirmer la valeur prédictive de difficultés d'apprentissage donnée par certains troubles instrumentaux, la perception visuelle figure-fond en particulier [10]. Les troubles de la perception figure-fond, en effet, apparaissent très rarement isolément, sauf dans les cas d'astigmatisme, et sont donc un indice de perturbations instrumentales multiples. C'est la perception la plus élémentaire sans laquelle les autres ne peuvent se construire et s'organiser. C'est dire que leur seule présence détermine un indice de l'intensité d'autres troubles instrumentaux et donc un pronostic d'une évolution scolaire difficile chez les enfants de cinq à huit ans.)

B. Au cours de l'évolution.

Nous essayerons maintenant d'examiner quelle fut l'évolution scolaire de ces enfants. Les mesures curatives estimées les plus adéquates dans chaque cas ayant été prises, ces enfants furent suivis par notre équipe de guidance constituée de médecins neuro-psychiatres et neurologues, de psychologues, d'assistantes sociales, d'institutrices rééducatrices en dyslexie, de logopèdes, de rééducatrices en psychomotricité.

A ce jour, tous ont été suivis depuis deux ans au moins, la majorité d'entre eux depuis trois ans, certains depuis quatre ou cinq ans. Nous avons retenu comme critère de leur évolution leur situation à la fin de chaque année scolaire. Bien que de caractère très global, ce critère représente cependant de manière assez précise le niveau de performance pédagogique atteint par chaque sujet par rapport aux autres enfants du groupe. Tous, en effet, ainsi que leurs parents et leur maître ont été intégrés dans une action de guidance très étroite. Les enfants furent réexaminés. Chaque fois que la nécessité s'en faisait sentir, et quel que soit le moment de l'année scolaire auquel se posait ce problème, ils furent orientés vers le type d'enseignement jugé le plus adéquat par psychologues, instituteurs et parents.

Groupe de dix-sept enfants ayant consulté au cours du jardin d'enfants

Nous considérions tous ces enfants comme à haut risque d'évolution défavorable. Tous furent aidés de la manière que nous jugions la plus adéquate avant l'entrée en première année (x).

Leur orientation dans l'enseignement ordinaire, fut soigneusement pensée et réalisée (choix de la méthode de lecture, d'une école à effectif réduit dans la mesure du possible, notamment). Durant le premier trimestre de cette première année, les enfants qui le nécessitaient continuèrent à bénéficier d'une aide soit pédagogique (sous forme de pédagogie relationnelle du langage, entre autre, selon les techniques Chassagny), soit instrumentale, soit psychothérapique. Les parents étaient régulièrement suivis, les maîtres collaboraient à notre action.

En décembre, tous ces enfants se trouvaient en difficulté, dans un ou tous les domaines des apprentissages. En fonction de l'intensité de leur inadaptation, que celle-ci se manifeste par des symptômes scolaires ou comportementaux indiquant des efforts de compensation, certains furent orientés vers nos classes spéciales, d'autres restèrent dans l'enseignement ordinaire avec une aide adjuvante.

A l'issue de cette première année, sept enfants terminent avec succès dans l'enseignement ordinaire. Ils ont donc compensé les difficultés qui s'étaient présentées au premier trimestre. Il s'agit de quatre des cinq enfants de type dyspraxique, deux des trois enfants de type dysphasique et un enfant du groupe des handicapés dans tous les domaines. Il est à noter que cinq de ces sept enfants ont un Q.I. supérieur à 110.

(x) Une enfant se trouva vraiment trop peu prête à entamer les apprentissages des techniques de base. Il fut nécessaire de la maintenir un an encore au jardin d'enfants. Une classe d'attente dans laquelle elle aurait pu bénéficier de stimulations adaptées à ses difficultés eût été souhaitable mais ne put être trouvée.

Les autres enfants échouent en première année, et même en classe spéciale.

Après deux années, les cinq enfants dyspraxiques se sont tous normalisés (l'un d'entre eux après avoir doublé), bien que certains restent dysgraphiques, et l'un d'entre eux dysorthographique. Les autres demeurent dans la même situation.

Après trois années, ceux qui allaient bien continuent à évoluer favorablement, pour autant qu'aucun stress ne les assaille. Un enfant perd son père, régresse sur le plan scolaire et doit doubler. De ceux qui avaient nécessité un enseignement spécial, une seule enfant, dysphasique, très douée, a pu réintéger l'enseignement ordinaire, sans doubler. Deux l'ont fait en redoublant une année avec succès, deux autres en redoublant sans succès. Après trois ans donc, les dyspraxiques et les dysphasiques ont réintégré l'enseignement ordinaire. Tel fut le cas également pour deux seulement des handicapés dans tous les domaines instrumentaux: l'une est une enfant de très haut Q.I. et bien équilibrée, l'autre un enfant qui fréquente une école privée de petit effectif.

En résumé, dans ce goupe d'enfants, on constate qu'après trois ans de prise en charge, 53 % d'entre eux ont été tout à fait réadaptés. Ceci est un chiffre moyen traduisant la réadaptation rapide des enfants handicapés dans un secteur instrumental simultanément au point de vue gnosique et praxique, principalement lorsqu'ils sont de personnalité dysharmonique. Ne convient-il pas de qualifier uniquement ces enfants-ci d'enfants "à dysfonctionnement cérébral à minima", selon la terminologie américaine, ou d'enfants présentant des "dysharmonies cognitives", selon la terminologie française?

Groupe de vingt et un enfants ayant consulté dans le courant de la première année

Après un an de prise en charge, 42 % des enfants sont aptes à suivre dans l'enseignement ordinaire; après deux ans, ce chiffre se monte à 60 % et se maintient approximativement par la suite.

Les trois enfants dyspraxiques de ce groupe présentaient tous des difficultés en calcul et de la dysgraphie au moment du diagnostic. Un a pu cependant se maintenir dans un enseignement ordinaire très permissif; un autre, après un an d'enseignement spécialisé, est retourné dans l'ordinaire;

TABLEAU I. ENFANTS CONSULTANT AU JARDIN D'ENFANTS

SUJET N	PERSONNALITE Prématurité	intelligence	LANGAGE Tr ARTICULAT PAROLE	Tr SEMANTIQUE	Tr SYNTAXIQUE	PERCEPTION VISUELLE Tr FIGURE FOND	Tr CONSTANCE de FORME	Tr ORIENTATION SPATIALE	Tr STRUCTURE SPATIALE	Tr VISUO MOTEURS	Tr RYTHME	PSYCHOMOTRICITE Tr GROSSE MOTRICITE	Tr FINE MOTRICITE	Tr GRAPHO-MOTRICITE	LATERALITE NON FIXEE	Tr CONCENTRA-TION	DIAGNOSTIC LECT	ORTH	CALCUL	ECRIT	TRAITEMENT	TEMPS NECESSAIRE A LA READAPTATION	EVOLUTION LECT	ORTH	CALCUL	ECRIT
a) 1	SP	135	+			+	+	+	+	+		+	+	+	+	+	—	—	—	.	Log → Péd → E.S → E.O	2 ans (*)	N	N	N	N
2	Nev	124				+				+			+	+			—	—	—	—	Psymot → E.S → double O → O + groupe parents	2 ans	DL +	DO +	N	DG ++
3	SP	92						+		+			+	+	+		—	—	—	—	Log → Psymot → double O → E.S	5 ans	DL ++	DO +	N	N
4	Dys	102				+				+			+	+			—	—	—	—	Péd → E.S Thér mère		DL ++	DO ++	N	DG ++
5	Dys	94						+	+	+			+	+	+	+	—	—	—	—	Log E.S	3 ans (abandon)	DL ++	DO +	DC ++	DG ++
6	Dys	107		+		+	+	+		+			+	+	+	+	—	—	—	—	Psymot → E.S Thér enf. et parents	4 ans	DL +	DO +	N	DG ++
7	Nev	110								+			+	+	+	+	—	—	—	—	Psymot → Péd → Thér mère ... école privée	4 ans	DL +	DO +	N	DG ++
8	Nev +	96				+		+		+			+	+	+	+	—	—	—	—	Log → E.S → E.O Thér mère	5 ans	N	N	N	N
9	Dys	102				+		+		+			+	+		+	—	—	—	—	Log → E.S → E.O Thér mère	4 ans	N	DO +	N	N
b) 10	SP	120								+	+	+	+	+	+	+	—	—	—	—	Péd + Thér mère	1 an	N	N	/N	DG +
11	Nev	127								+	+	+	+	+	+		—	—	—	—	P.R.L.	1 an	N	Do +	N	DG +
12	Dys	94	+	+	+		+			+			+	+	+		—	—	—	—	Psymot → E.S → double E.O → E.O	2 ans	N	N	N	N
13	Nev	120		+	+			+		+			+	+	+		—	—	—	—	Log + Péd	2 ans	N	N	N	N
14	SP	110			+	+					+	+					—	—	—	—	Log	1 an	N	N	N	N
c) 15	SP +	116	+	+	+												—	—	—	—	Log + Péd	1 an	N	N	N	N
16	Nev	108	+	+		+						+					—	—	—	—	Log	1 an	N	N	N	N
17	Nev	120	+	+		+						+					—	—	—	—	Log → double E.O → E.S → E.O	3 ans	N	N	N	N

Les + indiquent la présence de troubles
Les blancs indiquent l'absence de troubles
Les ? indiquent que le domaine considéré n'a pas fait l'objet d'une investigation spécifique
SP : personnalité « sans particularité »
Nev : personnalité « névrosée »
Dys : personnalité « dysharmonique »
E.S. : enseignement spécial
E.O. : enseignement ordinaire

(*) La réadaptation est toujours en cours à ce jour pour les enfants qui ne sont pas encore normalisés.

le troisième, après trois ans, est encore trop fragile pour ce faire. Ces trois sujets ont appris à lire relativement facilement, mais leur orthographe reste longtemps pauvre, incapables qu'ils sont d'écrire vite et bien simultanément. Leur dyscalculie subsiste.

Les deux dysphasiques de ce groupe n'ont pas récupéré après trois ans. Dans le groupe des enfants fortement perturbés dans tous les domaines, on est frappé par le fait que des enfants relativement comparables du point de vue intellectuel et instrumental évoluent de manière si différente, la moité d'entre eux récupérant facilement, les autres gardant des difficultés persistantes. Si l'on compare ces deux groupes, une fois de plus apparaît le rôle des facteurs de personnalité, les enfants dysharmoniques se retrouvant en plus grande proportion parmi ceux dont l'évolution est lente et difficile.

Groupe de douze enfants ayant consulté en deuxième année

On constate dans ce groupe, qu'après un an de prise en charge, 26 % vont bien, qu'après deux ans, ce chiffre monte à 42 % et qu'il atteint 50 % au cours des années suivantes.

Des trois enfants dyspraxiques, deux étaient dyscalculiques au moment du diagnostic. L'un reste dans l'enseignement ordinaire à la demande instante de ses parents, mais se détériore sur le plan affectif. Celui qui n'était que dyslexique réintègre vite l'enseignement ordinaire, bien qu'il soit de personnalité dysharmonique. Le dernier, suivi aujourd'hui depuis deux ans, est toujours très handicapé dans tous les domaines.

Le seul enfant dysphasique met quatre ans à récupérer.

Du groupe des enfants fortement perturbés, les trois qui récupèrent en un ou deux ans sont dans deux cas bien équilibrés du point de vue affectif.

Nous ne pouvons évidemment rien dire de ce qu'il serait advenu de ces enfants s'ils avaient été privés des mesures de réadaptation qui furent mises en oeuvre pour eux.

Notre expérience antérieure, au moment où nous ne disposions pas d'enseignement spécial adapté, ainsi que les cas d'enfants consultant tardivement ou refusant de suivre nos conseils, nous permettent cependant d'affirmer de manière formelle que sans ce type de solution, ces enfants eussent très mal évolué, tant du point de vue de leurs acquisitions scolaires que du point de vue psycho-affectif.

TABLEAU II. ENFANTS CONSULTANT EN PREMIERE ANNEE

SUJET N°	PERSONNALITE / Prematurite	intelligence	LANGAGE — Tr ARTICULAT PAROLE	Tr SEMANTIQUE	Tr SYNTAXIQUE	PERCEPTION VISUELLE — Tr FIGURE FOND	Tr CONSTANCE de FORME	Tr ORIENTATION SPATIALE	Tr STRUCTURE SPATIALE	Tr VISUO MOTEURS	PSYCHOMOTRICITE — Tr RYTHME	Tr MOTRICITE GROSSE	Tr MOTRICITE FINE	Tr GRAPHO MOTRICITE	LATERALITE NON FIXEE	Tr CONCENTRATION	DIAGNOSTIC LECT	ORTH	CALCUL	ECRIT	EVOLUTION — TRAITEMENT	TEMPS NECESSAIRE A LA READAPTATION	LECT	ORTH	CALCUL	ECRIT
a) 18	Dys	Term 106	++			+++	+++	++	+++	+++	++	+++	+			++	DL +++	DO +++	DC +++	DG +++	Ped → E.S. → groupe parents → thér enft	5 ans(*)	DL ++	DO ++	DC ++	DG ++
19	SP	91						++		+++		+++	+			+	DL +++	DO ++	N	N	Tutelle enft + mère	1 an	N	N	N	N
20	Dys	Term 110	+	+	+	+++	+++	+++		+++	+	+++	+		+	+	DL +++	DO ++	N	DG +++	Ped	1 an	N	DO +	N	N
21	Dys	Term 103						++		+++		+++	+			+	DL +++	DO ++	DC +++	DG +++	Psymot → double E.O.	DL +	DO ++	N	DG +	DG +++
29	Dys	Term 96	+	+	+		++	++		+++	+	+++	+	+			DL +++	DO ++	DC +++	DG +++	Ped → E.S groupe parents	2 ans	DL +++	DO +++	DC +++	N
23	Nev	Term 105	+	+	+		++	++		+++	+	+++	+	+		+	DL +++	DO ++	DC +++	N	Ped Thér ent + mère → E.S.	6 ans	DL +++	DO +++	DC +++	N
24	SP	Term 114	+	+	+		++	++		+++	+	+++	+	+			DL +++	DO ++	DC ++	N	Ped + E.S	5 ans	N	DO +++	DC +	N
25	Nev	Term 90	+					++		+++			+				DL +++	DO ++	DC +++	DG +	P.R.L Thér parents + enft + mère → E.S → E.O	5 ans (in)	N	DO +	N	DG +
26	Nev	102	+	+	+		++	++		+++	+	+++	+				DL +++	DO ++	DC +++	N	Groupe parents E.S → E.O.	4 ans	N	N	DC +	DG +
27	Dys	102 100						++		+++		++	+				DL ++	DO +	DC +++	DG +	Thér enft et groupe parents → E.S → E.O.	3 ans	N	DO +	DC +++	DG +
28	Nev	Term 105						++		+++		++	+				DL ++	DO +	N	N	Ped	1 an	N	DO +	N	DG ++
29	Nev +	Term 110						++		+++		++	+				DL ++	DO +	DC +	DG ++	Ped → E.S → E.O → E.S → E.O.	3 ans	N	N	N	N
30	Nev	Term 11						++		+++							DL ++	DO +	DC ++	DG +	Double Ped E.S Thér mère + enf Ped	3 ans	N	DO +	DC +	DG ++
31	SP	Term 114						++									DL ++	DO +	N	N	E.S → E.O	1 an	N	N	N	N
32	Nev	Term 120						++		++							DL ++	DO +	DC +	DG ++	E.S + groupe parents + Ped	2 ans	DL ++	DO ++	DC ++	DG ++
b) 33	Nev	Term 102	++	+	+	+	+++		++	+	+++	+++	+++			+	DL +	DO +	DC +	DG +	Ped Thér Mère + enft	4 ans	N	DL +	N	DG +++
34	Nev	Term 125	+	+	+			+	+	+	+++	+++	+++	+	+	+	DL +++	DO +++	DC ++	DG ++	E.S → P.R.L	3 ans	DL +	DO ++	DC +	DG +++
35	Nev SP	82 95	+	+	+			+	+	+	+++	+++	+++	+	+	+	DL ++	DO ++	DC ++	DG ++	Log → E.S → E.O → P.R.L	4 ans	DL +	DO ++	DC +	DG +++
c) 36	Nev	Term 121	++	++	++	+	++	++		+	+++	+++				+	DL ++	DO ++	N	N	E.S	5 ans	N	N	N	N
37	SP	114																								

TABLEAU III. ENFANTS CONSULTANT EN DEUXIÈME ANNÉE

| | | | LANGAGE | | | PERCEPTION VISUELLE | | | | | | PSYCHOMOTRICITÉ | | | | | DIAGNOSTIC | | | | | EVOLUTION | | | | |
SUJET N° PERSONNALITÉ Prématurité	intelligence		Tr ARTICULAT PAROLE	Tr SÉMANTIQUE	Tr SYNTAXIQUE	Tr FIGURE FOND	Tr CONSTANCE de FORME	Tr ORIENTATION SPATIALE	Tr STRUCTURE SPATIALE	Tr VISUO-MOTEURS	Tr RYTHME	Tr GROSSE MOTRICITÉ	Tr FINE MOTRICITÉ	Tr GRAPHO-MOTRICITÉ	LATÉRALITÉ NON FIXÉE	Tr CONCENTRATION	LECT	ORTH	CALCUL	ECRIT	TRAITEMENT	TEMPS NÉCESSAIRE A LA READAPTATION	LECT	ORTH	CALCUL	ECRIT
a) 38 SP	101	95	+			+	+	+	?	+	+	+	+	+		+	DL+++	DO+++	DC+++	DG+	E.S. Thér. parents	2 ans (*)	N	DO++	N	N
39 Nev	Term	104	+	+	+	+	?	+	+	+	+	+	+	+		+	DL+++	DO+++	DC++	N	E.S. Groupe parents PRL	4 ans	N	DO+	N	N
40 Nev+	92	99		+	+	+	+	+	?	+							DL+++	DO+++	N	N\	E.S. Thér. mère + enft. Péd.	4 ans	DL+	DO+	DC+	N
41 SP	Term	90		+	+	?	?	?	?	+							DL+	DO+	N	N	E.S. → E.O.	1 an	N	N	N	N
42 Nev	Term	94								?							DL+	DO+	DC++	N		3 ans	N	N	N	N
43 SP	93	107	+	+	+	+	+	+	+	+	+	+	+	+		+	DL+	DO+	DC++	DC+	E.S. → Z.O.	1 an	DL+	DO+	N	N
44 SP	Term	125				?	?	+	+	?							DL+	DO+	N	N	E.S. → abandon	2 ans	N	DO+	N	N
45 Nev	103	99				?	+	?	?	?	+	+	+	+		+	DL+	DO++	N	DC+	E.S. + PRL	4 ans	N	DO+	N	N
b) 46 Dys	121	122	+	+	+	?				+	+	+	+	+		+	DL++	DO++	N	DG+	E.S. + Péd. → E.O. → PRL Thér. mère	1 an	N	DO+	N	DG+
47 Nev+	?	?	+							+							DL++	DO+++	DC++	DG++	Péd	3 ans	N	DO+	N	DG+
48 Nev+	110	91								+	+	+	+	+			DL++	DO+++	DC+	N\	E.S. → Espagne	2 ans	DL+++	DO+++	DC+	N
c) 49 SP	Term	105	+	+	+	?	?	?	?	+	+	+					DL+++	DO++	DC++	N	E.S. Péd	4 ans	N	N	N	N

CONCLUSIONS

Notre recherche a abouti à montrer, en ce qui concerne l'ensemble du groupe étudié:

- l'efficacité d'une prévention précoce, de nature instrumentale ou péda-gogique, mais aussi et surtout peut-être de nature psychothérapique et relationnelle;
- la part de signification de pronostic qu'il convient d'attribuer aux troubles instrumentaux, notamment lorsque des troubles de la percep-tion figure-fond se comptent parmi eux;
- le caractère indispensable d'une orthopédagogie spécifique pour ce type d'enfants dont les résultats sont liés à la précocité de sa réali-sation, au nombre de sphères instrumentales en cause, à l'intelligence de l'enfant et à son équilibre émotionnel, et enfin au nombre des do-maines des apprentissages scolaires perturbés.

Ces conclusions s'appliquent, en particulier, aux onze des cinquante enfants étudiés ici qui présentaient seulement des troubles psychomoteurs (les dyspraxiques), objet de notre analyse aujourd'hui.

Nous avons vu que les cinq enfants qui avaient consulté au jardin d'en-fants se sont tout à fait normalisés après trois ans; les trois enfants qui avaient consulté en première année allaient nettement moins bien, même après quatre ans de prise en charge, et restaient très handicapés en calcul sur-tout; des trois enfants consultant en deuxième année, seul a été bien celui qui n'était que dyslexique, les autres restant encore handicapés deux et trois ans après.

Sur le plan de la conceptualisation des facteurs en cause lors de l'évo-lution, l'étude follow-up telle qu'elle fut réalisée nous permet de pronos-tiquer, de manière plus adéquate mais toujours en termes de probabilité seulement, le devenir d'un enfant atteint de troubles instrumentaux lorsque nous le voyons pour la première fois au moment du diagnostic et que nous sommes dans la possibilité de lui offrir des moyens thérapeutiques adéquats.

De toutes les études qui ont tenté de préciser l'incidence des troubles instrumentaux sur les difficultés scolaires, au travers de groupes tout—venant d'enfants, il ressort, en résumé, que "si un enfant présente des troubles dans le domaine des instrumentalités, il peut présenter des diffi-

cultés d'apprentissage ou il ne peut pas. Et s'il en présente, ses difficultés peuvent provenir d'une autre origine que de ses troubles instrumentaux".

D'après C. Chiland, "certains enfants apprennent malgré tous les handicaps":

"Aucun handicap pris en lui-même ne conduit inévitablement à l'échec.
Plus les handicaps se multiplient, plus la probabilité que l'enfant
échoue augmente, probabilité statistique, mais il faut se référer à la
dynamique interne de l'individu pour comprendre comment certains sur-
montent tous les handicaps alors que d'autres échouent avec un handicap minime ou nul."

Et nous ajouterons une de nos conclusions: "Pour autant qu'il soit
supérieurement doué et bien équilibré". Nous soulignerons également le fait
que le problème des méthodes d'apprentissage et des âges du début d'apprentissage viennent fortement nuancer cette probabilité statistique.

Vus sous cet angle, on comprend mieux :

- l'incertitude attachée à toute idée de pronostic de difficultés d'apprentissage scolaire résultant d'une évaluation instrumentale chez l'enfant
  d'âge préscolaire, surtout lorsqu'il existe des suppléances intellectuelles et/ou affectives;
- la variation, selon les cas, de l'intensité de l'influence perturbatrice des troubles instrumentaux dans les apprentissages scolaires;
  même la nature de cette influence n'est pas toujours nette;
- la nécessité de tenir compte de l'attitude du maître et de son adaptation aux troubles manifestés par l'enfant au moyen d'une méthodologie
  appropriée dans l'évaluation de l'interférence perturbatrice des troubles instrumentaux lorsqu'elle se manifeste dans les apprentissages
  scolaires;
- l'intérêt d'objectiver, si faire se peut, les facteurs significatifs
  dans les problèmes de la dynamique affective et sociale des partenaires
  en cause.

Selon nous, la complexité de la relation entre troubles instrumentaux,
d'une part, et difficultés scolaires d'autre part, se conçoit aisément à
partir du moment où l'on a bien compris que les troubles instrumentaux sont
préexistants, dans le temps et dans l'espace, à l'expression pédagogique
qu'ils perturbent éventuellement. Prises ainsi, les dyslexies-orthographies

-calculies ne sont que des symptômes instrumentaux: les confusions ou in-
versions de lettres ou de chiffres semblables et toutes les autres erreurs
sont, à notre sens, tout à fait spécifiques du fait de leur persistance
dans des conditions normales d'apprentissage chez des enfants d'intelligence suffisante au moins. C'est cette persistance qui est l'indice d'une difficulté instrumentale en tant que telle. Celle-ci apparaît peu pour certains
cas dans les activités simples, mais elle se révèle dans les activités plus
complexes et plus élaborées comme la lecture, l'orthographe et le calcul.

BIBLIOGRAPHIE

1. DOPCHIE (N.) et coll., Recherche sur les facteurs d'inadaptation scolaire, Ed. Inst. de Sociologie, Université libre de Bruxelles, 1971,
   1 vol., 160 p.

2. BAX (M.) et Mc KEITH (R.), Minimal cerebral dysfunction, London, Spac-
   tics Soc. Heineman, 1 vol, 104 p.

   TARNOPOL (L.), Learning Disabilities, Charles C. Thomas Publ., Springfield, Ill., 1969, 1 vol.

   LEVY (H.B.), "Brain Dysfunction/Specific Learning Minimal. Disability:
   A clinical Approach for the Primary Physician", in Southern Medical
   Journal, May 1976, vol. 69, n° 5, pp. 642-653.

3. GIBELLO (B.), "Dysharmonie cognitive. Dyspraxie, dysgnosie, dyschronie:
   des anomalies de l'intelligence qui permettent de lutter contre l'angoisse dépressive", dans Revue Neurologique Infantile, 1976, 24 (9),
   pp. 439-452.

   CAHN (R.), Défaut d'intégration primaire et inhibition des apprentissages instrumentaux et cognitifs, 32e Congrès de Psychanalyse de
   Langues romanes, Paris, P.U.F., 1972.

4. STAMBAK (M.) et coll., La dyslexie en question, Symposium organisé par
   le C.R.E.S.A.S., Paris, A. Colin, 1972, 1 vol., 176 p.

5. MASSON (J.), directeur général de l'Enseignement spécial provincial du
   Brabant, Introduction à la Journée d'Etude du 28 novembre 1975 or-
   ganisée par la Ligue Nationale Belge d'Hygiène Mentale, sur le thème:
   "Les besoins des enfants présentant des troubles instrumentaux".

6. STAMBAK (M.), PECHEUX (M.G.), HARRISSON (A.) et BERGES (J.), "Méthodes
   d'approche pour l'étude de la motricité chez l'enfant", dans Revue
   Neuropsychiatrique enfantine, 15, pp. 155-167.

7. STAMBAK (M.), L'HERITEAU (D.), AUZIAS (M.), BERGES (J.) et AJURIAGUERRA
   (J. de), "Les dyspraxies chez l'enfant", dans Psychiatrie enfatine,
   Paris, P.U.F., 1964, vol. VII, fasc. 2, pp. 301-496.

8. AJURIAGUERRA (J. de) et coll., "Evolution et pronostic de la dysphasie
   chez l'enfant", dans Psychiatrie enfatine, Paris, P.U.F., 1965,
   vol. VIII, fasc. 2, pp. 391-452.

154

9. CHILAND (C.), L'enfant de six ans et son avenir, Paris, P.U.F., 1971,
   1 vol., 415 p.

10. KLEES-DELANGE (M.), "Learning Disabilities in Belgium", in Tarnopol,
    L. éd. Reading Disabilities. An International perspective, University
    Park Press, 1976, pp. 85-96.

DEVELOPPEMENT DE LA MOTRICITE

Dr J. LE BOULCH

Département de Psychologie Sociale de l'Ecole Supérieure de Commerce de Paris (France)

L'activité musculaire traduit de façon fidèle les multiples aspects des rapports de l'homme et de son milieu. Son caractère observable, voire mesurable lui confère une importance exceptionnelle dans une étude ontogénétique. C'est dire que dans notre démarche en psychocinétique, il est exclu que la fonction motrice soit comprise comme la seule expression d'une organisation biologique prédéterminée. Il est plus fructueux, pour bien comprendre l'évolution de la motricité, de s'adresser à la théorie de l'adaptation de Piaget, c'est-à-dire au double jeu de l'assimilation et de l'accommodation. Ces concepts, qui risqueraient de demeurer flous dans leur application au domaine moteur, sont actuellement étayés sur le plan scientifique par les conceptions neuro-physiologiques contemporaines et par les travaux d'Ajuriaguerra sur la genèse de l'image du corps. Ces doubles travaux, non seulement ne sont pas contradictoires aux données psychanalytiques, mais leur apporte même un support. Cependant, une grosse difficulté méthodologique se présente au chercheur dans une étude sur la motricité de type praxique; il s'agit de l'interférence entre deux séries de facteurs: les facteurs d'exécution, d'une part, les facteurs psychomoteurs (correspondant à la fonction de contrôle du système nerveux central), d'autre part. Cette difficulté est d'autant plus grande que ces deux séries de facteurs ne jouent pas de façon indépendante, mais sont en interrelation constante.

LES GRANDS STADES DU DEVELOPPEMENT DE LA MOTRICITE

Je ne souhaite pas revenir en détail sur les stades du développement moteur que j'ai largement analysé dans mon ouvrage intitulé: Vers une Science du Mouvement humain (p. 272). Je me contenterai de mettre en évidence les données qui me paraissent essentielles et qui pourront donner lieu à des prolongements pratiques.

Nous distinguerons deux grandes périodes : 1° celle qui correspond à l'enfance, caractérisée par la mise en place de l'organisation psycho-motrice et que l'on peut homologuer à la période de structuration de l'image du corps; 2° la période de la pré-adolescence et de l'adolescence est caractérisée, surtout chez les garçons, par l'accroissement de facteurs d'exécution (et en particulier du facteur musculaire) qui donnent une dimension plus intensive aux prestations motrices.

C'est à la description de la première partie que nous consacrerons notre développement, car c'est par la meilleure connaissance de l'évolution de "l'image du corps" que nous pouvons mieux mettre en relation l'évolution de la motricité et celle des autres dimensions de la personnalité en voie d'évolution.

La caractéristique de l'évolution du système de contrôle est de passer par plusieurs niveaux d'organisation correspondant aux grandes étapes du développement psychomoteur.

Premier niveau (étape du "corps subi"). Les mouvements sont strictement automatiques, dépendant du bagage inné (réflexes et automatismes d'alimentation, de défense, d'équilibre). Il en résulte un comportement entièrement dominé par les besoins organiques et rythmé par l'alternance alimentation-sommeil. A ce stade "d'impulsivité motrice" selon l'expression de Wallon, les gestes sont explosifs, ne sont pas orientés, et ressemblent plus à des crises motrices qu'à des mouvements coordonnés.

Deuxième niveau (étape du "corps vécu"). Est dominée par l'organisation praxique contemporaine du développement pyramidal traduisant la maturation progressive du "cortex moteur".

A ce stade, l'activité du corps traduit l'expression d'un besoin fonda-mantal de mouvement et d'investigation. L'enfant vit son corps d'abord en relation symbiotique avec sa mère, alors que la plupart de ses champs perceptifs sont immaturés.

a) L'activité spontanée de l'enfant.

C'est par ses mouvements et ses gesticulations que se manifeste d'abord
la spontanéité de l'enfant. C'est peut-être au cours de la première enfance
qu'ils se réalisent dans toute leur plénitude et non rétrécis encore par des
oppositions rationnelles. C'est à partir de cette spontanéité motrice, qui
se manifeste dans les activités d'exploration que l'enfant va expérimenter
et que, par le biais du tâtonnement ou des réactions circulaires, il va
enrichir son bagage praxique.

Ces réactions spontanées ne sont pas pensées, il n'en reste pas moins
qu'elles sont peu à peu dirigées par une intentionnalité. Cette intentionnalité est consciente d'un but à atteindre assortie d'une confiance fondamentale dans les moyens pratiques qui vont être mis en oeuvre à cet effet.
Attention fixée sur le but à atteindre et non sur les modalités de l'action
qui restent infra-conscientes.

Les mouvements spontanés, bien que non pensés, dépendent cependant des
expériences vécues antérieures; il ne s'agit pas là d'une mémorisation de
type intellectuel, mais bien de la manifestation d'une véritable mémoire
du corps toute chargée d'affectivité et orientée par elle.

Le mouvement spontané n'est pas classable selon les critères de la
physiologie classique, c'est-à-dire qu'il n'est ni réflexe, ni volontaire,
il est d'une tout autre essence et nécessite la mise en évidence de mécanismes différents.

Spontané ne veut pas dire aveugle; ces mouvements induits par les besoins
fondamentaux sont le plus souvent adaptés à l'environnement, car le vécu
corporel, fruit des expériences antérieures, est orienté par les informations présentes. L'adéquation des réactions gestuelles et posturales spontanées aux conditions actuelles, sans intervention de la réflexion, suppose
la mise en jeu de ce que j'appelle la fonction d'ajustement, dont l'amplitude traduit la plus ou moins grande plasticité des structures nerveuses.

b) L'importance de cette expérience vécue de l'enfant.

Par l'expérience vécue du mouvement global, pendant qu'il délimite son
"corps propre" du monde des objets et que s'établit une première ébauche

de l'image du corps, l'enfant va à la découverte du monde extérieur. Cette
activité d'investigation, si elle est d'abord le support de l'évolution des
simples prises d'information vers une véritable perception, tient également
en puissance la curiosité intellectuelle et l'esprit d'entreprise (certains
parleront de créativité) de l'adulte futur.

Plus immédiatement chez l'enfant, c'est au cours de ces activités qu'à
la fois s'exerce et se développe la fonction d'ajustement et s'enrichit son
bagage de praxies. Le vécu moteur, surtout lorsqu'il est valorisé, sert ensuite de matière première à cette mémoire du corps, complètement inconscien-
te ou infra-consciente, dont dépend l'efficacité des ajustements ultérieurs.
En conséquence, c'est par sa pratique personnelle, par sa propre exploration
que l'enfant maîtrise, donc comprend une situation nouvelle et non par référence à l'expérience de l'adulte. La présence autoritaire de celui-ci peut
se traduire par des explications, des démonstrations pleines de bonnes intentions, mais qui non seulement n'aident pas l'enfant, mais au contraire
le gênent, limitent sa propre expérience et en définitive émoussent progressivement la fonction d'ajustement et la spontanéité.

Est-ce à dire que l'adulte ne joue aucun rôle au cours de l'expérience
d'ajustement?

Ce rôle ne se situe pas au niveau de sa compétence technique et de son
savoir, mais au niveau affectif et de la relation. C'est par l'attention
qu'il prête aux activités de l'enfant, la façon dont il valorise sa réussite
et l'encourage, qu'il est efficace. C'est à lui aussi qu'il appartient de
délimiter ce que Lewin appelle "l'espace de vie" de l'enfant. Si, à la
suite de trop d'interdits, l'adulte impose à l'enfant un espace trop
restreint, il en résulte une surtension réactionnelle à l'origine de blo-
quages. Inversement, si l'adulte ne fixe pas de limites à l'activité de l'enfant, par suite d'une "non-directivité" mal comprise, celui-ci n'a plus de
repères et l'insécurité, voire l'anxiété en découlent.

Troisième niveau (étape du "corps perçu"). Au cours du stade du "corps
vécu", l'expérience émotionnelle du corps et de l'espace aboutit à l'acquisition de différentes praxies qui permettent à l'enfant de "sentir son corps
comme objet total dans le mécanisme de la relation".

Au cours de l'étape que nous évoquons ici, alors que le versant praxique du comportement est assez affiné sur le plan global, le versant gnosique va à son tour être soumis à une évolution rapide.

a) Emergence de la fonction d'intériorisation (1)

Elle représente le phénomène dominant à ce stade. Il s'agit là d'une forme d'attention perceptive centrée sur le corps propre, qui permet à l'enfant de prendre conscience de ses caractéristiques corporelles et de les verbaliser par le jeu de la fonction symbolique. La mise en jeu de la fonction d'intériorisation a deux conséquences, l'une sur le plan gnosique, l'autre sur le plan praxique.

Au niveau du pôle perceptif, elle permet d'expliquer que l'évolution, à ce stade, consiste plus pour l'enfant à établir des relations entre le champ perceptif du corps propre et les champs extéroceptifs qu'à affiner chaque champ perceptif en particulier. Il est ainsi possible de renouveler le mode d'étude classique des perceptions, en mettant l'accent sur l'interdépendance des modifications du corps propre et des systèmes de références spatiales et temporelles.

Au niveau du pôle moteur, le jeu de la fonction d'intériorisation, véritable perception du "corps propre", va rendre possible une meilleure dissociation des mouvements et une certaine prise de conscience de ses conditions temporelles de déroulement.

b) Intériorisation et localisation.

L'expérience du "corps vécu" s'organise à un niveau global par le biais "d'essais et d'erreurs" ou de "tâtonnements" successifs. Dans le type d'apprentissage par insight, c'est-à-dire à partir d'un "schéma intériorisé" (expression de J. Piaget), la priorité renviendra aux informations proprioceptives. C'est grâce à l'aptitude nouvelle qui consiste à localiser l'attention sur telle ou telle partie du corps, que le nombre d'informations proprioceptives qui deviendront conscientes augmenteront et que, par voie de conséquence, la maîtrise du geste d'accroîtra. L'enfant sera en effet sus-

_____

(1) Le mot intériorisation pour désigner une certaine forme d'attention portée sur le corps, par opposition à une forme d'attention extériorisée, a été utilisé tout d'abord par Simonne RAMAIN.

160

ceptible de remodeler ses gestes globaux en remettant chaque fois en accord les détails d'exécution, de mieux en mieux localisés, avec la "représentation mentale du modèle".

Dans l'apprentissage global, la régulation proprioceptive se fait par le jeu des mécanismes à feed-back inconscients. Dès ce niveau d'organisation de la motricité, les informations conscientes en provenance du "corps propre" vont prendre une importance aussi grande que les données extéroceptives conscientes.

c) Intériorisation et contrôle du déroulement temporel du mouvement

Non seulement l'intériorisation permet d'assurer une localisation précise des efforts musculaires, mais elle est la condition indispensable pour intervenir volontairement sur la durée de chacune des séquences du mouvement. La perception de la durée a comme corollaire le meilleur contrôle de l'amplitude.

Au cours de l'expérience vécue du corps en mouvement, la motricité s'affine; il en résulte une plus grande harmonie dans son déroulement. Le concept de coordination traduit cette ordonnance temporelle et le caractère rythmique de l'enchaînement des contractions musculaires. A partir du stade du corps perçu, la rythmicité du mouvement pourra être intériorisée et le néo-cortex jouer son rôle dans la dissociation des automatismes déjà acquis.

A la fin de ce stade, le niveau du comportement moteur, tout comme le niveau intellectuel, peut être caractérisé comme "pré-opératoire" car "assujetti à la perception dans un espace en partie représenté mais encore centré sur le corps propre, notion qui repose déjà sur une activité symbolique" (Ajuriaguerra).

Quatrième niveau (étape du "corps représenté"). C'est vers cinq à six ans que la plupart des auteurs admettent que les expériences toniques et motrices, intériorisées et verbalisées, mises en relation avec les données extérieures, et en particulier les données visuelles, débouchent sur une première image synthétique du corps. C'est-à-dire que l'enfant de cet âge devrait pouvoir se représenter mentalement son corps avec toutes ses caractéristiques d'orientation.

Dès lors, il pourra contrôler volontairement son attitude sans mettre en jeu des tensions inutiles, à partir d'un schéma postural, véritable image du corps statique.

Mais il faudra attendre dix à douze ans pour que, lors des apprentissages praxiques, il puisse disposer d'une image mentale du corps en mouvement permettant une véritable représentation mentale d'une succession motrice. Insistons ici sur le fait qu'une véritable image du corps opératoire est nécessaire pour rendre possible l'intervention volontaire dans le déroulement fin d'une praxie.

Beaucoup d'auteurs identifient l'image du corps à ses seules composantes visuelles. L'utilisation du "test du bonhomme" pour déceler le niveau de structuration du "schéma corporel" correspond à une telle hypothèse. Aux données visuelles doivent être associées les données kinesthésiques dont l'émergence à la conscience implique le jeu de la fonction d'intériorisation. A ce stade l'image du corps est donc représentée par une image visuelle à laquelle sont associées les informations kinesthésiques correspondantes fournies par l'organisation tonique correspondante. Cette association des données visuelles et des données kinesthésiques de nature tonique explique qu'à ce stade l'enfant puisse avoir un contrôle de sa posture à partir d'une certaine intentionalité.

Ces faits sont parfaitement bien exprimés par Wallon quand il dit que "l'évolution du schéma corporel est achevée lorsque l'image visuelle du corps et l'image kinesthésique se recouvrent". Bien entendu, il faudrait compléter cette descritption en lui associant la notion de verbalisation.

Il reste cependant encore une étape à parcourir pour que l'opérativité de l'image du corps soit complète, en particulier dans le contrôle des praxies se déroulant à un tempo normal (c'est-à-dire non ralentie volontairement par le sujet qui apprend). C'est l'introduction du facteur temporel. Dans ce dernier cas, les données visuelles et kinesthésiques s'organisent harmonieusement à partir d'une trame sonore intériorisée qui sert de support au "schéma d'action" (op. cit., p. 197 et ss.).

La conception du développement moteur qui vient d'être exposée permet de rendre compte de la possibilité de concilier, dans un apprentissage praxique réalisé à partir d'un modèle imposé, la disponibilité du sujet qui

162

apprend et le contrôle volontaire.

Le rôle du néo-cortex est double : par sa fonction de représentation mentale il oriente l'apprentissage à partir "d'un schéma d'action intériorisé"; par le jeu de la fonction gnosique, portant à la fois sur les données spatiales et sur les données du corps propre, il va intervenir en permanence sur les structures sous-corticales pour mettre en accord le déroulement du mouvement avec le schéma d'action. Cette intervention néo-corticale dans certains détails du déroulement d'un automatisme, pour être efficace ne doit pas se faire au détriment du jeu spontané de l'ensemble de l'automatisme.

LE PROBLEME DES INTERRELATIONS ENTRE LES DEUX CATEGORIES DE FACTEURS

Développement des facteurs d'exécution
et développement du système régulateur

Selon les travaux de Farfel V.S. Central Physical Culture Institute, Moscou, le développement du système analyseur est en général terminé vers treize ou quatorze ans. La puissance musculaire et l'endurance continuent à progresser d'une manière importante après cet âge. La distinction de ces deux catégories de facteurs ne doit pas faire conclure à leur épanouissement isolé. En particulier, les relations entre puissance musculaire et tonus, entre vitesse et tonus ont été mises en évidence par plusieurs chercheurs. Dans la mesure où des efforts musculaires importants seraient exigés au cours de l'enfance, en vue de performances sportives par exemple, il est évident que le retentissement sur l'équilibre tonique et, par voie de conséquence, sur le retentissement affectif risqueraient d'être observés.

La formation réticulaire, qui joue le rôle central dans le niveau tonique, est en effet soumise à trois types de régulation : l'un proprioceptif à point de départ musculaire et coordonné par le cervelet; un autre émotionnel par le jeu du "grand lobe limbique"; le dernier cortical en rapport avec la vigilance. L'équilibre passe par le maintien de la plasticité de l'ensemble du réglage. L'entrée en jeu trop précoce et intensive du premier système risque d'hypothéquer l'équilibre de l'ensemble.

L'EVOLUTION DE LA MOTRICITE VA DE PAIR AVEC
LE DEVELOPPEMENT DES FONCTIONS MENTALES

Jusqu'à trois ans, il me paraît impossible de faire une discrimination entre ce qui est moteur, affectif et intellectuel; on peut vraiment affirmer qu'à ce stade, l'enfant réagit globalement aux sollicitations de son milieu (stade de l'intelligence sensori-motrice de Piaget).

Dès la mise en jeu de la "fonction d'intériorisation" et en liaison avec elle, la structuration spatio-temporelle va s'effectuer permettant à l'enfant d'avoir une connaissance plus objective du monde extérieur et de de lui-même. Jusqu'alors, la connaissance de son corps et du monde, très affectivée, se situait au niveau du seul vécu. La motricité prend ainsi un véritable aspect congnitif. Analyse des thèses psychanalytiques à ce sujet.

Au stade du corps représenté, une image du corps opératoire qui associe une image visuelle aux sensations kinesthésiques et à la symbolique verbale, et le support de ce que Piaget appelle la décentration qui a des prolongements sur le plan intellectuel et sur le plan social.

CONSEQUENCES EN EDUCATION

- Place qui devrait être réservée à une éducation du corps et de ses mouvements dans une optique éducative globale.
- Problème de l'éducation psychomotrice. Est-elle réservée à des sujets présentant des insuffisances?
- "Thérapie de médiation corporelle" (thérapie psychomotrice) et ses racines en psychanalyse.
- Education physique et sportive. Les dangers de l'orientation actuelle vers une spécialisation précoce qui n'est pas sans danger pour l'équilibre de la personnalité.

ARHYTHMICITY AND MOTOR IMPAIRMENT

W. LIEMOHN, Ph. D.

Indiana University (U.S.A.)

Movement is often associated with a rhythm; for example, rhythms are seen as a dog wags his tail, and as an individual chews, talks, and walks. Apparently some innate synchrony provides a "background music" which facilitates movement in a manner which Luria (1963) described as being a "kinesthetic melody". A kinesthetic melody is not seen in everyone's movement; however, some individuals appear to be programmed to move to the beat of a different drummer, a drummer who provides dissynchronous and/or arhythmic "background music."

In an attempt to explore arhythmicity, children were watched while they attempted to follow the "beat" of a swinging-pendulum metronome. Although normal and some developmentally disabled children[x] found this to be a simple task, there were some who found this task to be most difficult if not impossible. This led to the development of a test which was based upon tapping the hands in concert with a metronome.

In a factor analysis study of motor ability, rhythm was one of the eight factors identified (Liemohn and Knapczyk, 1974b). Furthermore, some of the factor coefficients which exceeded .30 were noted with items which do not readily manifest a rhythmic component. It was then postulated that certain fine as well as gross motor activities may have either a rhythmic component or some other rhythmic relationship which is not necessarily dominant to the activity.

---

[x] Throughout this paper developmentally disabled children (sometimes called compensatory children) refer to children with one or more of the following labels: learning disability, minimal neurologic dysfunction, emotional disturbance, perceptual dysfunction, mild retardation. Presented at the International Congress of Psychomotor Learning, Brussels, Belgium, November 25, 1976.

Some researchers have cited the importance of rhythm in the development of perceptual processes (Dunsing and Kephart, 1965, and Smoll, 1974). Roach and Kephart (1965) noted rhythm in writing, and also saw a relationship between writing and rhythmic hopping. Several of our studies also emphasized that rhythmicity appeared to have an inherent relationship with fine as well as gross motor abilities (Liemohn, 1975 & 1976; Liemohn and Wagner, 1975; Cooper et. al., 1975; Gotts and Liemohn, in press).

Luria (1963) labeled problems in reproducing rhythms as "efferent appraxias". Furthermore Luria is of the opinion that the premotor zone of the cortex is the site of this type of rhythmic dysfunction, and that premotor dysfunction might be manifested by both the inability to (1) reproduce rhythmic taps, and (2) correctly sequence line in a paper-pencil replication task (1966). Since some of the children investigated were believed to have neurologic dysfunction, it is possible that in some cases the dysfunction is of pre-motor origin.

Purpose

The purpose of this study was to attempt further elucidation of the role of rhythm, in conjunction with other non-coordination type tests which purport to measure perception, relative to a child's performance on select coordination tasks seen in both the gymnasium and classroom. The subjects were 144 developmentally handicapped children (Mn age = 113.26 months, S.D. = 25.37) who were enrolled in the programs of Indiana University Developmental Training Center.

Motor Tests

The fine motor coordination tests for which data were available were the [1] Developmental Test of Visual Motor Integration (Beery, 1967), and [2] Bender Visual-Motor Gestalt (Koppitz, 1964). Although the two tests have commonalities (e.g., both the VMI and the Bender require paper-pencil replication of geometric designs, including two identical ones), the VMI places emphasis on motor expression in addition to visual perception whereas the Bender is more concerned with visual perception per se.

The gross motor items for which data were available were [1] Hop 2R2L/2L2R (Ismail and Gruber, 1967), [2] Standing Broad Jump, [3] Catching-A-Ball (Sloan, 1954), and [4] three subtests from Cratty's Locomotor Agility Test (Cratty, 1969). Ismail's and Gruber's hopping test has a definite rhythmic component. The Standing Broad Jump measure was included because the task requires a general coordination which is not always manifested by the developmentally disabled (Liemohn and Wagner, 1975). The individual uniqueness of the items of Cratty's Locomotor Agility Subtest has been emphasized (Liemohn and Knapczyk, 1974a), and for this reason inclusion of three of the items (i.e., LA 8 = backward jumping, LA 9 = forward hopping, and LA 10 = zig-zag hopping) seemed warranted.

Perceptual Tests

Rhythm was measured by three rhythmic tests devised by the author; each requires tapping in concern with a metronome (Luria's tests require the reproduction of rhythmic sequences). Although the child can always hear the metronome, only one of the three tests permits observing the swinging pendulum (i.e., VA60 - visual-auditory signal at 60 beats/min., A60 and A120 = auditory signal only at the two rates). The reliability coefficients ranged from .92 to .96 for the tests.

The four other tests given do not require coordination per se, yet purport to identify perceptual-motor impariment. They were (1) Imitation of Postures (IP), (2) Crossing the Midline (CMLX), and (3) Bilateral Motor Coordination (BMC) (all from Ayres, 1968), and (4) Body Perception (Cratty, 1969). The IP and BMC tasks purport to measure praxis or the ability to plan motor acts; the former requires the child to mirror the examiner's arm postures, the latter requires the child to replicate, sequence, and correctly integrate the examiner's motions. The CMLX task again requires mirroring; however, it attempts to determine if there is an avoidance to crossing the body's midline. The Body Perception (BP) task includes general body awareness and left and right discrimination concepts. In addition, age, sex, and I.Q. were used in conjunction with the perceptual tasks as marker variables.

A stepwise multiple regression analysis was used to determine the role that the three rhythmic tests and the other non-coordination type perceptual tests and marker variables played in predicting performance on the eight fine and gross motor coordination tests. This type of regression is a powerful variation of multiple regression and enables the investigator to choose the fewest independent variables which best predict the dependent variables.

Results

The regression analysis data appear in Table 1 and present efficacy of the perceptual tests and marker variables in predicting a child's performance on the eight motor tasks. The best perceptual predictors of performance were the (1) VA60 rhythm test, and (2) Crossing-the-Midline (CMLX) test. On the basis of the data examined, it would appear that rhythmic ability as measured has its own particular contribution to variance accountability.

Discussion

The efficacy of rhythm as measured as a predictor of success on the motor variables equaled or surpassed the other perceptual tests and marker variables examined. This supports the contention that rhythm may have an integral role in the performance of a variety of motor tasks. The relatively low correlation coefficients between the VA60 test scores and age ($r = .22$) and the exceedingly low correlation coefficients between this test and IQ ($r = .02$), suggest that rhythmic ability as measured has an entity which is not contaminated to a great extent by these two variables which tend to have a profound impact on performance outcomes for developmentally disabled or compensatory children.

The difficulties in the performance of somewhat similar rhythmic and drawing tasks by these compensatory children and Luria's subjects who had sustained trauma to the premotor cortex is worthy of note. Luria (1963) experienced some success in remediating arhythmic performance by utilizing a multisensory rhythmic stimulation program; this suggests the plausibility of utilizing a multisensory rhythmic remediation program with some compensatory children. Such a program may facilitate their attempts to convert individual motor impulse into what Luria (1973) describes as "consecutive kinetic melodies," which could be a precursor of skilled movements. If Dunsing's and Kephart's (1965) contention is correct, improvements in rhythmicity might also result in improvements in learning; this presents interesting possibilities for future research.

TABLE 1. Regression Analysis

Variables	P	R	R^2	r	Variables	P	R	R^2	r
VMI					Bender				
IQ	.000	.60	.36	.60	CMLX	.000	.65	.42	-.65
Age	.000	.83	.69	.44	IQ	.000	.81	.66	-.55
VA60	.000	.92	.85	.51	Age	.001	.87	.75	-.41
IP	.000	.95	.91	.38	VA60	.001	.91	.83	-.49
A60	.007	.96	.93	.46	Sex	.004	.93	.87	.28
Hop 2L2R/2R2L					Standing Broad Jump				
VA60	.001	.50	.25	.50	IP	.002	.48	.23	.48
BP	.136	.55	.30	.36	VA60	.029	.58	.33	-.38
A120	.191	.58	.34	.48	Sex	.039	.63	.39	-.27
CMLX	.505	.59	.34	.34	Age	.069	.68	.47	.42
Sex	.536	.59	.35	-.17	A60	.582	.69	.47	.25
LA 8 (Backward Jumping)					LA 9 (Forward Hopping)				
CMLX	.001	.52	.27	.52	CMLX	.001	.55	.31	.55
BP	.038	.60	.36	.50	A120	.031	.63	.40	.42
A120	.228	.62	.39	.32	BP	.176	.65	.43	.45
BMC	.296	.64	.41	.16	IP	.231	.67	.45	.42
IP	.584	.64	.41	.23	Age	.519	.68	.46	.23
LA 10 (Zig-Zag Hopping)					Catching				
CMLX	.001	.53	.28	.53	VA60	.007	.43	.18	.43
A120	.036	.60	.37	.41	BP	.045	.52	.27	.42
BP	.254	.62	.39	.41	Age	.110	.57	.33	.38
A60	.377	.64	.40	.42	CMLX	.494	.58	.34	.40
BMC	.488	.64	.41	.22	A60	.515	.59	.34	.39

REFERENCES

AYRES (A.J.), Southern California Perceptual-Motor Manual, Los Angeles, Western Psychological Services, 1968.

BEERY (K.E.), Developmental Test of visual-motor integration – Administration and scoring manual, Chicago, Follett Educational Corp., 1967.

COOPER (J.M.), LIEMOHN (W.P.) and BEKCER (T.), "Biomechanical assessment of motor ability in normal and motor impaired children". In Paavo V. KOMI (ed.), Proceedings of the fifth international congress of biomechanics, Jyvaskyla, Finland. Baltimore, University Park Press, 1976.

CRATTY (B.J.), Perceptual-motor behavior and education processes, Springfield, Ill.: Charles C. Thomas, Publisher, 1969.

DUNSING (J.C.) and KEPHART (N.C.), "Motor generalizations in space and time", In: Learning disorders, Vol. I, Seattle, Special Child Publications, 1965.

GOTTS (E.E.) and LIEMOHN (W.P.), "Behavioral characteristics of three children with the broad thumb-hallux (Rubenstein-Taybi) syndrome." Biological psychiatry, In press.

ISMAIL (A.D.) and GRUBER (J.J.), Integrated development - Motor aptitude and intellectual performance. Columbus, Charles E. Merrill Books, Inc., 1967.

KOPPITZ (E.M.), The Bender-Gestalt Test for young Children. New York: Grune & Stratton, 1964.

LIEMOHN (W.P.) and KNAPCZYK (D.R.), "Analysis of Cratty's Locomotor Ability test.", Research quarterly, 45: 171-177, 1974a.

LIEMOHN (W.P.) and KNAPCZYK (D.R.), "Factor analysis of gross and fine motor ability in developmentally disabled males." Research quarterly, 45: 425-432, 1974 b.

LIEMOHN (W.P.) and WAGNER (P.), "Motor and perceptual determinants of performance on the Bender-Gestalt and Beery Developmental Scale by retarded males", Perceptual and motor skills, 40: 524-526, 1975.

LIEMOHN (W.P.), "Relationships among motor abilities in developmentally disabled males", A paper presented at the annual convention of the American Association on Mental Deficiency, Portland, Oregon, May, 1975.

LIEMOHN (W.P.), "Rhythm and motor ability in developmentally disabled boys", American corrective therapy journal, 30:12-14, 1976.

LURIA (A.R.), Restoration of function after brain injury, Oxford, England, Pergamon Press Ltd., 1963.

LURIA (A.R.), Higher cortical functions in man, New York, Basic Books, Inc., Publishers, and Consultant Bureau, 1966.

LURIA (A.R.), The working brain - An introduction to neuropsychology, New York, Basic Books, Inc., 1973.

SLOAN (W.), Manual for Lincoln-Oseretsky motor development scale, Chicago, C.H. Stoelting Co., 1954.

SMOLL (F.L.), "Development of spatial and temporal elements of rhythmic ability", Journal of Motor behavior, 6: 53-58, 1974.

LA STRUCTURATION DU SCHEMA CORPOREL

CHEZ LES HANDICAPES MENTAUX

J. MICHAUX

Professeur à l'Institut Médico-pédagogique de Bouge   (Belgique)

C'est toujours une gageure que de prétendre absolument compartimenter l'éducation d'un homme. En effet, l'être humain forme un tout et vouloir systématiquement fractionner ce tout est fort aléatoire. C'est d'autant plus évident dans le domaine de l'éducation psychomotrice où justement, la fonction même, la raison d'être de la psychomotricité est basée sur l'unité du mental et du moteur, de la pensée et du mouvement.

Notre intension n'est donc pas d'ouvrir et de fermer des tiroirs à étiquettes comme on a malheureusement trop facilement tendance à le faire. Si nous envisageons le problème de la structuration du schéma corporel, c'est en rappelant d'abord et en insistant sur le fait qu'il est difficile de dissocier cette structuration du développement psychomoteur global d'un individu. Vouloir isoler la structuration du schéma corporel de l'ensemble de l'éducation psychomotrice d'un homme serait une énorme erreur; dissocier l'éducation psychomotrice de la structuration du schéma corporel en serait une autre.

C'est pour cette raison que lorsque nous abordons "le schéma corporel" ou "image du corps", nous nous apercevons très rapidement qu'il y a une suite logique dans la construction, l'organisation, en un mot, dans la "structuration" de celui-ci. De ce fait, nous sommes amenés à nous préoccuper et à tenir compte des différentes étapes de l'évolution psychomotrice de l'homme.

Au cours de quelque quinze années d'enseignement à l'Institut Médico-pédagogique de Bouge et de recherches dans le monde de l'arriération mentale, il nous est apparu de façon de plus en plus évidente que cette fameuse structuration du schéma corporel, indissolublement liée aux différentes étapes de l'évolution psychomotrice, se caractérise, chez le handicapé mental, par des anomalies et des retards à des degrés divers. Cette constatation paraît nor-

172

male, logique même, mais il est bon de rappeler que nous sommes si souvent désarmés, désorientés dans notre logique à nous de "gens normaux", par les manques, les réactions, les comportements "imprévus", "inexplicables" des handicapés mentaux.

Depuis plusieurs années, nous avons pu vivre la réalité, la justesse des différentes étapes de l'évolution psychomotrice proposée par le docteur Le Boulch dans son ouvrage : Vers une Science du Mouvement humain.
Rappelons brièvement ces étapes.
1. De zéro à trois ans : période correspondant au stade du "corps vécu" "au cours duquel l'expérience émotionnelle du corps et de l'espace aboutit à l'acquisition de différentes praxies qui permettent à l'enfant de sentir son corps comme objet total dans le mécanisme de la relation".
2. De trois à sept ans : période correspondant au stade du "corps perçu finement" "au cours duquel les aires de projection sensorielles spécifiques évoluent vers plus de précision dans l'analyse".
3. De sept à douze ans : période correspondant au stade du "corps représenté mentalement","grâce à cette intériorisation ainsi devenue conscience de son image au cours d'une action, l'enfant de dix et douze ans aura la possibilité de modifier un automatisme en cours d'exécution sans trop de syncinésies et en conservant la structure d'ensemble".

Cette trame de fond, ce fil conducteur, nous les retrouverons continuellement au travers de l'évolution psychomotrice du handicapé mental, mais "perturbés","décalés" par rapport à la normale. Chez le handicapé mental, les possibilités d'acquisition et d'organisation sont moindres que chez un individu normal, et de plus, elles sont affectées de troubles au niveau de celles-ci mêmes et se caractérisent par un rythme d'intériorisation et de mémorisation plus lent que la normale.

Quels sont les principaux troubles, les principales anomalies pouvant apparaître dans la construction du "schéma corporel"? Citons brièvement, ici, les différents troubles décrits par Ajuriaguerra:

- les troubles dus à une absence de connaissance du corps;
- la survivance de la représentation d'un membre qui n'existe plus;
- les troubles du schéma corporel dans les affections psychiatriques.

En ce qui nous concerne, nous sommes surtout préoccupés chez le handicapé mental par le premier aspect, c'est-à-dire "les troubles dus à une absence de connaissance du corps". Ceux-ci ont une conséquence énorme dans le comportement d'un handicapé mental, car un schéma corporel mal structuré entraîne une mauvaise relation, une relation faussée avec le monde qui l'entoure d'où des troubles de la perception, c'est-à-dire mauvaise structuration spatio-temporelle; des troubles de la motricité, c'est-à-dire, maladresse, incoordination, méconnaissance de ses propres possibilités physiques; finalement, également des troubles de la relation avec autrui, c'est-à-dire sentiment d'insécurité vis-à-vis des autres et perturbations au niveau des relations avec ceux-ci se concrétisant par de l'anxiété, de l'instabilité, de l'agressivité, de la passivité.

On peut donc conclure, de ces observations, vécues quotidiennement dans le comportement du handicapé mental, qu'en revanche un schéma corporel "bien structuré" permet chez un sujet, tout d'abord, une grande disponibilité de ses segments corporels, la sensation d'un ensemble, d'un tout, d'une unité, et finalement la possibilité de définir sa position par rapport au monde environnant.

Sur un plan directement pratique, qui peut aider, quand et comment aider le handicapé mental à connaître et à maîtriser valablement son propre corps?

Comme déjà formulé précédemment, la structuration du schéma corporel n'est pas un élément isolé de l'éducation ou de la rééducation psychomotrice du handicapé mental, mais au contraire, elle s'intègre dans le contexte général de celle-ci. Ne perdons pas de vue que l'espace extérieur, le monde ne deviennent vivables par l'homme qu'au travers du vécu de son propre corps. Le corps est donc l'instrument, l'outil de communication du handicapé mental avec l'extérieur. Citons au passage une phrase du docteur Jolivet disant "l'espace [c'est-à-dire gens, situations, objets] ne m'est familier que dans la mesure où je peux l'appréhender". Comment appréhender cet espace sinon avec son propre corps? Or, nous constatons que les handicapés mentaux ignorent leur propre corps. En effet, dans la majorité des cas, surtout en ce qui concerne les débiles moyens et encore davantage les débiles profonds, ils effectuent des actions à l'aide de leurs segments corporels sans avoir la conscience de leur construction et de la liaison qui existe entre ceux-ci et, de ce fait, ils courent le plus grand risque de ne jamais pouvoir exploiter pleinement leurs possibilités corporelles si faibles soient-elles.

Qui peut aider le handicapé mental à se forger une image corporelle exacte? Durant ces quelques années passées dans l'enseignement spécial, il nous est apparu que c'est un spécialiste, bien sûr, le psychomotricien certainement, mais pas uniquement "lui". En effet, qu'il y ait un ou des spécialistes qui possèdent mieux les éléments du problème et maîtrisent davantage les solutions à y apporter, c'est absolument nécessaire et normal, mais c'est par un travail d'équipe seulement que le maximum pourra être offert au handicapé mental. Dans son milieu institutionnel, c'est tout le personnel éducatif, médical, para-médical, enseignant et autre qui peut et doit contribuer à créer d'abord le climat relationnel optimal dans lequel évoluera le handicapé mental et dans lequel tout progrès, chez lui, serait minime et fort hypothétique.

L'éducation psychomotrice d'un handicapé mental concerne tout le monde dans un institut médio-pédagogique. De plus, l'éducation psychomotrice ne se déroule pas, ne peut pas se dérouler uniquement dans un local de psychomotricité, de kinésithérapie, de gymnastique, de logopédie, de rythmique, dans un local scolaire, mais tout autant, sinon plus, dans une salle de jeu, dans une salle de séjour, une cuisine, une prairie, une rue, un magasin, un terrain de sport, une piscine, et nous en passons. La structuration du schéma corporel pratiquée dans un local de psychomotricité par un éducateur spécialisé doit avoir son prolongement dans le plus grand éventail possible de situations, et ce avec d'autres personnes que le psychomotricien.

Le point de départ, en psychomotricité, est avant tout l'individu lui-même avec ses aspirations si minimes soient-elles, que nous devons stimuler, avec ses manques si importants soient-ils, avec ses possibilités si réduites soient-elles à nos yeux. Nous devons donc aborder le débile mental lucidement et simplement en ne cherchant pas à tout prix à l'aligner sur nos critères à nous "d'adultes normaux" (et nous mettrons "adultes normaux" entre guillemets). Les critères du handicapé sont des critères qui lui sont propre à part entière; il a ses propres limites comme nous avons les nôtres, à cela près qu'elles sont différentes. Ne le surestimons pas en l'amenant à se construire d'une façon qui pourrait nous plaire à nous, qu'il ne pourrait d'ailleurs pas atteindre et qui ne lui serait d'aucune utilité à lui. Ne le sous-estimons pas non plus en avouant trop vite qu'il ne parviendra jamais à une connaissance, une maîtrise de lui-même qui nous satisfera nous, mais admettons-lui un minimum de cette connaissance qui lui est capitale dans la moindre de ses relations avec le monde environnant.

L'origine de cette "construction corporelle" sera donc l'individu lui-
même dans toutes les situations qu'il peut vivre et sera amené à vivre à
tous les moments d'une journée, d'une semaine, d'une saison, de l'année.
Il faut bien constater qu'au cours des divers moments, ne fût-ce que d'une
journée, le handicapé mental n'a pas comme interlocuteur le seul psychomotricien et comme cadre le seul local de psychomotricité. Dans le domaine de
la structuration du schéma corporel, les situations créées ou recréées arti-
ficiellement pour amener le débile à se découvrir et à se posséder au mieux,
ont leur raison d'être sans conteste, mais elles ne peuvent être suffisantes.

Le handicapé mental est d'abord préoccupé par son propre vécu corporel
immédiat et il l'est d'autant plus que ses possibilités sont minimes. Il
est incontestablement d'abord intéressé par des situations pratiques aussi
agréables que possible, concrètes, réelles, en ajoutant "surtout" s'il peut
ou doit les vivre quotidiennement. C'est pour cette raison que le handicapé
mental se forge une image de lui-même, de son corps, de ses limites corporelles au travers d'actes courants; en effet, nous avons été amenés à constater que la structuration du schéma corporel se fera tout autant durant
les repas, durant les soins d'hygiène corporelle, les tâches diverses, les
jeux sportifs, les activités scolaires, les activités de loisirs. De ce fait,
nous en arrivons à insister sur la grande responsabilité du personnel éducateur proprement dit dans les activités de la vie courante et sur l'énorme
contribution que peut apporter ce personnel dans la construction d'une image
réelle du corps, solide et durable, par un acquit à la fois dynamiquement et
affectivement vécu. C'est ainsi que nous en arrivons à dire que le personnel
éducatif devrait être sensibilisé et initié, au mieux, de la réalité des
problèmes psychomoteurs en général et du schéma corporel en particulier.
L'idéal serait évidemment une formation appropriée, mais à défaut de celle-ci
tout au moins une information des contacts avec le ou les spécialistes.

La construction d'un "moi corporel" aussi autonome que possible chez le
handicapé mental ne peut se faire dans de bonnes conditions que si les gens
qui l'entourent vont les uns vers les autres, se partagent un minimum de leurs
possibilités spécifiques en s'informant mutuellement. Nous n'entendons pas par
par là que chacun se substitue au travail, aux responsabilités des autres
mais d'être informé et d'y contribuer là où c'est possible et utile pour le
handicapé mental.

Quant à notre façon d'aborder le problème de la structuration du schéma
corporel, voici des principes d'activités qui peuvent aider le handicapé
à se construire en s'épanouissant et qui, de plus, permettent un contrôle
de l'évolution de la structuration de son schéma. Ce sont bien sûr des activités de base que l'on peut, avec un peu d'imagination, "habiller diffé-
remment" et inclure dans diverses activités. Mais quand faut-il faire apparaître la structuration du schéma corporel dans une séance de psychomotricit
Au cours d'une séance de psychomotricité, la structuration du schéma corporel a lieu pratiquement de façon continue du fait que le corps est le suppor
principal de la relation entre le rééducateur et le rééduqué, entre l'éducateur et l'éduqué. De façon plus spécifique, que ce soit dans une séance indi
viduelle ou de groupe, la structuration du schéma doit apparaître pratiqueme
à chaque séance. Le choix du moment, de l'activité, de la durée précise de
cette activité, si besoin en est, est chaque fois tributaire du handicapé
lui-même, de ses motivations, des activités vécues, des circonstances maté-
rielles. Les activités de structuration du schéma corporel ne constituent
nullement une série de "recettes" car, prises comme telles, leur application
sans discernement pourrait être beaucoup plus néfaste qu'utile.

Malgré un aspect technique assez apparent, il est bien évident que la
relation débile-psychomotricien et psychomotricien-débile demeure primordial
et que le reste n'est rien sans cette relation indispensable.

PSYCHOMOTOR TROUBLES AND HUMAN MICROVIBRATION

B.M. NIGG

Biomechanics Laboratory ETH. Swiss Federal Institut of Technology,
Zürich (Switzerland)

Introduction

When a person is standing quietly in a normal position on the floor it
may be supposed that a force platform under the feet would indicate the
body weight in the vertical direction and zero in both horizontal directions.
However, the experiment (Fig. 1) shows that the output of the force platform is not a constant function in the time but an oscillation around the
supposed values (body weight in the vertical axis and zero in the horizontal
axes). These oscillations, which have a relatively small amplitude in the
order of magnitude of 1 N, are caused by endogenous body vibrations. These
body vibrations, called "microvibrations" in this study were studied by
Rohrachter (Lit. 9) using various recording systems which were affixed at
the human body. Corti (Lit. 2) and Wyss (Lit. 11) tried to analyze human
microvibrations with a force measuring system, but technological problems
stopped their analysis. Eysenck (Lit. 3) used the instability of body
posture in the quasistatic balance position to make conclusions on human
personality structure. Schilling (Lit. 10) used the force platform measurements to analyze psychomotor troubles. In the HMKTK-test the force measurements were not included.

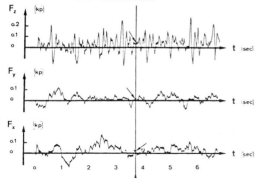

Figure 1. - Reaction Forces
in the Bipedal Standing.

The fact that force measurements were used rather seldom for analysis of psychological or psychophysical symptoms was due in the past mostly to technological inconveniences. However, technological problems in force measurements are no longer limiting factors. Therefore, force measurements can be used for such studies.

Method

The forces were measured with a Kistler force platform (Lit. 4). This force platform works on a piezoelectric basis. The charge displacements on the the piezoquarzes were amplified and transformed into voltage signals in the charge amplifier. The analysis of the calibrated force time functions can be done in different ways. The various possibilities include the analysis of the maximal force amplitude (Nigg. Lit. 8), the frequency spectrum (Leifer, Lit. 5), the force application point and other variables.

In the presented study the rectified and integrated force time function (= rectified impulse) was used for analysis (Neukomm, Lit. 7) (Fig. 2).

In this method the resultant integral $J = \int_o^t F(t)\, dt$ is a monotonic increasing curve where the value after 10 seconds was used for evaluation. One test trial consisted of five trials of 10 seconds duration. Of these five trials the three with $J_i = J_{ix} + J_{iy} + J_{iz}$ = minimum were used to determine J_x, J_y and J_z (see Table 1). These rectified impulse values contain not only the force amplitude but also the time duration of the applied force.

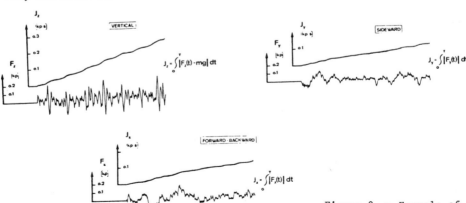

Figure 2. — Example of a measured curve

TABLE 1.

Symbols and Terms used in the Study

Symbol	Term	Explanation
x		forward backward direction
y		sideward direction
z		vertical direction
F	force	$\int_o^T F_x(t)\,dt$
J_x	rectified impulse	$\int_o^T F_y(t)\,dt$
J_y	rectified impulse	$\int_o^T F_z(t) - mg\,dt$
J_z	rectified impulse	
J	rectified impulse sum	$J_x + J_y\ J_z$
$\dfrac{J}{mg}$	relative rectified impulse	
	integration interval	in this study ten seconds
	footangle	in this study 30°
d	heeldistance	in this study 12 cm
C	cardiac output	$\dfrac{1}{100} \cdot (P_s - P_d) \cdot f$ estimation
P_s	systolic blood pressure	
P_d	diastolic blood pressure	
f	heart frequency	
i	subject index	

Using the described method each subject was studied in the bipedal standing with open and closed eyes and in the monopedal standing with open eyes (see Table 2). In the bipedal standing the footangle was 30 and the heel distance 12 cm. The measurements were taken on more than a thousand normal persons between six and twenty-eight years of age and on fourty eight psychomotor troubled children betwee six and fifteen years of age who participated in a psychomotor therapy program.

TABLE 2.

Different Tests used in the Study

Test	Posture	Eyes	Number of Trials
1A	Bipedal	Open	5
1B	Bipedal	Closed	5
2AR	Monopedal right	Open	1
2AL	Monopedal left	Open	1

Results and Discussion

Previous work with normal subjects (Nigg, Lit. 8) has suggested that the significance of the three measured components are as follows :

The rectified impulse in the vertical direction is primarily correlated with the heart activity (Bircher, Lit. 1). The rectified impulse in the forward backward direction has a strong connection with physical stress (Wyss/Stocker, Lit. 12). The rectified impulse in the sideward direction has a strong connection with psychological stress (Wyss/Stocker, Lit. 12).

The analysis of the results with psychomotor troubled children showed differences between normal and troubled children with the same age. However, the measured values and therefore the differences were influenced by different limiting factors. On one hand the diagnosis of these troubles, made by specialists in psychomotor troubles, was complex and difficult to quantify. On the other hand, there was in the group of normal children a certain percentage of undiagnosed troubled children. The number of the troubled subjects analyzed was also very small. Considering all these limiting influences it is interesting that for the age group with $n > 6$ the Spearman correlation coefficient was $R = 0.64$. This indicates with a probability of 95 % a correlation between the medical diagnosis and the rectified impulse in the vertical direction.

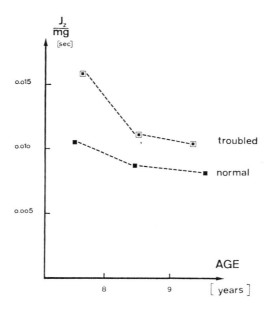

Fig. 3. - Difference in the rectified impulse between normal (n = 79) and psychomotor troubled (n = 11) children (bipedal).

The fact that differences in the rectified impulse were found only in the vertical direction is at first astonishing. Following the hypothesis of the meaning of the components, psychomotor troubled children do not seem to be in a permanent physical or a psychological stress condition. However, it seems that their cardiac output, which has been shown to be characterized by the vertical component, (Nigg, Lit. 8) is on a higher level. This could be explained with a higher level of performance, since poor control of movement requires more energy consumption, which is shown by a higher cardiac output (Fig. 3).

In addition to the difference in bipedal standing differences were found in the monopedal posture on the leg with the smaller rectified impulse.

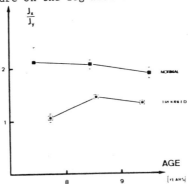

Figure 4. - Differences between normal (n=61) and psychomotor troubled children (n=11) in the monopedal posture (horizontal plain).

The registered forces in the monopedal posture are mainly forces to maintain the balance. It seems therefore, that normal children use about twice as much force in the forward backward than in the sideward direction. Psychomotor troubled children, on the other hand, apply approximately the same forces in both horizontal directions.

A difference between normal and troubled was observed also in the $\frac{J_z}{J_x}$ quotient (Fig. 5).

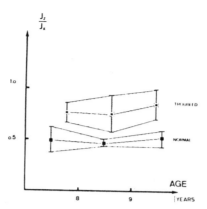

$\frac{J_z}{J_x}$

Figure 5. - Difference between normal (n=61) and psychomotor troubled children (n=11) in the monopedal posture (vertical influence).

This difference probably is caused by differences in heart activity.

However, comparing the bipedal and the monopedal tests, the bipedal test seems to be more suitable for use in the analysis of psychomotor troubles. The main reason for this is that the bipedal test is very simple and easy to perform. It is short (100 sec.) and can be done by every child over five years of age. The monopedal test, however, has several limitations. Children under the age of ten often have problems in standing quietly for ten seconds on one leg with closed eyes.

An efficient test method, however, requires that children in the preschool age can be analyzed since in this age the therapy is most efficient (Naville, Lit. 6).

It is evident from the significant difference between the two analyzed groups that the use of these parameters can effectively supplement the conventional diagnostic methods. However, it has to be pointed out that this study was a first step in the investigation of microvibrations in psychomotor troubled children. Therefore these results should be regarded as preliminary but useful for further and a more detailed investigation of these subjects.

Summary

With a new measuring method, the magnitude of the rectified impulse due to reaction forces was determined on a large number of normal subjects and a smaller number of psychomotor troubled children. The analysis of the results showed differences between these two groups in the vertical component of the

184

rectified impulse during quiet standing in the bipedal posture. This could
be explained by a higher level of energy consumption in psychomotor troubled
children.

Since this testing method is simple and short, it is suggested that
after more extended experiments it could be used for preliminary diagnosis
of psychomotor troubles.

References

BIRCHER (M.), NIGG (B.M.), KOLLER (E.A.), Die Ganzkörpermikrovibration als
  möglicher Index für die psychische Anspannung, 7. Jahresversammlung des
  schweiz. Kommitees für exp. Biologie der SNG.

CORTI (U.A.); "Erschütterungsmessungen am Lebenden", Schweiz. med.
  Wochenschrift, 89 (1959) 22, pp. 575-581.

EYSENCK (H.J.), The structure of human personality, Methuen O Co, Ltd.
  London, 1970.

LEIFER (L.), MEYER (M.), Postural mode description by correlation and
  transferfunction measurement. Proceedings of 1975 IEEE Systems, Man,
  and Cybernetics, San Francisco, USA.

NEUKOMM (P.A.), "Messen biomechanischer Grössen. Medizinalmarkt", Acta
  Medico-Technica, 23 (1975) 8, pp. 247-250.

NIGG (B.M.), Untersuchung über das menschliche Gleichgewichtsverhalten,
  Diss. ETH Zürich, Nr. 5630, 1975.

ROHRACHER (H.), Die Mikrovibration, Verlag Hans Huber, Bern, 1969.

SCHILLING (F.), Untersuchungen zum Hamm-Marburger-Körper-Koordinations-
  Test für Kinder. Die Bedeutung der Motorik für die Entwicklung normaler
  und behinderter Kinder, Schorndorf, 1972, pp. 210-239.

WYSS (O.), "Grundsätzliche Betrachtungen zur Problematik der biologischen
  Erschütterungsmessungen", Schweiz. med. Wochenschrift, 89 (1959) 22,
  pp. 575)576.

WYSS (CH.), STOCKER (R.), Tagesverlauf und Langzeitschwankungen im quasista-
  tischen Gleichgewichtsverhalten des Menschen. Diplomarbeit in Biomechanik
  an der ETH Zürich, 1975.

EXPERIENCE DE THERAPIE PSYCHOMOTRICE

CHEZ L'ENFANT AUTISTE

A. PECHER

Kinésithérapeute-psychomotricienne, Institut "Claire Joie", Centre de thérapie pour Enfants, Wavre (Belgique)

BUTS

La thérapie psychomotrice chez l'enfant autiste est avant tout une psychothérapie par le mouvement. L'enfant autiste refuse la communication avec le monde qui l'entoure. Chez l'enfant normal, cette communication se fait par le langage, mais également par tout le corps. L'enfant autiste refusant toute communication, non seulement n'accède pas au langage, mais ne développe pas non plus sa motricité, puisque celle-ci est aussi moyen de communication.

Dans ce cas :

a) La thérapie visera, dans un premier temps, à établir un contact corporel étroit entre le thérapeute et l'enfant autiste, recréant ainsi les premiers contacts que l'enfant a avec sa mère après la naissance. Ce sera une période de maternage, qui sera développée plus loin.

b) Dans le deuxième temps, évidemment indissociable du premier, on aidera l'enfant autiste à vivre avec son corps, en recréant les premières situations motrices de l'enfant, telles que : le rouler, le ramper, les jeux du premiere âge, etc. Ceci aidera le sujet à prendre conscience de son vécu corporel et l'amènera à accepter son corps. Car l'enfant autiste a été souvent traumatisé par des hospitalisations prolongées avec examens médicaux nombreux et douloureux. Souvent l'enfant autiste a été, consciemment ou inconsciemment, rejeté par ses parents. Cet enfant doit sentir non seulement que le thérapeute l'accepte dans son corps, mais l'aime; il doit sentir qu'il est aimé et accepté tel qu'il est.

c) <u>Dans le troisième temps</u>, quand l'enfant aura pris conscience de son vécu corporel, nous l'aiderons à utiliser son corps comme moyen d'expression, expression manuelle, gestuelle, corporelle. La communication étant établie, acceptée, il y aura toute une période de consolidation de la communication. Puis, lentement, on arrivera aux diverses techniques psychomotrices plus élaborées, permettant à l'enfant autiste de se développer harmonieusement vers une intégration totale dans son environnement familial et scolaire. Je pense qu'il est capital que cette thérapie soit individuelle, quotidienne et ambulatoire, l'enfant restant dans son milieu familial, les parents étant pris en guidance.

<u>METHODE</u>

a) <u>Premier temps de la thérapie</u>

Le temps du maternage, nous utiliserons la relation corporelle étroite avec le thérapeute. Dans le bain, le thérapeute pourra caresser, effleurer chaque partie du corps du petit autiste en les nommant. Nous ferons des jeux dans l'eau. Nous permettrons à l'enfant de nous toucher, d'apprendre à connaître le corps de son thérapeute. Cette relation aura lieu dans une pièce où règne une musique douce. Il est en effet indispensable de recréer le milieu intra-utérin, la sécurité intra-utérine. Si l'enfant n'aime pas l'eau, ou ne l'accepte pas, on ne l'obligera évidemment pas. Ce maternage sera abordé seulement si l'enfant y consent. Si l'enfant n'autorise pas le contact corporel immédiatement, on se contentera de l'observer, en restant prêt à répondre à sa demande. Progressivement, ce contact se fera alors dans la salle de rééducation ou de thérapie. Par exemple, on évoluera sur musique en tenant l'enfant dans les bras; on jouera avec lui en se roulant sur le tapis, afin de recréer les premières sensations motrices. Sur le tapis, on pourra jouer au ballon, on pourra, par exemple, ramper vers le ballon, courir à quatre pattes derrière le ballon, tout cela en relation étroite "enfant-thérapeute". Ces jeux auront lieu de préférence devant une glace, l'enfant pourra se voir évoluer et également se voir évoluer avec son thérapeute, il prendra ainsi conscience qu'il existe, puisqu'il agit indépendamment de son thérapeute, mais en relation avec celui-ci. Le thérapeute essaiera ainsi de multiples échanges avec l'enfant autiste.

Pour ces premiers contacts avec le sol, les objets et le thérapeute, l'enfant sera nu ou vêtu d'un simple slip, afin qu'il puisse ressentir son corps; pour qu'il voie dans la glace que son corps travaille, bouge, que tout ce qu'il fait est fait à l'aide de son corps.

b) Deuxième temps de la thérapie

On passera progressivement à de petits exercices tels que les encastrements, les enfilages d'anneaux; les manipulations d'objets tels que les cubes, les grosses perles de bois à enfiler sur des tiges, les balles. Il sera intéressant de partir du désir de l'enfant, de lui proposer une série d'objets ou de jeux et d'utiliser surtout ceux qu'il aime le plus.

c) Troisième temps de la thérapie

A partir de jeux tout simples on augmentera petit à petit les difficultés pour aider l'enfant autiste à rattraper son retard moteur et éveiller son intelligence, ainsi qu'à lui apprendre à s'exprimer avec le maximum de moyens: corporels, gestuels, verbaux, graphiques. Pendant tout ce travail, nous parlerons beaucoup à l'enfant autiste, de manière simple, mais non "bébé". Notre langage doit être très articulé, très clair, pour que l'enfant puisse essayer de nous imiter. Très vite, il essaiera de remuer les lèvres comme son thérapeute, en regardant son thérapeute dans la glace, en touchant ses lèvres, puis il tentera d'émettre les mêmes sons, les mêmes intonations, puis viendront les syllabes et ensuite les mots. Parfois même, l'enfant étant un peu plus grand et ayant entendu l'adulte lui parler souvent, il aura emmagasiné un certain vocabulaire, et dès qu'il voudra parler il pourra faire des phrases complètes.

ETUDE

Une enfant autiste, Isabelle, est âgée de six ans et souffre d'une tétralogie de Fallop. Elle est née prématurément à sept mois, ce qui a nécessité un long séjour en couveuse de deux mois et demi, impliquant une première séparation de sa maman. Malgré sa grave maladie, Isabelle se développe bien; mais à dix-huit mois elle a contracté une bronchite et, vu son état cardiaque, elle a dû être hospitalisée. Durant cette hospitalisation, qui a duré deux mois, on lui a fait subir de nombreux examens assez douloureux, tels que retroscopies, cystoscopies - on a en effet constaté

qu'Isabelle n'avait qu'un rein. On lui a donné aussi beaucoup de baxters,
on l'a nourrie à l'aide d'une sonde, car elle têtait le biberon trop lentement. Après deux mois, Isabelle ne reconnaît plus ses parents; elle se
mord les doigts, elle a complètement régressé sur le plan moteur et psychologique. Elle refuse la nourriture solide et toute boisson. Elle refuse les
bains, refuse qu'on touche son corps (surtout sa tête), refuse tout contact,
est continuellement constipée, ne parle pas, et commence à marcher à l'âge
de quatre ans. A six ans, il est impossible d'effectuer un bilan psychomoteur, mais très vite, Isabelle est attirée par les jeux de la salle de
thérapie, particulièrement les jeux musicaux (boules musicales, surtout),
et le premier contact se fera par ces jeux-là. Durant ce début de rééducation, Isabelle venait sur les genoux et pendant une grande partie de la
séance me faisait remonter l' "ours musical". Isabelle acceptant mieux le
contact, progressivement je l'ai déshabillée pour qu'elle puisse voir son
corps dans la glace. Pendant de longs moments, elle restait assise sur
mes genoux, devant la glace, en train de découvrir son corps. Moi effleurant
chaque partie de son corps en la nommant, elle faisant la même chose, se
pinçant, se caressant, me touchant le visage, les mains, les jambes. Puis,
peu à peu, je l'ai touchée avec les mains mouillées, ou un linge mouillé,
pour qu'elle accepte le contact de l'eau. Pendant cette phase de la thérapie, je dansais également avec Isabelle dans les bras, c'était l'élément
qui favorisait le mieux le dialogue entre elle et moi. Au bout de trois
mois environs, j'ai risqué d'aller dans le bain avec Isabelle. Elle l'a
très bien accepté, et, à chaque séance, faisait comprendre qu'elle désirait
aller dans la baignoire. C'est à ce moment qu'elle a commencé à accepter son
corps. Au cours d'une séance, après le bain, elle a revécu un traumatisme de
la clinique : pendant une heure, l'enfant a joué à approcher de ses voies
urinaires une baguette en forme de tuyau ; à partir de ce moment, elle
n'a plus été constipée et, à chaque séance, s'amusait à se voir uriner ou
défécquer devant la glace. C'est vers la même époque qu'elle a accepté de
sucer des bonbons, d'introduire dans la bouche d'autre aliments que ses
panades, même si pendant un long moment elle ne les mangeait pas. Après
six mois, au cours d'une séance de thérapie, Isabelle s'est mise à parler.
Je jouais à la balle avec elle après le bain, puis tout à coup elle a dit :

"Mademoiselle est là". Après, quand ses parents sont venus la reprendre, elle a dit : "Papa l'est là!". Et chaque jour l'enfant disait de nouvelles phrases. Elle recherchait de plus en plus le contact, elle essayait de se faire comprendre à l'aide de gestes, de mots. On pouvait à nouveau la laver – elle aimait d'ailleurs beaucoup le bain et s'installait tout habillée dans la baignoire ! Toute la journée elle jouait avec ses jouets, ou avec ses frères quand ils rentraient de l'école. Aux séances de thérapie, elle commençait à réaliser de petits jeux, des boîtes gigognes, des anneaux à enfiler, etc. Dans son cas, malheureusement, il restait un gros problème : le coeur, ce coeur qu'il fallait opérer en évitant une nouvelle crise d'hospitalisation. On se posait de nombreuses questions à ce sujet avec le cardiologue.

Avant que l'on ait pu intervenir, il y a eu rupture du Shunt, la fillette est décédée...

J'ai voulu quand même présenter cette évolution remarquable d'Isabelle car, en un an, cette enfant qui était entièrement repliée sur elle-même et refusait tout contact, renaissait vraiment à la vie. On aurait pu très vite accélérer ses progrès s'il n'y avait pas eu le grave élément physique.

CONCLUSIONS

Ce n'est pas le seul cas que j'ai vu s'épanouir de cette façon, en moins d'un an, grâce à cette thérapie corporelle. Le cas d'Isabelle nous montre combien la relation corporelle privilégiée a joué un rôle dans le débloquage et l'ouverture de l'enfant autiste au monde extérieur, sa meilleure intégration dans son milieu familial, la normalisation de son comportement.

MANUAL REACTIONS TO TONES IN BLIND AND SIGHTED SUBJECTS

J.M. PIETERS and G.P. VAN GALEN

Department of Psychology, University of Nijmegen (Netherland)

Abstract

Eight subjects (four blind and four sighted) participated in an auditory localization experiment. The main theme of this investigation was to relate the problem of spatial orientation in the blind to the way in which auditive information is percieved, processed and reacted to. Subjects were required to press a button with the right or left hand, respective of the tone presented. Results confirmed the assumption that a less well spatial orientation in the blind has to be reflected in the manual reaction time to tones.

INTRODUCTION

Auditory information plays an important role in space oriented behaviour. Anyone, who once coming from the continent as a pedestrian, took part in the left driving traffic of the British Isles, remembers how his auditory system saved his life when he, looking to the left, started crossing the road. In normal life a continuous stream of auditory, spatial signs covers our behaviour. For the blind the absence of visual cues makes the impact of auditory information of yet greater importance in space-oriented behaviour.

In man the symmetrically positioned ears form an ingenious system for sound localization. The crucial point in auditory localization is that sounds impinging on the ears from a place either in the left or in the right behavioural halffield cause a different sound-onset and a different energy-level in both ears. In most recent models about auditory localization the hypothetical systems work on the perceptual interpretation of these physical differences in positioning the perceived sound; left, right, or in the middle of the field. (Howard & Templeton, 1966). Our interest in the bilateral cooperation of the ears and connected neural structures was born, when

we were confronted with the severe orientation problems of some blind
children. Although it is certainly not a general problem of all the blinds,
some of them have extreme difficulty with finding their way in their daily
surroundings. These patients had serious problems in developing a well-
functioning cognitive map of the world they live in. When we studied these
cases of dysorientation we noticed also signs of allochiria, i.e. left-right
disorientation.

Howard and Templeton (1966) suggested an explanation for allochiria in
terms of a disturbance of the auditory localizing system. They stated that :
"If the brain is damaged on the left side, a stimulus applied to the right
side of the body may produce more activity in the right, undamaged hemisphere
than in the left hemisphere. If we assume that a stimulus is localized according to at which side the brain registers the most activity, then it is
clear that the above consideration will explain allochiria." (See p. 293).

In combination with a general benaural localization model based on the
investigations of von Békésy (1960) and van Bergeyk (1962, 1964), and on
the review of Mills (in Tobias, 1972) Howard & Templeton's idea can be
extended to a general localization model. This model explains the localization of auditory signals as follows. A tone presented binaurally to either
side of the audible field will cause a greater neural activity in the hemisphere contralateral to that side. A cognitive comparator will decide
from these two information sources (the two amounts of neural activity) in
which halffield the tone was presented. If a motor reaction towards that
auditive stimulus is compelled it is of much importance in which hemisphere
that reaction has to be initiated. If we call "ipsilateral" those reactions
for which the motor innervation is produced in the same hemisphere where
the tone onset caused the greater neural activity (e.g. a right hand response
to a right-sited tone) and if we call "contralateral" the mirrored situation
e.g. a right hand response to a left-sited tone, then ipsilateral reactions
generally are found to be faster than contralateral reactions. (See Filbey &
Gazzaniga, 1969 and Davis & Schmit, 1972).

The aim of our experiment is to measure localization-behaviour in two
situations : an ipsilateral compatible and a contralateral incompatible one.
We assume that human spatial orientation depends upon the well functioning
of the auditory localization system. Therefore we expect disoriented subject

to show a poorer performance compared to control subjects in an experiment which measures reaction times to ipsilateral and contralateral sound signals.

EXPERIMENT. Subjects and method

Eight subjects (four blind and four sighted) participated in the experiment. Two of the blind Ss were diagnosed as having severe orientation problems in daily life.

Two ipsilateral and two contralateral trialblocks of 20 trials each were given in counterbalanced order of presentation (ABBA). Within each trialblock five signals were presented to only the left ear, five to only the right ear, five binaurally with a left-right binaural time lag of 625 microseconds, and five with the same time lag in reversed order. Subjectively these stimuli correspond with spatial locations extreme left, extreme right, left of the centre and right of the centre of the field. In the ipsilateral condition subjects reacted with pushbutton reactions with the hand corresponding to the position of the tone. In the contralateral and therefore incompatible condition reactions were given with the hand contralateral to the side of the tone. There was no warning signal. Trials were randomized with in trial blocks and separated by variable intertrial times of 2, 3, 4, 5 or 6 seconds.

RESULTS

In figure 1 and 2 the results have been summarized. There is a common reaction time pattern with each of the four sighted and the two normal blind subjects.

Reaction times to stimuli near the middle of the field are slower than more outward signals. Contralateral reactions are slower than ipsilateral ones. There is no interaction between the compatibility variable and place of the signal. This pattern is quite different from that of the blind Ss with orientation problems. They show a one-sided extra delay in the incompatible condition.

As can be seen from figure 2 subject T performs much slower with incompatible reactions to stimuli left from the middle of the field. Subject A shows up an extra delayed reaction to incompatible stimuli right near the middle of the field. The more outward situated tones resulted in normal

reaction times as compared to the controls. These results give support to the
conclusion that children with orientation problems have special difficulties
with localizing contralateral, binaurally presented sounds.

Discussion

The results of the two blind subjects with orientation problems cannot be
attributed to problems on the sensory or motor level alone: reactions to
compatible stimuli are as fast as those of the control Ss. Difficulties
appear in situations in which the auditory stimulus caused the greatest
neural activity in another hemisphere than the hemisphere in which the manual
reaction had to be initiated. This would imply that the transmission function
of the corpus-callosum has been disturbed in one way or another. The far-
reaching consequence of this possibility is a disturbance on the level of the
auditory-motor coordination. For the blind this coordination is of utmost
importance to learn stick-walking and to remain at a high performance level.
In our view practical implications of this line of research should be that in
cases of spatial disorientation a thorough-going, individual exploration
should be made of the bilateral interaction of the hemisphere and their bilateral balance and unbalance as revealed in laterality measures. In one of the
cases we studied we found a pronounced disregard of the right sensory and
behavioural half field. This child showed an overwhelming tendency to give an
orientation to the left to all of the separate figures of his "braille"
designs (figure 3). We suggest that the effect of training paying attention
to the neglected side should be studied.

REFERENCES

DAVIS (R.) & SCHMIT (V.), "Timing the transfer of information between
hemispheres in man", Acta Psychologica, 1971, 35, 335-346.

FILBEY (R.A.) & GAZZANIGA (M.S.), "Splitting the normal brain with reaction
time", Psychonomic Science, 1969, 17, 335-336.

HOWARD (J.P.) & TEMPLETON (W.B.), Human Spatial Orientation, New York,
Wiley, 1966.

MILLS (A.W.), Auditory Localization", in J.V. TOBIAS (Ed.), Foundations of
Modern Auditory Theory (vol. 2), New York, Academic Press, 1972.

VON BEKESY (G.), Experiments in Hearing, New York, Mc Grax Hill, 1960.

VAN BERGEYK (W.A.), "Variations on a theme of Békésy: a model of binaural
interaction", Journal of the Acoustical Society of America, 1962, 34,
1431-1437.

VAN BERGEYK (W.A.), "Physiology and psychosphysics of binaural hearing",
   International Audiology, 1964, 3, 174-185.

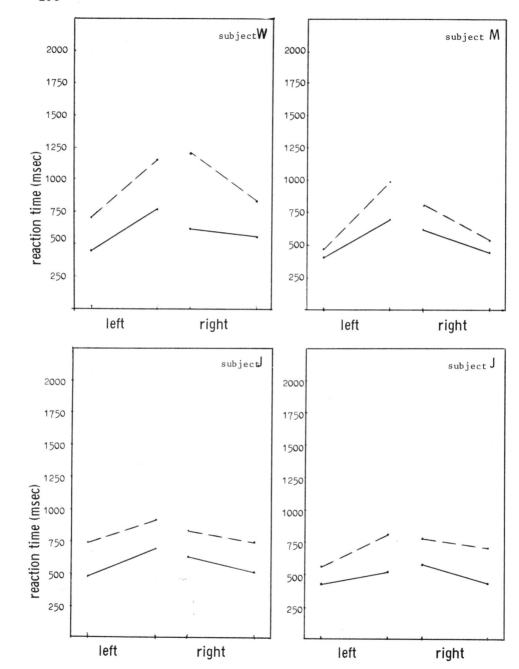

Figure 1 : Mean reaction times of the four normal, sighted subjects.
Left and right indicate the four positions in the auditive field.
Solid and dotted lines indicate ipsilateral and contralateral
reactions respectively.

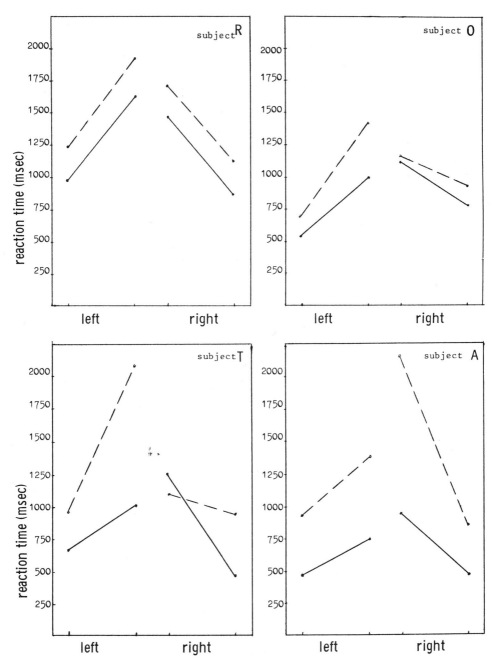

Figure 2 : Mean reaction times of the four blind subjects. Subject T and A
have problems with their spatial orientation. Left and right
indicate the four positions in the auditive field. Solid and
dotted lines indicate ipsilateral and contralateral reactions
respectively.

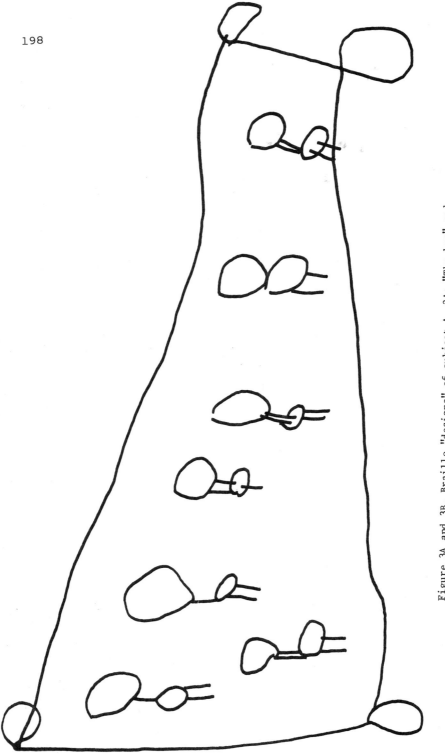

Figure 3A and 3B. Braille "designs" of subject A. 3A: "The bus" and "A pirate radio station".

Figure 3B

EVALUATION DE LA MANUALITE

EFFICIENCE - PREFERENCE

R.A. RIGAL

Directeur, Département de Kinanthropologie, Université du Québec
Montréal (Canada)

Les différents travaux de Chamberlain (1928), Blau (1946), Gesell et Ames (1947), Trankel (1956: voir Hécaen et Ajuriaguerra, 1963) et Zazzo (1960) ont permis de mettre en évidence les influences héréditaires et sociales qui s'exercent sur le développement de la dominance manuelle.

La détermination de la manualité a donné lieu à l'élaboration d'un grand nombre de questionnaires de préférence manuelle (cf. tableau 1), ainsi qu'à la mise au point de différentes épreuves d'efficience manuelle (Durost, 1934; Trieschmann, 1968; Barnsley et Rabinovich, 1970; Barnsley, 1970).

Figure 1. - Moyennes et écarts types obtenus pour l'efficience manuelle par les enfants des quatre groupes.

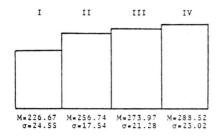

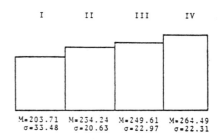

a) Efficience manuelle:
   Score global main préférée

b) Efficience manuelle:
   Score global main non préférée

202

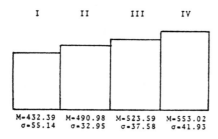

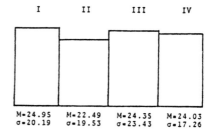

	I	II	III	IV
	M=432.39	M=490.98	M=523.59	M=553.02
	σ=55.14	σ=32.95	σ=37.58	σ=41.93

c) Efficience manuelle :
   Score global P + NP

	I	II	III	IV
	M=24.95	M=22.49	M=24.35	M=24.03
	σ=20.19	σ=19.53	σ=23.43	σ=17.26

d) Efficience manuelle:
   Différence P - NP

TABLEAU 1

Actions utilisées par différents auteurs dans leur
questionnaires de préférence manuelle

	Durost (1934)	Burt (1937)	Harris (1958)	Humphrey (1961)	Crovitz & Zener (1962)	Oldfield (1969)	Provins & Cunlife (1972)	Flowers (1975)
1. Tenir un couteau	x	x	x	x	x	x		
2. Ecrire	x	x	x	x	x	x	x	x
3. Lancer une balle	x	x	x	x	x	x	x	x
4. Effacer	x						x	
5. Jouer aux billes	x							
6. Se brosser les dents	x	x	x	x	x	x	x	x
7. Dessiner	x						x	x
8. Attraper un objet élevé	x	x					x	
9. Tenir un verre plein	x	x			x		x	
10. Main la plus forte	x							
11. Tenir une raquette		x		x	x	x	x	x
12. Utiliser des ciseaux		x	x	x	x	x	x	x
13. Remonter une montre		x	x				x	
14. Frapper avec un marteau		x	x		x	x		
15. Se peigner		x	x		x	x	x	
16. Ouvrir une porte		x				x		
17. Se moucher		x						
18. Se raser		x			x			
19. Tenir une cuiller pour manger		x			x	x	x	
20. Tenir un tournevis		x			x			
21. Balayer (main en haut du manche)		x			x			
22. Ratisser (main en haut du manche)		x			x			
23. Dévisser le bouchon d'une bouteille		x			x			
24. Allumer une allumette		x			x	x	x	x

TABLEAU 1 (suite)

	Durost (1934)	Burt (1937)	Harris (1958)	Humphrey (1961)	Crovitz & Zener (1962)	Oldfield (1969)	Provins & Cunlife (1972)	Flowers (1975)
25. Distribuer des cartes				x		x	x	
26. Tenir une aiguille pour enfiler le fil				x	x	x		
27. Tenir une assiette pour la laver					x		x	
28. Tourner un robinet					x		x	
29. Tenir une pomme pour la peler					x		x	
30. Tenir la bouteille pour dévisser le bouchon					x		x	
31. Tenir un clou pour l'enfoncer avec le marteau				x				
32. Tenir une canne à pêche						x		
33. Tenir une crosse de golf (main du bas)						x		
34. Tenir une batte de cricket (m. du bas)						x		
35. Utiliser un taille-crayon							x	
36. Tenir le paquet de cartes							x	
37. Coudre avec unè aiguille							x	
38. Enfoncer des punaises							x	
39. Tenir la théière pour servir le thé							x	
40. Ajuster le store d'une fenêtre							x	
41. Tenir la tartine pour la beurrer							x	
42. Porter une valise							x	
43. Brancher une prise électrique							x	
44. Attraper une balle d'une main							x	
45. Tâter un tissu							x	
46. Maintenir un objet stable pour le percer avec un foret électrique							x	
47. Aiguiser un crayon avec un couteau								x
48. Enfoncer un clou								x
49. Peler des pommes de terre								x
50. Utiliser un balai								x
51. Utiliser une hache								x
52. Ouvrir une bouteille								x
53. Enfiler une aiguille								x
54. Tenir une crosse de golf								x

Il est vite apparu évident que les questionnaires de préférence manuelle ne donnaient qu'une idée approximative de la manualité du sujet, à cause des influences exercées par le milieu sur son développement et du caractère subjectif des questions posées. Ces dernières ne possèdent pas toutes le même degré d'importance, élément dont il n'est jamais tenu compte dans la présentation des résultats. En outre, le fait de mimer l'action demandée entraîne un phénomène d'accoutumance, la réponse à une question influençant les réponses suivantes. La réalisation de dix actions a permis, dans le cadre de cette étude, de minimiser cette attitude.

L'acquisition d'une plus grande habileté d'une main par apport à l'autre dépend de sa fréquence d'utilisation. Cette habileté repose sur la constitution des circuits nerveux plus complexes dans l'hémisphère cérébral opposé. Les mêmes épreuves d'efficience manuelle appliquées aux deux mains doivent faire ressortir cette différence d'habileté.

Pour les questionnaires de préférence manuelle, l'addition des réponses aux questions constitue l'opération de base conduisant à l'utilisation d'une formule pour déterminer la manualité. Ce procédé ne s'applique pas tel quel aux épreuves d'efficience manuelle et il faut d'abord procéder à une série de transformations des scores bruts. Il s'agit essentiellement, dans ce cas, de normaliser les scores de chaque épreuve d'efficience manuelle et de les classer dans le même ordre pour qu'un score élevé indique toujours une bonne performance. Après addition des scores obtenus pour chaque main, la différence positive indique que le sujet est droitier, une négative que le sujet est gaucher. Lorsque la différence se rapproche de 0, le sujet peut être considéré comme ambidextre.

Parmi les différents facteurs devant être évalués en vue de déterminer l'efficience manuelle, les travaux de Fleishman (1958) et ceux de Barnsley et Rabinovitch (1970) ont permis d'en retenir cinq: la stabilité de la main, la coordination oculo-manuelle, la rapidité du mouvement du doigt, la dextérité digitale et la force. Ces facteurs ont été respectivement évalués par des épreuves de tremblement, de pointillage, de tapping, de manipulation et de force manuelle.

Pour comparer les classifications manuelles obtenues à partir de questionnaires et d'épreuves d'efficience manuelle, deux batteries de tests ont été administrées à quatre groupes de trente-deux enfants âgés de six à neuf ans. Les résultats font apparaître que les pourcentages de droitiers, gauchers et ambidextres varient peu d'une année à l'autre et diffèrent d'un moyen utilisé à l'autre. Ils s'élèvent à 85%, 11% et 4% en moyenne pour le questionnaire de préférence manuelle et à 77%, 9% et 14% pour les épreuves d'efficience manuelle.

Il n'existe pas de correspondance absolue entre les pourcentages de droitiers, gauchers et ambidextres obtenus à partir des deux batteries de tests. Ces différences apparaissent clairement au tableau 2. Des sujets qui se considèrent droitiers sont en réalité ambidextres, voire gauchers.

TABLEAU 2.

Répartition de la manualité en fonction des tests utilisés.

Tests d'efficience manuelle \ Gestes à faire	Droitiers	Ambidextres	Gauchers	Total	Pourcentage
Droitiers	94	3	1	98	76,5%
Ambidextres	11	2	4	17	14,4%
Gauchers	3	1	9	13	10,1%
Total	108	6	14	128	
Pourcentage	84,5%	4,7%	10,8%		

Les épreuves d'efficience manuelle font ressortir une amélioration de la performance globale d'une année à l'autre. Cette amélioration résulte de la combinaison de différents facteurs dont le développement du système neuro-musculaire, la maturation des centres nerveux qui permet un contrôle plus fin des mouvements et un entraînement plus intense.

La détermination de la manualité à partir d'épreuves d'efficience manuelle permet une classification plus exacte des sujets en droitiers, gauchers et ambidextres, tout en précisant leur habileté manuelle. Elle s'appuie effectivement sur l'habileté développée par le sujet et non pas sur sa préférence

à utiliser l'une ou l'autre main dans des conditions particulières. L'utilisation de batteries d'efficience manuelle ne peut conduire qu'à préciser
davantage l'influence de la manualité sur d'autres composantes du développement global de l'enfant.

BIBLIOGRAPHIE

BARNSLEY (R.H.), Handedness and related behavior. Unpublished doctoral
dissertation, Mc Gill University, Montreal, 1970.

BARNSLEY (R.H.) & RABINOVITCH (S.), "Handedness: proficiency vs. stated
preference", in Perceptual and Motor Skills, 1970, 30, 343-362.

BURT (C.), The backward child, New York, McMillan, 1937.

CHAMBERLAIN (H.D.), "The inheritance of left-handedness", in Journal of
Heredity, 1928, 19, 557-559.

CROVITZ (H.F.) & ZENER (K.), "A group-test for assessing hand- and eye
dominance", in American Journal of Psychology, 1962, 75, 271-276.

DUROST (W.N.), "The development of a battery of objective group test of
manual laterality with the results of their application to thirteen
hundred children", in Genetic Psychological Monographs, 1934, 16,225-335.

FLEISHMAN (E.A.), "Dimensional analysis of movement reactions", in Journal
of Experimental Psychology, 1958, 55, 438-453.

FLOWERS (K.), "Handedness and controlled movement", in British Journal of
Psychology (1975) 66, 39-52.

GESELL (A.) & AMES (L.B.), "The development of handedness", in Journal of
Genetic Psychology, 1947, 70, 155-175.

HARRIS (A.J.), Harris tests of lateral dominance, manual directions for
administration and interpretation (3rd ed.), New York, The Psychological
Corporation, 1958.

HECAEN (H.) & AJURIAGUERRA (J. de.), Les gauchers. Prévalence manuelle et
dominance cérébrale, Paris, Presses Universitaires de France, 1963.

HUMPHREY (M.A.), "Consistency of hand usage: a preliminary enquiry", in
British Journal of Educational Psychology, 1951, 21, 3, 214-225.

OLDFIELD (R.C.), "Handedness in musicians", in British Journal of Psychology
1969, 60, 91-99.

PROVINS (K.A.) & CUNLIFE (P.), "Motor performance tests of handedness and
motivation", in Perceptual and Motor Skills, 1972, 35, 143-150.

TRIESCHMANN (R.B.), "Undifferentiated handedness and perceptual development
in children with reading problems", in Perceptual and Motor Skills,
1968, 27, 1123-1134.

ZAZZO (R.), Manuel pour l'examen psychologique de l'enfant (3e éd.),
Neuchâtel, Delachaux et Niestlé, 1969.

ETUDE DES COMPOSANTES DU DEVELOPPEMENT PSYCHOMOTEUR

CHEZ DES ENFANTS AGES DE SIX A NEUF ANS

R.A. RIGAL, PH.D.

Directeur, Département de Kinanthropologie,
Université du Québec, Montréal (Canada)

Le développement psychomoteur de l'enfant a déjà fait l'objet d'un très grand nombre d'études. Toutefois, l'utilisation d'épreuves objectives pour l'évaluation de la latéralité, de l'orientation droite-gauche, du schéma corporel, de l'organisation spatiale et temporelle a été rarement appliquée à un groupe d'enfants suffisamment important pour pouvoir conduire à des conclusions précises.

Pour chaque composante du développement psychomoteur, différents tests, les plus objectifs possibles, ont été administrés à cent vingt-huit enfants âgés de six à neuf ans, à raison de trente-deux par année.

TESTS UTILISES

Latéralité

L'enfant devait accomplir dix activités manuelles, deux oculaires et deux podales. En plus, il a passé cinq épreuves d'efficience manuelle des deux mains.

Orientation droite-gauche

Questionnaire de Benton (1968) et de Piaget (voir Zazzo, 1969).

Schéma corporel

Dessin du "bonhomme" (Goodenough, 1957) et questionnaire de connaissance des parties du corps (Rigal, 1974).

Organisation spatiale

Test de développement de la perception visuelle (Frostig et al., 1961) et test visuo-moteur (Bender, 1946).

Organisation temporelle

Seashore Measures of Musical Talents (1960) et épreuve d'intégration audio-visuelle (Birch et Belmont, 1964).

RESULTATS

Latéralité

Dès l'âge de six ans, les dominances manuelle et podale franches sont très nettement établies, mais ce n'est que vers neuf ans que se stabilise la dominance oculaire. Il est difficile d'affirmer qu'il existe une dominance hémisphérique en rapport avec la dominance oculaire d'un oeil à cause du croisement des nerfs optiques. Il serait plus opportun d'effectuer des recherches sur la dominance des hémi-champs oculaires droits ou gauches.

L'efficience manuelle augmente régulièrement d'une année à l'autre et l'écart entre l'habileté des deux mains demeure stable entre les quatre groupes.

Orientation droite-gauche

L'enfant de six ans maîtrise les notions relatives de droite et gauche lorsqu'elles s'appliquent à son propre corps. L'orientation des objets les uns par rapport aux autres et la reconnaissance de la droite et de la gauche sur autrui posent plus de difficultés et ne sont bien maîtrisées que par 60 % des enfants de neuf ans, la première s'effectuant plus précocement que la deuxième.

Une manualité nettement établie n'exerce aucune influence sur l'aisance à acquérir ces notions.

Schéma corporel

Bien que la majorité des enfants de huit ans dénomment correctement presque toutes les parties de leur corps, ils éprouvent encore beaucoup de difficultés à les reproduire graphiquement. Ceci résulterait du fait que l'enfant effectue une sélection des éléments essentiels du corps qui satisfont chez lui un certain degré de ressemblance entre ce qu'il en sait et ce qu'il en représente. Ce décalage disparaît lorsque les différents espaces topologiques, projectifs et euclidiens se trouvent intégrés les uns aux autres et associés à l'aquisition d'une plus grande habileté graphique.

Organisation spatiale

Les éléments spatiaux reliés à la constance perceptive et qui dépendent de l'espace figuratif sont mis en évidence par l'épreuve de Frostig. Après huit ans, la maîtrise des rapports projectifs et euclidiens s'effectue simultanément à l'acquisition des mécanismes de réversibilité pour permettre à l'enfant de compléter l'espace représentatif. L'épreuve de Bender, corrigée d'après les échelles de Koppitz ou de Santucci-Pêcheux, détermine bien ces possibilités chez l'enfant.

La dépendance des aspects spatiaux projectifs et euclidiens vis-à-vis de l'espace topologique se concrétise par les relations qui s'établissent entre les deux épreuves retenues pour l'évaluation de l'organisation spatiale. Les enfants qui maîtrisent le mieux les relations particulières à l'espace topologique à sept ans, obtiennent également les meilleurs résultats dans les épreuves évaluant les composantes projectives et euclidiennes.

Organisation temporelle

L'appréciation du rythme et de la durée s'affine avec l'âge, mais n'est pas encore complètement établie à neuf ans, surtout en ce qui concerne la durée. La méthode des comparaisons présente un critère maximum d'objectivité dans les résultats par rapport à une méthode de reproduction où l'expérimentateur doit apprécier l'exactitude de la réponse.

L'évaluation de la durée pose plus de difficultés aux enfants que celle du rythme. En outre, il est difficile de déterminer si des progrès dans l'organisation temporelle ne résulteraient pas uniquement d'une amélioration de la discrimination auditive des sujets.

L'épreuve d'intégration audio-visuelle permet d'apprécier la capacité de l'enfant à établir une correspondance entre un son et sa représentation graphique.

CONCLUSION

Il n'existe pas d'évolution homogène des différentes composantes d'un développement psychomoteur d'une année à l'autre. Dès six ans, manualité et connaissance des notions droite-gauche sur soi sont acquises. En revanche, des progrès s'effectuent encore jusqu'à neuf ans pour l'efficience manuelle, le schéma corporel, l'organisation spatiale et temporelle ainsi que

210

pour les notions droite-gauche appliquées aux objets et à autrui.

L'élaboration et l'utilisation d'épreuves objectives devrait conduire à la constitution de nouveaux bilans psychomoteurs susceptibles d'évaluer plus correctement le niveau de développement atteint par chacune des composantes psychomotrices.

ORIENTATION DROITE-GAUCHE.
Moyennes et écarts types obtenus à chaque variable par les enfants des quatre groups

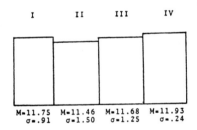

Figure 1. — Benton sur soi

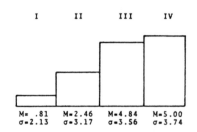

Figure 2. – Benton sur autru

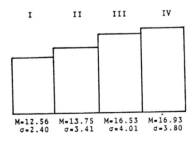

Figure 3. – Benton total

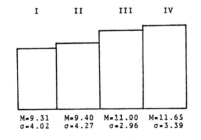

Figure 4. – Piaget objets

ORGANISATION SPATIALE.

Moyennes et écarts types obtenus à chaque variable par les enfants
des quatre groupes

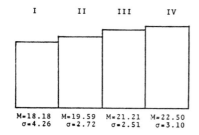

M=18.18 M=19.59 M=21.21 M=22.50
σ=4.26   σ=2.72   σ=2.51   σ=3.10

Figure 5. - Frostig I: Coordination
             oculo-motrice

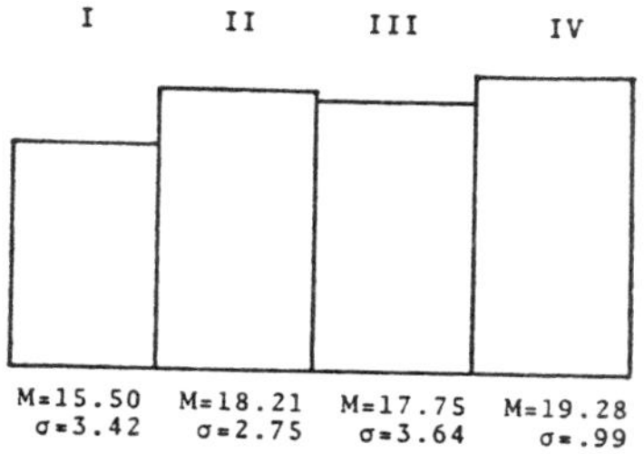

I   II   III   IV

M=15.50 M=18.21 M=17.75 M=19.28
σ=3.42   σ=2.75   σ=3.64   σ=.99

Figure 6.- Frostig II: Percep-
            tion figure-fond

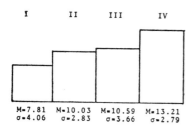

M=7.81   M=10.03 M=10.59 M=13.21
σ=4.06   σ=2.83   σ=3.66   σ=2.79

Figure 7. - Frostig III: Conservation
             de la forme

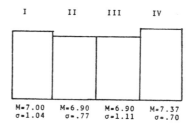

M=7.00   M=6.90   M=6.90   M=7.37
σ=1.04   σ=.77   σ=1.11   σ=.70

Figure 8. - Frostig IV: Per-
             ception de la posi-
             tion spatiale

212

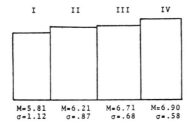

M=5.81   M=6.21   M=6.71   M=6.90
σ=1.12   σ=.87   σ=.68   σ=.58

Figure 9. - Frostig V: Perception
des relations spatiales

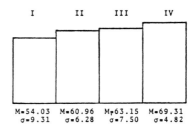

M=54.03 M=60.96 M=63.15 M=69.31
σ=9.31 σ=6.28 σ=7.50 σ=4.82

Figure 10. - Frostig : Total

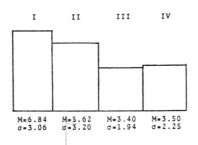

M=6.84   M=5.62   M=3.40   M=3.50
σ=3.06 σ=3.20 σ=1.94 σ=2.25

Figure 11. - Bender: Correction Koppitz

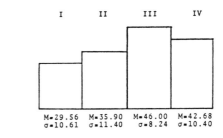

M=29.56 M=35.90 M=46.00 M=42.68
σ=10.61 σ=11.40 σ=8.24 σ=10.40

Figure 12. - Bender: Correction
Santucci

ORGANISATION TEMPORELLE

Moyennes et écarts types obtenus à chaque variable par les enfants des quatre groupes.

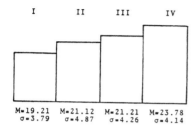

M=19.21   M=21.12   M=21.21   M=23.78
σ=3.79   σ=4.87   σ=4.26   σ=4.14

Figure 13. - Seashore: rythme

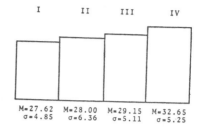

M=27.62   M=28.00   M=29.15   M=32.65
σ=4.85   σ=6.36   σ=5.11   σ=5.25

Figure 14. - Seashore: durée

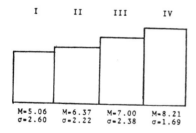

M=5.06   M=6.37   M=7.00   M=8.21
σ=2.60   σ=2.22   σ=2.38   σ=1.69

Figure 15. - Intégration audio-
visuelle

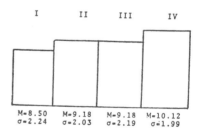

M=8.50   M=9.18   M=9.18   M=10.12
σ=2.24   σ=2.03   σ=2.19   σ=1.99

Figure 16. - Benton : Rétention visuelle.

BIBLIOGRAPHIE

BENDER (L.), Instructions for the use of a visual motor gestal test,
New York, American Orthopsychiatric Association, 1946.

BENTON (A.L.), "Right-left discrimination", in Pediatric Clinics of North
America, 1958, 15, p.747-758.

BIRCH (H.G.) & BELMONT (L.), "Auditory-visual integration in normal and
retarded readers", in American Journal of Orthopsychiatry, 1964, 34,
p. 852-861.

FROSTIG (M.), LEFEVER (D.W.) & WHITTLESEY (J.R.B.), "A developmental test
of visual perception for evaluating normal and neurologically handicapped
children", in Perceptual and Motor Skills, 1961, 12, p. 383-394.

GOODENOUGH (F.L.), L'intelligence d'après le dessin, Paris, Presses Universitaires de France, 1957.

RIGAL (R.A.), "Schéma corporel: comparaison du test du dessin du Bonhomme
à une épreuve de connaissance des parties du corps", in Société Française
d'Education et de Rééducation Psychomotrice, 1974, 30, p. 41-48.

SEASHORE (C.F.), LEWIS (D.) & SAETVEIT (J.G.), Seashore measures of musical
talents (2nd rev.), New York, The Psychological Corporation, 1960.

ZAZZO (R.), Manuel pour l'examen psychologique de l'enfant (ed éd.),
Neuchâtel, Delachaux et Niestlé, 1969.

ACTUAL PSYCHIC STATES

AND THEIR INFLUENCE ON MOTOR LEARNING

A. RYCHTECKY, Ph. D.
Faculty of Physical Education and Sport,
University of Charles, Prague (Czechoslovakia).

The progress of motor learning, its quantitative and qualitative parameters, are influenced by several factors of both objective and subjective
character. Among the subjective factors we reckon also actual psychic states.
These belong to internal dynamic components of the human psyche, they considerably afflict the progress of parameters in motor manifestations of
man and they function as a differential factor in his behaviour.

We are able to appreciate fully the importance of the influence of
psychic states on the quality of movement only then, when we consider the
requirements in precision, coordination etc. that are imposed on the qualitative and quantitative aspects of sports movements. Especially in sport com-
petitions it is hardly possible to neglect this factor. The technique of
movement (regarded from the biomechanical view) which is expressed in an individual way owing to the influence of physical and psychical dispositions of
the athlete, reflects also the psychic state on biomechanical parameters of
the technique of movement which is not - in general- so expressive, but in
those basic importance for a top performance, the influence of actual psychic
states of the athlete may play an important role in his success or failure
(Rychtechý, Vanek, 1975).

The effect of some undesirable emotions reflects in a partial discoor-
dination of movement and it may cause - as a dominant - a lower excitation
of some areas of cerebral cortex, that recure the chronological and spacial
execution of a sport movement. Besides this response in the organism the influence of psychic states is manifested also in the individuals behaviour,
the most representative element of which is movement/ BRICHCIN 1966/.

Results of investigations indicate that even perfectly mastered motor activity (a style in high jump e.g.), is connected with not only physiological dispositions, but also with optimal psychic state of the athlete, his optimal level of activation.

In general it is possible to say that everything that concerns the influence of psychic state on the athlete's performance in a competition may be applied also to the conditions of preparation - in the process of motor learning (Hosek, Rychtecky, 1975). Complicated motor skills in some sport events deserve much more attention that should be paid to them during the training sessions, than those motor skills which possess a less evident link between the technical aspects of the skill and performance.

Casuistic studies of some athletes have proved that the level of optimal activation differs from case to case even in the same sport events. There is then no possibility to make an inter-individual comparison. As a basis for the practice in motor learning process individual differences between athletes should be respected and the preparation itself adapted to individual peculiarities. However in spite of the mentioned inter-individual differences between the subjects, there are some principles that remain valid and which concern the importance of optimal activation in the process of acquiring motor skills.

On fig. 1 it is possible to follow how in the beginning phases of the learning curve as well as in the final phases of the learning on an optimal psychic state increase, should the learning process be sufficiently effective. In the intermediate phase this requirement is not so urgent, above all because attention is paid more to perfection of movements, when the cognitive goal of the acquired motor skill has been recognized (by the athlete).

In the initial phases of learning, which is not very typical of superior sport, but more of school physical education and recreation, taking care of the trainees individually is hardly ever possible, the situation may be solved if the training units are properly structured to attain a suitable emotional atmosphere, or by means of differentiations on the basis of psychological viewpoints of similar types of subjects for learning.

Biomechanics may be helpful in superior sport in securing individual

Figure 1. – The Importance of Optimal Activation in the Progress of Acquiring
Motor Skills.

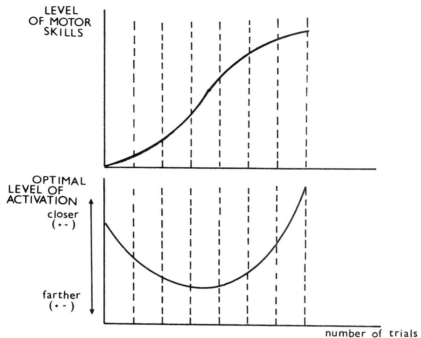

psychological approach to search for optimal level of activation. Biomechanics dispose of methods (Susanka, 1973) that enable to differ relatively fairly well even small disparities and faults in the sport technique. From the
occurrence of there disparities, from a continuous following of actual psychic states of athletes (by means of specific techniques), and from the
stability of functional readiness and level of sport performance, it is
possible to find out the required individual optimal activation. The biomechanical analysis of movement serves in that way not only for the study
or disclosure of faults in the present technique of a sport skill, but it
may become – on the presumption of a distinguished specifity of movement
(superior sport) – also a psychodiagnostic indicator for an analysis of
psychic states and personality traits of athletes (TARDY 1962), similarly
as graphological or myokinetic methods.

Only respecting these bases of the influence of factual psychic states in motor learning ensures the progress in learning. It is evident that practice is important both for school physical education and recreation, and in superior sport as well. Taking into account for individual optimal level of activation in the training of superior athletes helps also to focus correctly the psychological preparation, as it has been described by Vanek (1964), in basic principles of model training. The application of bio-mechanical analysis enriches the diagnostic methods in psychology which are more valuable because they proceed from the very activity of the athlete, influence his psychological preparation and make the process of motor learning more effective.

Summary

The progress of motor learning, its quantitative and qualitative parameters, are influenced by several factors of both objective and subjective character. Among the subjective factors we reckon also actual psychic states. These belong to internal dynamic components of the human psyche, they considerably afflict the progress of parameters in motor manifestations of man and the function as a differentiating factor in his behaviour.

The results of investigations suggest that there are frequently biomechanical differences in athletic performances, that may be caused by the non-optimal psychic state of the athlete. The optimal level of activation resulting from actual psychic states differs with different individuals, and no inter-individual comparison can be carried out therefore. The optimal level of activation exerts an especially important influence on the initial phases of motor learning, but it is most essential in the highest phases of learning, in superior sport.

In order to improve the quality of motor learning in school physical education and recreation, it is therefore useful to prepare a suitable structure of the teaching units and to make a psychological differentiation of the subjects according to similar individual levels of optimal activation. On the top sport an optimal level of activation of the athletes may be ascertained by means of biomechanical analysis of the sport skills and intra - individual comparison of changes in actual psychic states with the sport performance.

The acceptance of these basic findings on the influence of actual psychic states on the progress of motor learning becomes one of many factors that guarantee a required progress of this learning and a correctly directed psychological preparation in superior sport.

REFERENCES

BRICHCIN (M.), Teoretické a metodologické problémy výzkumů průbehu volních pohybů, AUC, Philos. et histor., Praha, 1966.

BRUMEL (V.N.), Vysota, Molodaja gvardija, Moskva 1971.

HOSEK (V.), RYCHTECKY (A.), Motorické uceni, SPN, Praha 1975.

RYCHTECKY (A.), VANEK (M.), "Biomechanicka analyza pohybu - diagnosticky prostredek testovani aktualnich psychickych stavů sportovce", Teor. Praxe tel. Vych, 23, 1975, 9-10, s 543-546.

SUSANKA (P.), Computer Biomechnics Analiysis, IV, Congress of Biomechnics, Pensylvania, 1973.

TARDY (V.), "Pripominky ke studiu telesného pohybu. Teor. Praxe tel. Vych.", 10, 1962, 11, s. 612-617.

VANEK (M.), Zaklady psychologické pripravy sportovce. Habil. prace, FF UK, Praha, 1964.

INFORMATION PROCESSING IN ARTISTIC GYMNASTICS

J.H. SALMELA, PH. D.

Département d'Education Physique,
Université de Montréal, Montréal, (Canada).

Advancement of certain areas of motor behaviour and motor learning have been facilitated by the use of kinetic or kinematic analyses of human movement patterns (1) (x). Further, inferences about the physical and psychological states of children and athletes have been made based upon the observation of different body segment relationships, postures and attitudes that occurred in natural and sporting life activities. However, serious limitations in the understanding of complex motor behaviour can occur if analysis is founded entirely upon the observation of motor acts without including complementary considerations, namely, environmental factors. It has been shown (1,3) that such environmental factors initiate, as well as control, much of the final motor behaviour patterns. These environmental demands can be classified as being direct i.e., related to the spatial, temporal and organizational demands of the concrete surroundings, or indirect, i.e., related to the constraints imposed by rules and regulations concerning behaviour within the environment. Knowledge of the environmental constraints, both direct and indirect, allows the observer to ask: "What did the performer attempt to do?". This will complement information on observing overt movement configurations, which in itself provides answers to: "What did the performer do?" This additional information which relates to how the performer's movements tried to match the environmental demands (1), becomes especially important when the goal of the activity is not immediately apparent and is concealed or is confounded within the movement pattern.

(x) See References

In the following discussion the implications of the above considerations
will be developed in relation to the sport of artistic gymnastics based on
scientific observation and laboratory experimentation.

Gymnastics, when considered in terms of its overt movement patterns is
usually described by a series of adjectives that often includes "dynamic,
effortless, balanced, sequenced, organized and complex". These descriptors
are used not only by the uninitiated, but also by those more experienced
in the sport, as they provide an accurate description of the overt motor
activity. These organizational qualities, however, must be placed within a
teleological, or goal-related context, that concerns itself with the purpose
of these movements. In effect, these movements are chosen and performed as
such so that their ensemble can be evaluated by judges based upon their
artistic and technical merit. This category of judgement activities is
distinct in purpose as well as in its psychomotor make-up from other categories of activities, such as projection, combat, speed or ball activities
(4). Nevertheless, many of the latter may also be effectively described as
"dynamic, effortless, balanced", and the like.

Evaluation of Environmental Constraints.

As stated above, the demands imposed upon movement patterns by the environment may be of a direct nature (spatial, temporal or organizational) or
of an indirect nature (rules and regulations). The direct environmental
demands in the present case were determined by systematic and detailed evaluation of high level Olympic gymnastic performances for both men and women
over a competitive period of ten years, and complemented by evaluations of
different tasks in laboratory. In general terms, it was found that the overall differences between the composition of the routines on the ten men's and
women's events were extremely high in terms of the relative contributions of
physiological and psychomotor processes. There psychomotor processes were
inferred from the relative occurence of behaviours that made differential
demands, not only upon the gymnast's response system (number of movements),
but also upon his decision processes (frequency of manual releases), and
his visual processes (frequency of visual reorientations). These data are
summarized below and are reported more fully in other works (5).

TABLE I

Relative occurence of motor, decisional and perceptual
nature as a function of olympic gymnastic events.

GYMNASTIC EVENTS								
Occurence per second	Men's floor	Women's floor	Side horse	Rings	Parallel bars	Horiz. bar	Uneven bars	Bal. beam
Total movements	.49	.67	.93	.32	.45	.53	.51	.79
Manual releases	–	–	1.7	–	.34	.24	.31	–
Visual reorientations	.48	.78	.40	.26	.34	.48	.61	.75

In the above table, a high occurence of visual reorientations indicates
more extreme demands upon the perceptual components of the system in that
the stability of the spatial dimension is less (e.g., uneven bars versus
rings). Similarly, elevated temporal demands are imposed on the gymnast for
those events in which manual releases must be made at a higher frequency
(e.g. pommel horse versurs parallel bars). Despite the marked differences
that occur because of these direct environmental demands, both between
events, as well as across a ten year period, performances on all events can
be described as "effortless, balanced, dynamic, etc.," when viewed only from
an overt movement viewpoint. It has also been demonstrated (5) that these
environmental conditions have evolved over the last ten years so that they
are now even more demanding on the information processing capacities of the
gymnasts. These increases can be attributed directly to equipment modifications that allow more taxing movements to be performed, as well as to changes
in the indirect environmental demands through rule changes that force more
daring movement sequences.

The indirect environmental demands imposed by the gymnastic Code of Points, provide important information that can contribute to a fuller comprehension of the nature of the information processing for the gymnast. Without embarking upon technical matters, it can be generally stated that the gymnastic rules shape the different movement patterns since apparent ease of execution of movements is emphasized while virtuosity, difficulty and risk must still be demonstrated. This means that due to the increased quantity and combination of complex movement patterns performed with extreme tolerance of exactitude, the gymnast's limited capacity information processing system is maximally utilized (3) and sometimes surpassed. In the following section, means of studying these different components, supported in some cases by experimental data, will be elaborated.

Evaluation of information processing capacities.

In that the indirect environmental constraints apply equally across all gymnasts, the effects of specific rule characteristics on individual events will not be considered. However, their overall effect of maintaining the performer near his full capacity for processing information by means of escalating difficulties should be kept in mind. The differential direct environmental effects imposed on the gymnast by the varied nature of the individual events will be briefly outlined. These effects will be considered as a function of the performer's motor, decisional and perceptual information processing components.

On certain gymnastic events (horizontal bar, uneven bars), the gymnast is required to precisely abduct and then adduct his legs in the sagittal plane without control of vision, so that the legs first separate and then return together with the toes pointed. This experimental task of accurately abducting and adducting the legs without visual guidance is one that makes demands upon the motor memory system. With this phenomenon in mind, Gomez-Toussaint and MacDuff (2) studied eight-fourteen-year-old competitive gymnasts, who performed this basic movement isolated and in combination with other more complex movements, e.g. , jumping, turning. It was surprising

that gymnasts independent of their age, made limb placement errors with this
task at about a rate of 50%. While there was greater precision in the self-
evaluation of these errors with increasing age, this perception of errors
was not in itself absolutely precise, varying between 45 - 80% for the oldest
girls. It should be noted that when relying solely upon motor memory, without
extreme temporal demands of movement sequences, these performances were relatively errorful and poorly perceived by these advanced gymnasts. These
errors also tended to increase with the addition of more complex elements
to the abduction-adduction movement.

Since on many events, the indirect environmental constraints prohibit
hesitations during routine execution, the gymnast is forced to alternate
support points with extreme rapidity. This movement frequency requires that
conscious control be given to the initiation and termination of each alternation in support (6). As the rate of support or regrasp alternation increases, so do the demands that are placed on the performer's attention
system (3). Since Table I indicates that the frequency of occurence of
manual releases varies between the different events, it can be assumed that
the attention demands of the events also vary.

Salmela and Lavoie (6) have recently studied these demands experimentally
using double leg circles as the experimental task. Analysis of the duration
of manual contacts of the circles indicates that during normal execution with
both hands in contact with the pommels, the contact time was just superior
to the time required to perceive and then correct a movement error. If error
correcting had to occur, the sequence would have to be disrupted because of
the severe temporal constraints of the circles and the limited capacity of
the gymnast to correct errors. It was also found that individual subjects
performed these circles at different speeds if left on their own. However,
they all performed at exactly the same maximum speed of two hand changes
per second when instructed to perform at their fastest speed. This limiting
speed or "ceiling effect" has been cited (3) as the capacity for information
processing with this type of task. Again it is pointed out that both direct
and indirect constraints have forced greater time stresses on the gymnasts
information processing over the last ten years (5).

While there has up to now been little information on the perceptual or visual aspects of the direct gymnastic environmental constraints that control and guide motor performance and learning, the direction of this type of research can be anticipated. Use of visual occlusion techniques during different movement components could identify the important visual cues that the performer must attend to on different events. Whiting (7) has conducted similar research in the acquisition of ball skills. This could also be studied using direct occulomotor measures. It is certain that, because of the search for greater movement difficulty as a result of rule changes, these visual cues become more unreliable because visual reorientations become more frequent.

As a concluding contribution supporting the necessity of understanding the nature of the environmental demands as well as the movement patterns, recent unpublished data by this author indicate that certain personality characteristics may in fact be more compatible with specific gymnastic events, and incompatible with others. The means for delineating and explicating these significant dimensions of compatibility lies within an analysis of the movement patterns required, as well as an understanding of the direct spatial and temporal environmental demands that operate within the indirect constraints of the rules.

In summary, a proposal for the analysis of gymnastic performance that goes beyond mere descriptive analysis of motor, patterns has been outlined. Complementary consideration of the nature of the goal of the activity, as well as the direct and indirect environmental conditions may in some cases, provide researchable insights on the nature of the information processing that precedes and controls gymnastic movements that are "dynamic, effortless, balanced, sequenced, organized and complex".

REFERENCES.

AREND (S.) & HIGGINS (J.R.), "A strategy for the classification, subjective analysis, and observation of human movement", Journal of Human Movement Studies, 1976, 2, 36-52.

GOMEZ-TOUSSAINT (N.A.) & MacDUFF (N.), "Analyse descriptive d'erreurs dans le contrôle des segments inférieurs chez les gymnastes féminines entre huit et seize ans", Paper presented at Congrès International des Sciences de l'Activité Physique, Québec, 1976.

MARTENIUK (R.G.), Information processing in motor skills, New York, Holt, Rinehart & Winston, 1976.

SALMELA (J.H.), "Application of a psychological taxonomy to sport performance", Canadian Journal of Applied Sport Sciences, 1976, 1, 23-32.

SALMELA (J.H.), "Psychomotor task demands of gymnastics", in J.H. SALMELA (Ed.), The advanced Study of Gymnastics, Springfield, (Illinois), Thomas 1976.

SALMELA (J.H.) & LAVOIE (G.), "Speed and accuracy characteristics of manual releases during gymnastic pommel horse performance", in R.W. CHRISTINA & D.M. LANDERS (Eds.), Psychology of Sport and Motor Behaviour III, Urbana (Illinois) Human Kinetics Publishers (in press).

Whiting (H.T.A.), Acquiring Ball Skills, Philadelphia, Lea & Febiger, 1969.

EVALUATION AND INTERPRETATION

OF CANONICAL RELATIONSHIPS

BETWEEN INTELLECTUAL AND MOTOR ITEMS

H. SCHEWE

Eg. Sportwissenschaft, Darmstadt (B.D.R.)

A canonical correlation analysis seems to be a useful tool for investigating the relations between intellectual and motor items because, by applying this multivariate technique, more than one variable in each sphere can be analyzed, at one time and the structure of relationships across these spheres can be displayed.

Because of this some investigators have used this technique in the psycho-motor area; such as Kirkendall, Gruber (1970) and Thomas, Chissom (1972). Both studies found significant relationships between the intellectual and the motor domain, though Thomas, Chissom only for the preschool, first and second-grade, but not for the third-grade children. Kirkendall, Gruber also found them for fourteen-to seventeen-year-old boys. Kirkendall, Gruber calculated the canonical correlation between:

"a) the total domain of all motor items (included in their analysis) and the domain of intellectual performance items, b) a sub domain of fitness items and the domain of intellectual performance items; and c) a sphere of coordination items and the sphere of intellectual performance items."

In each analysis the first canonical correlation showed significant coeffi-cients and the authors concluded that relationships exist between the intel-lectual and the motor sphere. In a further description they point out those items which make the largest contribution to the canonical correlation; that is, those which got the highest weights or canonical coefficients.

In investigating the relationships between intellectual and motor perfor-mance in eight-year-old girls I also collected data from physical fitness tasks, motor coordination tasks and intellectual tasks.

The tests used were:

Intellectual sphere:

Progressive Matrices Test (Raven)	(PMT)
Primary Mental abilities (Thurnstone), (German adaptation by Prof. Kemmler (Münster), with the subtests:	(PVT)
Picture-Vocabulary-Test	(VMT)
Verbal-Meaning-Test	(SRT)
Spatial-Relations-Test	(WST)
Word-Similarity-Test	(FST)
Figure-Similarity-Test	(PST)
Perceptual-Speed-Test	

Physical-fitness-sphere:

Ball throw	(BWW)
25-m-dash	(SPR)
Flexibility (Twist and Touch task, described by Fleishmann) to the right and to the left	(FLR, FLL)
Sit-ups	(SUP)
Standing Broad Jump	(SWS)
Handgrip-Strength, right and left	(DYR, DYL)

Motor coordination domain:

1. Gross-motor area
   Body Control Test (Schilling)
   with the subtests:

Balance Walk Backward	(TKB)
Hopping over obstacle (in increasing height)	(TKU)
Jumping side to side	(TKH)
Sideways movement with blocks	(TKV)

2. Fine motor area:

Pursuit-Rotor-Test	(PU1)
O'Connor Finger Dexterity Test	(OC2)
Dotting Task	(ZPN)

Because these were the same spheres and sub spheres, though not the identical items as in the Kirkendall/Gruber study, I first tried to reproduce the results of these authors.

The results were:

TABLE 1

Level of significance:	(n.s.)	not significant	
	(+)	significant at the 10 % level	
	(++)	significant at the 5 % level	
	(+++)	significant at the 1 % level	

Spheres in analysis	Kirkendall/Gruber	Schewe
Intelligence: all motor items	Rc_1 = .551 (+++)	Rc_1 = .545 (+)
Intelligence: physical fitness	Rc_1 = .421 (++)	Rc_1 = .424 (n.s.)
Intelligence: fine motor coordination	-	Rc_1 = .440 (+++)
Intelligence: motor coordination	Rc_1 = .439 (++)	Rc_1 = .462 (+++)

Excluding the problem of significance, the results of both studies show good conformity and so the result might be generalized: there are relationships between the intellectual and the motor domain.

But in the more detailed analysis of data two particular problems emerged.

1. Some of the intercorrelations between the items in the special domains were quite high, so that one must question, "To what extent the canonical correlation is inflated by them without further information in relation to the other domain."

2. In some canonical correlation analyses there were the same items that had the highest weights in one and the following canonical correlation.

Because the different canonical correlations in one analysis are independent from each other, it could not be the special ability to solve the task of this item that is responsible for both canonical correlations. For example see table 2.

TABLE 2

Third-Grade children,		Intelligence sphere		Coordination sphere	
Rc 1. .851 (+++)		2. .783 (+++)		3. .688 (++)	
Int.	Mot.	Int.	Mot.	Int.	Mot.
PST .921	OC2 .669	PST .584	ZPN .561	PMT .979	BWW .707
FST .586	PU1 .639	PMT .463	OC2 .428	FST .345	PU1 .529
SRT .501	ZPN .240	SRT .086	BWW .270	SRT .247	TKB .246
VMT .150			TKB .258		
		FST −.435		PST −.843	ZPN −.342
		WMT −.137	PU1 −.603	WMT −.540	OC2 −.209
WST −.661	BMW −.166	VST −.106		VST −.022	
20,8% (15%)	34,7% (25%)	15,1% (9,2%)	13,5% (8,3%)		

For an experiment the total group was divided into three subsumples according to their grade level and the different schools. As there were great differences in the behaviour of the girls of the schools in the testing situatio These subgroups showed higher can. correlation coefficients than the total group and the structure of relationships between intellectual and motor abilities tended to be more clear than in the total group, where the different structures of the subgroups obscure each other.

Perceptual speed has thus the highest weight in both, the first and the second canonical correlation. Consequently the ability of perceptual speed is an important factor in solving some kinds of motor tasks. So it might be the ability of perceptual speed, that is responsible for one but only one canonical correlation.

To find an explanation for the other one you should consider, that Colley/ Lohnes say: The canonical correlation model displays the structure of relationships across spheres of measurements as the factor model displays the structure of relationships within a sphere. In this way as in factor analysis each can. correlation might be interpreted in the same way as hypothetical factors in factor analysis by looking for functional and/or logical links between those items showing high loadings in this specific factor. And because in can. correlation negative weights mean an inverse proportional relation between the item and the ability, which is responsible for the can. correlation, negative weights can be used for interpretation as well.

After this it can be looked again at the canonical analysis shown in table 2. First it must be decided for which of the first two canonical correlations perceptual speed ability might be responsible; as in this specific group there were always high correlations between the O'Connar-Finger-Dexterity-Test and the Perceptual-Speed-Test, it is easy to take a decision.

Because in this analysis in the first can. correlation O'Connar-Finger-Dexterity-Test has the highest positive weight in the motor sphere, there was a high probability that perceptual speed ability was responsible for this canonical correlation. The weights of the other motor items support this presumption, because perceptual speed ability is needed in solving the Pursuit-Rotor-Task and the dotting task too, but not in the Balance Walk Backwards and in Ball-throwing. In the intellectual sphere, perceptual speed ability might be more useful in solving the Figure-Similarity-Task and the Spatial-Relation-Task than in solving the Progressive-Matrices-Task. So it is reasonable to suggest that perceptual speed ability is responsible for the first canonical correlation in this analysis.

But what about the second can. correlation? Because it cannot be a special ability it must be a more general performance ability, such as perhaps general adaptation or task understanding ability, for which the second can. correlation is responsible.

Because, except in the Pursuit-Rotor-Test, all motor items have positive but not high weights in the 2nd can. corr., and all motor tasks were new to the children, general adaptation ability should be responsible for this canonical correlation than task understanding ability, especially because the Perceptual-Speed-Task in the PMA does not need much task understanding but general adaptation ability to perform well. This ability may advance the performance in the Progressive Matrices-Test and the Spatial Relations-Test as well. An explanation for the relatively high negative weight of Pursuit-Rotor-Test may be that this task, in the form used, was too difficult for the children and general adaptation ability only might not be sufficient to perform it properly. For the negative weight of Figure-Similarity-Test I have no explanation. With regard to verbal items, I found that this specific group had mostly no or negative relations to motor tasks.

It is reasonable to suggest that task-understanding-ability is responsible for the third can. correlation because the Progressive-Matrices-Test, which is a test for measuring the ability to "develop a systematic method of reasoning" (Manual, p. 1) and problem solving has the highest positive weight. In the motor sphere those tasks have high positive loading which need a special solving-strategy because it is either a new and very complex movement as Ball-Trowing and Pursuit-Rotor-Test or else it needs a special technique to perform it properly as the Balance Walk Backwards. Negative weights show tasks that need no solving-strategy by the subjects because the task is simple and there are strict instructions for execution. The same argument might be quoted for the Perceptual-Speed-Task in the intellectual domain, while task understanding ability may advance the performance in the Figure-Similarity-Test and the Spatial-Relations-Test.

Thus in this canonical analysis perceptual speed ability is thus responsible for the first canonical correlation, general adaptation ability for the second and task understanding ability for the third.

An interpretation of canonical relationships in this way would be useful for it gives an idea of the structure of relationships between intellectual and motor abilities. This way of interpretation is not easily done. It needs "additional information", especially an intimate knowledge about what has to be done in solving the specific tasks and knowledge about the subjects and their proper solving strategies. In general it seems easier to interprete can. correlations in this way, if the number of items is not too small.

Another problem is the assessment of the amount of relationships shown in the can. correlation, because of the interrelations between the items in each sphere, is solved more easily, for Cooley/Lohnes describe a technique for calculating the socalled "redundancies", "which are the proportion of variance extracted by the factor (in a can. correlation) times the proportion of the shared variance between the factor and the corresponding canonical factor of the other battery" (Cooley/Lohnes, p. 170). It shows the actual overlap between the two batteries in the canonical correlation.

For the canonical analysis shown in table 2 the redundancies are shown below the canonical coefficients. In the first can. correlation 20,8 % of the variance of the intellectual battery 34,7 % of the variance of the motor battery is extracted for the first canonical correlation 15 % of the variance for the

intellectual sphere and 25 % of the motor sphere constitute the overlapping
variance. In the second canonical correlation, 15,1 % is extracted from the
intellectual sphere; 9,2 % are the overlapping part; 13,5 % are extracted from
the motor sphere; 8,3 % are the overlapping part.

Looking back to the canonical correlation coefficients shown in table 1,
for the total group the extracted and (in brackets) the overlapping variance
of the two batteries are shown in table 3:

TABLE 3

Spheres	Canonical correlation coefficient	Variance extracted	
		Intelligence	Motor
Intelligence: all motor items	.545	43,7 % (13,0 %)	16,8 % (5,0 %)
Intelligence: physical fitness	.424	12,9 % (2,3 %)	9,4 % (1,7 %)
Intelligence: fine motor coordination	.440	21,1 % (4,8 %)	33,8 % (6,5 %)
Intelligence: motor coordination	.462	26,4 % (5,7 %)	24,7 % (5,3 %)

The overlapping variances of both batteries are thus even small, but they
give a more realistic picture of the relations between intellectual and motor
abilities than the canonical correlation coefficient does.

To calculate these redundancies may help not to overemphazise the canonical
correlation coefficient and not to overemphazise the abilities ruling the single
factors (canonical correlations) as shown above, too. But employing canonical
analysis in the way shown may be useful in getting more information about the
relations between intellectual and motor performance in children and perhaps
may help to see some structures in these relationships.

REFERENCES

COLLEY (W.W.), LOHNES (P.R.), Multivariate Procedures for the Behavioural
    Sciences, New York, 1971.

GAENSSLEN (H.), SCHUBO (W.), Einfache und komplexe statistische Analyse, München (UTB), 1973.

KIRKENDALL (D.R.), GRUBER (J.J.), "Canonical Relationships between the motor and intellectual achievement spheres in culturally deprived high school pupils", in Research Quarterly, 41 (1970), 498-502.

THOMAS (J.R.), CHISSOM (B.S.), Relationships as assessed by canonical correlation between perceptual motor and intellectual abilities for preschool and early elementary age children", in Journal of Motor Behaviour, 4 (1972), 23-29.

NORMAL AND PATHOLOGICAL DEVELOPMENT OF MOTOR BEHAVIOUR

Dr. F. SCHILLING
Institut für Arztich-Pädagogische Jugenhilfe
der Philipps-Universität, Marburg/Lahn (B.R.D.)

Fundamental significance for total childhood personality development must be ascribed to the development of motor functions. Movement is the first and most inportant form of communication of the developing human being. The goal of motor development is to gain mastery of self and environment as well as to be able to employ movement as communication in the social sphere.

Perception and movement must be regarded in this context as two aspects of a unity, which are constantly and reciprocally modulated in dependence on environmental conditions. Anthropologists have emphasized in this connection that we are concerned here not with simple technical regulation, but rather with autonomous motor behaviour, with a significant contribution from the "ego". Opposed to this view are the motor models which restrict motor sequences to a self-regulating system.

These models of the course of a motor sequence say little about the development or origins of motor behaviour. They do, to be sure, state that a motor sequence with a defined goal is developed and re-developed in a give-and-take with the dynamics of environment and that it is subject to an optimizing tendency; but these models yield no information on the modes of modification within training series. It thus seems necessary to introduce further concepts in order to attain an adequate model of motor development. Kephard differentiates strictly between motor patterns and motor skills. Kephard (1960) regards as motor patterns a series of motor activities whose execution plays a subordinate role but whose goal, the purpose of the activity is entirely in the foreground. Motor skills are built up on these patterns. They consist of highly specific, highly trained motor sequences of limited scope which are executed with a high degree of precision. The acquisition of motor patterns has a central significance for the entirety of motor development. Keogh (1975) distinguishes two

stages in the course of the acquisition of motor patterns. Motor consistency
attained when the goal of movement is reached in an appropriate manner by mea
of interconnexion of individual movements. This learning or training process
demands, to begin with, the employment of a series of non-motor functions.
Spatial orientation, motor imagination, logical combinations, decisions and
other cognitive operations are necessary in order merely to build up patterns
from individual movements to the stage of consistency. Fleishman (1954) was a
to demonstrate in a complex sensorimotor task a decrease of the variance port
of non-motor factors from an initial 46 % to 10,5 % after eight training tria
The participation of motor functions rose, on the other hand, from ca. 30 %
to 75 %.

The goal may not be altered or varied in the first stages of learning, sir
in this way the structure of a motor pattern would be significantly disturbed
It is important that the path leading to solution be varied in order that the
individual become familiar with the limitations of the pattern. A child playi
shows this fact very clearly: it repeats certain motor sequences many times
in playing, it "plays", so to speak, with the motor patterns by varying the
course of an action in different ways which often seem unusual to an adult.
In this way the individual movements are increasingly coordinated, the patter
itself takes shape.

At this stage the goal of the movement should be varied, expanding the
motor patterns so that it also can be attained later under varied conditions.

According to Keogh, the stage of motor constancy can be regarded as reache
only when the child has learned to recognize and apply similar or constant
situations and reactions.
Flexibility in the organization of perception and movement is attained in thi
way. According to Keogh, a reduction of luxury movements and visual control
may be regarded as an important sign for development toward motor constancy.

In the presence of moderate motor impediments an uncertainty in motor beha
viour can frequently be observed in cases in which the child is to react flex
to variations of motor conditions. In learning motor patterns these children
apparently did not spend sufficient time varying the paths leading to solutio
They remain inconspicuous in highly trained every-day situations and fail onl
in certain non-habitual test situations.

An important principle for psychomotor education and therapy can be derived from this: Training should consist less of learning certain skills than of the broadest possible variation of motor activities in the most varied situations. Therapy can thus not be restricted to the gymnasium.

Motor behaviour is made possible by learning innumerable specific and unspecific motor patterns which become progressively attuned to one another and brought into a hierarchical order in the course of development.

The question is: In which way are such patterns built up?

The physiological foundation consists without a doubt of the sensorimotor regulatory circuits of the cns (central nervous system). Modifications of these circuits in the course of development follow certain principles which can be comprehended within the concept of physiological adaptation.

Adaptation is seen as a modification of organs and functional systems; such modifications appear in the presence of prolonged or repeated stress. They must be distinguished from the regulatory processes regarded as constant reactions. In adaptation the organism reacts to alteration of internal or external conditions with modifications of its regulatory functions. Adaptations must be understood as modifications of existing homeostatic processes.

If an internal or external stimulus – known as a stressor – affects the organism protractedly, continuously or discontinuously, the organism reacts with adaptors which work in opposition to the effect of the stressor. It is assumed that, in terms of a fundamental mechanism, long-term adaptations in the cns play a significant role here (Hensel, 1974).

Decisive factors for the course and degree of adaptation performance in the motor areas are likely to be the degree of maturity of the organism and the quality, intensity, breadth of variation and temporal distribution of environmental stimuli. The characteristics of progressive adaptation in the motor sphere are an increase of capacity accompanied simultaneously by a heightened economy of motor sequences as well as a decrease of the energy input of the organism and, finally, a decrease of the variance portions of various psychological characteristics necessary to building up a given motor pattern.

On the whole, the adaptation model makes it possible to follow the course of normal and pathological movement patterns. Early diagnosis should make it possible to recognize abnormal motor patterns at the onset of adaptor formation

and to facilitate normal development, or at least to limit the scope of faul
developments, by means of introduction of new stressers, that is of intensiv
broadly applied motor and perceptual stimuli or, in the psychic sphere, of
motivations.

Motor development is basically not simply a matter of the development of
preformed structures. Adaptation itself is a mechanism which progressively
structures the net of relationships encompassing organism and environment. O
could comprehend the plasticity of the organism as the possibility of extend
connections and circuits into variable, highly efficient steering complexes
which become increasingly effective in terms of information intake, informat
processing and performance on motor tasks; this extension takes place throug
maturation and learning and assumes more and more densely organized forms.

According to Piaget, interaction processes between environment and organi
are already in existence at the level of reflex activity; these processes in
an active differentiation of the reflexes and an adequate structuring of con
forms. The processes must not be regarded as passive reactions to environmen
tal influences. Objects are, on the one hand, actively assimilated by the
subject and, on the other hand, an accomodation of the subject to its enviro
ment is involved.

An important precondition for such adaptation processes are maturational
processes which permit in a growing degree a differentiated build-up of
patterns.

But the maturational processes, too, interact with the learning or adapt
processes. Certain learning processes can conditionally accelerate maturatio
modify it in some other way. Efficiency in learning can reach a maximum in
sensitive phases which are essentially determined by maturation.

On the whole, the development of motor functions takes place by means of
differentiation and integration or centralization. Movement behaviour is achi
by means of different sorts of combinations of stimulus-reaction patterns.
Generalized, global movements become progressively differentiated. It is a m
of common knowledge that this differentiation proceeds in a cephalo-caudal
direction and in a proximo-distal direction. At first the head can be contro
which is only true of legs and feet at a much later point in time. With incr
maturation of the cns, reflexes are gradually replaced by learned movement
patterns. The infant acquires between the 6th and 8th week the capacity to cc

its head. The initial stages of voluntary grasping movements can be observed between the 3rd and 4th month. The infant learns to open its fingers and becomes familiar with the energy expenditure necessary to grasp, it learns to adapt itself to the size, consistency and weight of objects (Scheithauer, 1975).

Motor development is not determined by maturational processes; it becomes possible through them.

A comparison of the motor development of native African children with that of German children (Kesselmann, 1975) with the aid of the body-control-test and an aiming-test showed deviations in motor behaviour, above all with reference to speed of movement. The demands of the environment and one's own need structures shape motor development to a high degree, in contrast to the other view, according to which early motor development is predominantly a function of genetic predisposition, growth and maturation.

Models based on stages and phase classifications of motor development must be regarded as problematic, since we are concerned here with dynamic processes which are modified by constantly changing internal and external conditions.

Since infant motor behaviour is still predominantly determined by adaptative reflex behaviour, the motility of infants could be characterized as neuromotor behaviour.

Perception and motor patterns are built up progressively and reciprocally influence one another to a greater and greater extent. The infant first begins to conquer the space in its proximity, and only later the more distant space. Basic learning experiences with the physical conditions of environment accelerate the build-up and improvement of patterns of perception and movement. This segment of motor development is therefore known under the term, sensorimotor behaviour.

On the whole, great significance is assigned to the sensorimotor phase of development in terms of cognitive development and the acquisition and build-up of behaviour strategies (Piaget, 1975).

According to Piaget, conceptual thinking becomes possible precisely through childhood activity.

Consciousness and experience are progressively differentiated and structured by means of sensorimotor learning experiences.

Activity creates an image of the world; this is a motor-tactile exploration
of reality. Information exchange becomes possible for the individual only
through sensorimotor behaviour.
The subjective element of experience can be seen chiefly in the fact that sens
information is compared with experience, thereby acquiring an affective hue;
this information is finally stored in the treasure of experience.

Single material-specific and situation-specific patterns are hierarchically
arranged and finally extended into a system of behaviour strategies. These
learning processes are marked by adaptation to inner need structures and the
conditions of environment.

Since experience, affectivity is structured through sensorimotor activity,
one could speak of a psycho-sensorimotor regulatory circuit. Affectivity is
re-perceived through activity itself as well as through personal environment.
Patterns of perception and movement are thus reciprocally dependent on experie
ce. The motor development of preschool children is concerned above all with
building up psychosensorimotor patterns. Development in this age group is sig
ficantly dependent on emotional ties to parents and contact persons whose
affective feedback serves both as a guide and as an exemplary model. Recent
studies have shown that we are concerned here again with reciprocal influences
Even the laughter or tears of an infant bear a significant influence on the
behaviour of the mother. The subject thus determines its own development, ever
at the very start, by means of give-and-take with its mother. We are concerne
here again with an ensemble of assimilation and accomodation mechanisms.
According to these considerations, one could speak with more weight of a psych
motor development phase in preschool age.

The process of individualization is thus shaped to a great extent by motor
development. Behavioural patterns are built up in a reciprocal process of adap
tation not only as a copy of the objective and personal environment but also a
an image of experienced needs. A further influential factor is the group. The
various needs of group members must be attuned to one another.

As it grows older, the child finds itself more and more exposed to the dem
of a social environment. The demands of social structures on the individual
increase constantly in a process beginning with parents and siblings, playmat
and kindergarten groups and reaching to youth and adult groups.

Structure and integration of perceptive and motor patterns thus reside in adaptation processes between one's own need structures and those of society. These reciprocal adaptations take place on the level of both perception and movement as well as on the level of experience. The processes of individualization and socialization thus lead by means of reciprocal adaptation to further modifications of behaviour strategies.

In order to better illustrate these processes we have introduced the term sociomotor development.

Athletic motor behaviour comprehends less the adaptive build-up of movement patterns than the build-up of patterns into specific skills which are associated with certain techniques and devices. Seen in this way, athletic motor training should be concentrated in youth, after general motor development has reached a certain peak.

It is of course possible to train a three-year-old in such skills as figure skating, skiing etc. According to experience presently available, motor education should, however, at first be restricted to providing children with aid in developing various and comprehensive movement patterns. It is thinkable that premature training of skills might easily lead to disorders of total development in the motor sphere.

It is important that both the complexity and difficulty of motor task be varied extensively in order that the child - as Vayer (1975) puts in - be encouraged in the development and organization of the ego with regard to environment. The child should learn strategies enabling it to adapt in the most varying of situations, it should not be adapted to the world of adults (Lapierre 1975).

I should like to emphasize by way of summary that such terms as neuromotor, sensorimotor, psychomotor and sociomotor behaviour are not tied to certain ages but rather that they are conditional factors of motor development wich are more or less strongly pronounced at various ages. They are in no case to be regarded as a series of stages, bur rather as partial aspects of a comprehensive dynamic adaptation process.

Irregularities and retardations in the motor sphere can appear within these processes as a result of very differing interference variables.

Motor disturbances can be both cause and effect of various impediments in childhood; thus practically any impediment in early childhood involves the risk of motor retardation.

The human organism possesses in its adaptability the possibility of compensating, equalizing, shifting functions or limiting its needs. It is thus difficult to delineate individual motor behaviour in cases of light motor retardation. This amounts in diagnostic terms, to the problem of relying on statistical norms. It is indeed also necessary to regard motor behaviour in an ipsative sense, in relation to the total behaviour of a child.

Such genetic aspects as factors of growth and physical constitution are also of significance in moderate disturbances.

The following percentages of motor retardation were found in test investigations:

- mentally retarded   98 %
- impeded in learning   70 %
- behaviour disturbances   47 %
- speech impediment   53 %
- blind   100 %
- early childhood brain damage   91 %

Calculated for the Federal Republic of Germany, one obtains a figure of 580.000 children with motor disorders in need of treatment.

In children with cerebral dysfunction only a moderate connection with motor disorders can be observed with regard to etiology, localization of damage and severity of neurological symptoms.

As a result of the numerous conditional factors, considerable modifications of primary motor disorders appear in the course of motor development.

The effective interference factors present in cases of motor retardation can, in essence, be assigned to the following categories:

Conditions of environment

If the motor and perception stimuli necessary for normal motor development are limited, as e.g. in cases of protracted stays in hospitals or other institutions, in cases of restricted movement space or in cases of negligent or over-protective rearing, retardations of motor development tend to appear. As a rule, retardations and, less frequently, specific deficiencies in the motor sphere can appear as a result of retarding environmental influences.

Psycho-emotional control

Psycho-emotional disorders and motor symptoms bear a mutual influence one on the other. An affectively disturbed child has little confidence in itself; it thus increasingly lacks motor experience, which in turn amplifies the affective disorder. Experiences of insufficiency and inferiority progressively retard motor development. To a great extent, disorders and a disharmonic development of total child personality result from them.

Sensory function systems

Eearly sensory deficiencies and disturbances can retard motor development to a high degree. Motor retardation is much more frequently observable in cases of congenital blindness than in cases of acquired blindness; motor retardation seems to increase as a function of degree of visual disorder. Disturbances in perception and movement are closely connected. Increasing significance is ascribed in this connection to supramodal disorders with regard to difficulties in learning and in school.

Cognitive functions

The cognitive functions necessary for learning a motor activity become more and more significant with increasing task difficulty and complexity; thus mentally retarded children are incapable of learning a motor task when it exceed a certain degree of difficulty. Even children with learning disorders show significant motor retardation in 70 % of the cases.

Motor function systems

These primary defects cause a variety of disorders and difficulties in building up patterns of perception and movement.
91 % of cases involving early childhood brain damage evince motor disorders. Qualitatively altered motor patterns can frequently be observed; these are a sign that the learning process leading to the acquisition of motor patterns must have taken a course deviating from the norm.

Motor apparatus

Physical disorders and such orthopedically diagnoseable deviations from the norm as posture disturbances etc. also lead to various types of disorders of motor development. The earlier such disturbances appear, the more intensively are the developmental processes in the motor sphere impeded. Over-compensation

and biologically inadequate forms of adaptation can result from that.
There appear not only individual symptoms, but frequently alterations of total
motor behaviour as well.

On the whole, motor retardations and disturbances manifest themselves in
reduced efficiency or, more frequently, in a reduced number of available motor
patterns. The existing patterns are, moreover, altered and do not attain the
variability of application found in normally developed children. As a rule,
children with motor disorders learn the patterns only to the extent that they
are able to exercise them without error. They do not achieve movement constancy.
They thus have limited movement reserves at their disposal. Insecurity, however,
means anxiety. Children with motor disorders are easily disturbed, injured and
irritated. Their tolerance is limited. Thus faulty motor development leads to
isolation, insecurity and various forms of communication disorders. The total
personality development of the child is affected. Normal motor development, on
the other hand, makes the child free, independent, selfconfident and thus
secure in its own eyes and in the eyes of the others.

Summary

Motor development can be understood as an adaptation process of the organism
to the self need structure and to the physical characteristics of the environment. Included in the definition of adaptation are all adaptive skills of the
organism (increase of tolerance and capacity) to stimuli and to conditions of its
surroundings. The adaptation model implies that the organism has the ability to
stabilize the biological unity of organism-environment. If a stress variable
(Stresser) has an effect on the organism, then the organism reacts with a
controlled parameter, which should readjust the systems stability. If the same
or similar movement is performed then the adaptation to the environment will
become increasingly improved.

Besides an increase in the quantity and quality of the motor skills another
sign of this optimal adaptation is a simultaneous reduction in the amount of
energy needed to perform the skills. In childhood one can assume that maturity
and learning interact, so that through appropriate stimuli the maturation process
of the CNS can be accelerated to a certain degree. If motor performances are
defined as an adaptation to the specificity of self need structure and of the
environment, then it is difficult to emphasize basic characteristics of motor
behaviour. Results of our investigations support this fact.

The relative uniform motor behaviour of normal children involves similar adaptation processes in the area of motor performances. Deviation from normal behaviour may presumably be caused by various interfering factors. The adaptation model seems to need the consideration of the qualitative deviation, in order to avoid misadaptive development. In virtue of the apparent different controlled parameter it seems to be important to find out the stress factors, which have influenced the various handicaps.

The interfering factors can be divided into the following groups:
a) interference in the area of environment factors;
b) interference in the psycho-emotional regulation area;
c) interference in the area of cognition;
d) interference in the area of the sensorisystem;
e) primary interference in the area of the motor system;
f) interference in the area of the peripheral movement apparatus.

REFERENCES

FLEISHMAN (E.A.), "Dimensional Analysis of Psychomotor Abilities, J. exper. psychol., 48, 427-454, 1954.

HEUSEL (H.), Grundbegriffe und neuere Aspekte der physiologischen Adaptation, Kolloquien SFB 122, Bd. II, Marburg, 1-8, 1974.

KEOGH (J.F.), "Consistency and Constancy in Preschool Motor Development", in: MULLER/DECKER/SCHILLING (Red.), Motor Behaviour of Pre-School Children, Hofmann, Schorndorf, 264-267, 1975.

KEPHART (M.C.), The slow learner in the class room, Merril, Columbus (Ohio), 1960.

KESSELMANN (U.), Motorischer Entwicklungsstand bei Schwarzen, Weissen und Mischlingskindern unter Berücksichtigung von Alter und Geschlecht, Dipl.-Arb., Mainz 1975.

LAPIERRE (A.), "L'éducation psychomotrice, base de toute éducation préscolaire, in MULLER, DECKER, SCHILLING (Red.), La motricité chez l'enfant préscolaire, Hofmann, Schorndorf, 164-168, 1975.

PIAGET (J.), La naissance de l'intelligence, Delachaux et Niestlé, Paris 1963.

SCHEITHAUER (G.), "Développement porturo-moteur et maturation neurologique, in MULLER, op. cit., 136-138.

SCHILLING (F.), Einführung in die Motologie, Med. Habil., Marburg, 1976.

WAGNER (P.), "La personne de l'enfant dans une approche globale", in MULLER, op. cit., 140-146.

LES DONNEES ANTHROPOMETRIQUES ET PHOTOSCOPIQUES

DANS LA MISE AU POINT D'UNE FICHE SIGNALETIQUE

CHEZ LES POPULATIONS SPECIALES

Dr C. SIMARD
Département d'Education Physique
Université Laval, Québec (Canada)

INTRODUCTION

L'auteur désire sensibiliser le lecteur à l'impact possible des données photoscopiques à l'intérieur d'une fiche signalétique des populations spéciales. Cette étude s'inscrit dans un projet plus global dont le but ultime est la préparation de différents programmes adaptés aux besoins des enfants sourds, aveugles et déficients mentaux moyens.

L'utilisation des techniques de Heath-Carter (3) sur fiche signalétique des populations spéciales n'est pas coutumière. Il est sans doute possible d'attribuer ce fait à l'absence de travaux de recherche sur les composantes du somatotype des populations spéciales et au besoin d'une formation double des spécialistes, à savoir: l'évaluation morphologique et la normalisation physique et/ou mentale des populations spéciales.

Les fiches signalétiques des populations spéciales touchent à la fois les facteurs de la valeur physique et certaines composantes psychosociales. L'évaluation de la posture peut être faite à l'aide de différentes techniques (1, 2, 4 et 5).

Les buts de la présente étude sont de rechercher les avantages éventuels des données anthropométriques et photoscopiques à propos de la posture. Ces problèmes de posture peuvent être localisés par une défectuosité morphologique ou un retard dans le développement du schéma corporel. Simultanément, nous pouvons observer un retard dans le développement qui provoque des syncinésies toniques et cinétiques ou un hyperkinétisme constant qui s'explique par des décharges brusques de mouvements involontaires.

METHODOLOGIE

Cinq enfants normaux, six enfants aveugles et dix enfants déficients mentaux moyens âgés de treize à quatorze ans furent les sujets de cette expérience.

Les données anthropométriques et les prises de vue eurent lieu le même après-midi entre quatorze et seize heures par les deux mêmes techniciens. La méthodologie utilisée est celle de Heath-Carter (3). Remarquons ici que le technicien prit chaque fois toutes les précautions pour que le sujet ait la position correcte.

RESULTATS

Les composantes du somatotype

Les tableaux I, II et III présentent les résultats de nos données anthropométriques.

TABLEAU I

Les composantes du somatotype des enfants normaux

Numéro du sujet	Endomorphe	Mésomorphe	Ectomorphe
150	2.5	4.6	3.5
151	1.5	4.1	4.3
152	1.0	4.4	3.5
153	3.5	5.7	1.2
154	7.2	5.1	1.0

TABLEAU II

Les composantes du somatotype des enfants aveugles

Numéro du sujet	Endomorphe	Mésomorphe	Ectomorphe
001	1.3	4.0	3.8
101	3.0	4.5	2.7
102	1.5	4.0	4.0
103	3.5	4.4	3.0
104	1.0	4.1	4.2
105	2.2	4.7	3.7

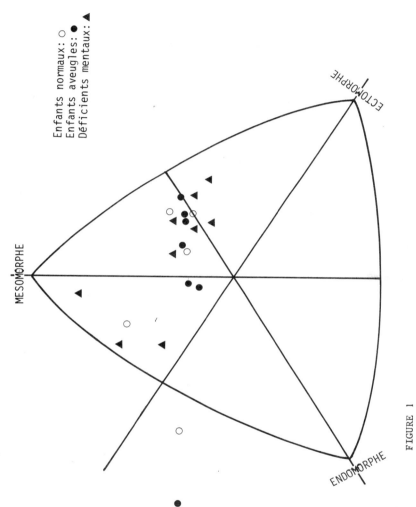

FIGURE 1

La distribution des somatotypes à l'intérieur d'une charte.

TABLEAU III

Les composantes du somatotype des déficients mentaux moyens

Numéro du sujet	Endomorphe	Mésomorphe	Ectomorphe
106	2.2	5.9	1.1
107	1.5	4.0	5.0
108	1.3	4.1	3.2
109	2.3	4.0	4.5
110	1.8	4.3	3.0
111	3.8	6.1	1.2
112	1.5	4.0	4.7
114	4.0	4.9	4.3
115	2.0	4.2	3.8

La figure 1 montre la répartition de nos sujets sur une grille.

Le tableau IV indique la fréquence et le pourcentage du somatotype des trois groupes.

TABLEAU IV

La fréquence et le pourcentage des composantes du somatotype des trois groupes

Groupe du somatotype	Normaux Nombre	%	Aveugles Nombre	%	Déficients Nombre	%
Mésomorphe-ectomorphe	2	40	3	50	4	45
Ecto-mésomorphe	1	20	1	17	1	11
Mésomorphe			2	33		
Endo-mésomorphe	1	20			2	22
Mésomorphe-endomorphe					1	11
Méso-endomorphe	1	20				
Endomorphe						
Ecto-endomorphe						
Endomorphe-ectomorphe						
Endo-ectomorphe						
Ectomorphe						
Méso-ectomorphe					1	11
Balance						

Les données photoscopiques

Les figures 2 à 7 illustrent deux sujets moyens de chaque groupe.

A l'analyse des photos, nous observons qu'un sujet normal sur cinq a le centre de gravité vers l'avant, que quatre sujets aveugles sur six ont des déviations de la tête et neuf sujets déficients mentaux moyens sur dix ont une position défectueuse.

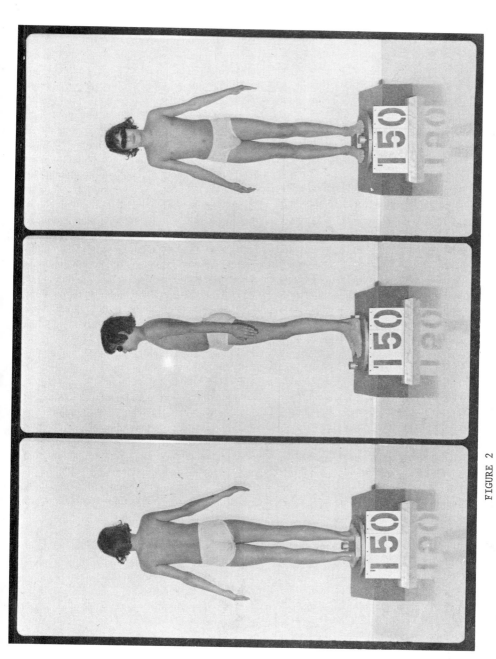

FIGURE 2

Les aspects photoscopiques d'un sujet normal

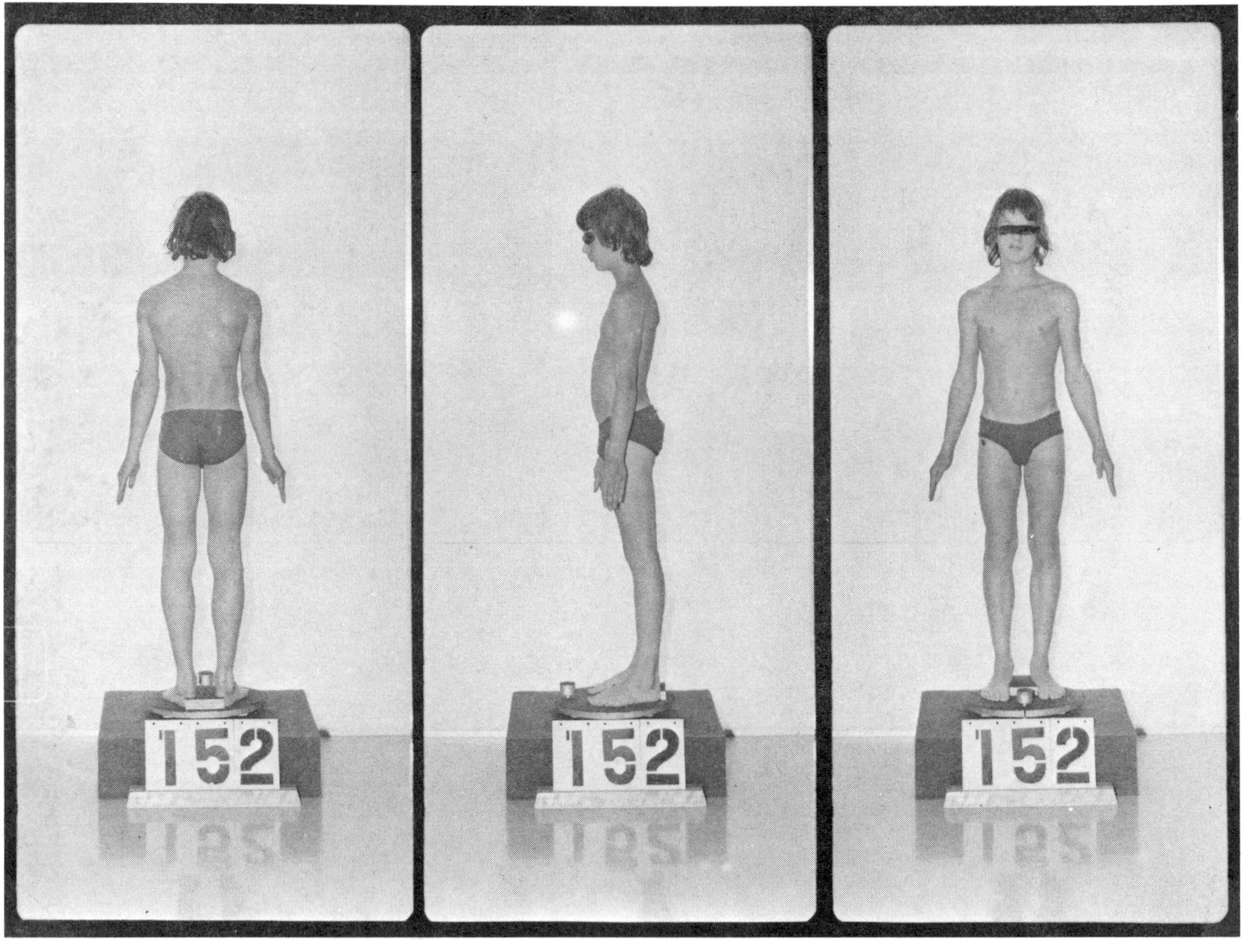

FIGURE 3

Les aspects photographiques d'un sujet normal

255

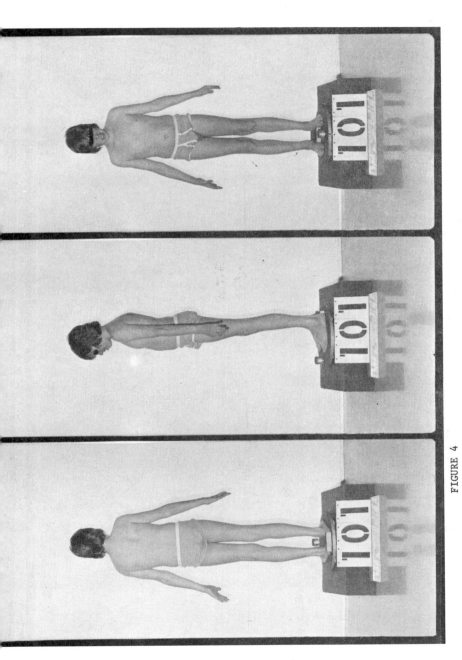

FIGURE 4

Les aspects photoscopiques d'un sujet aveugle

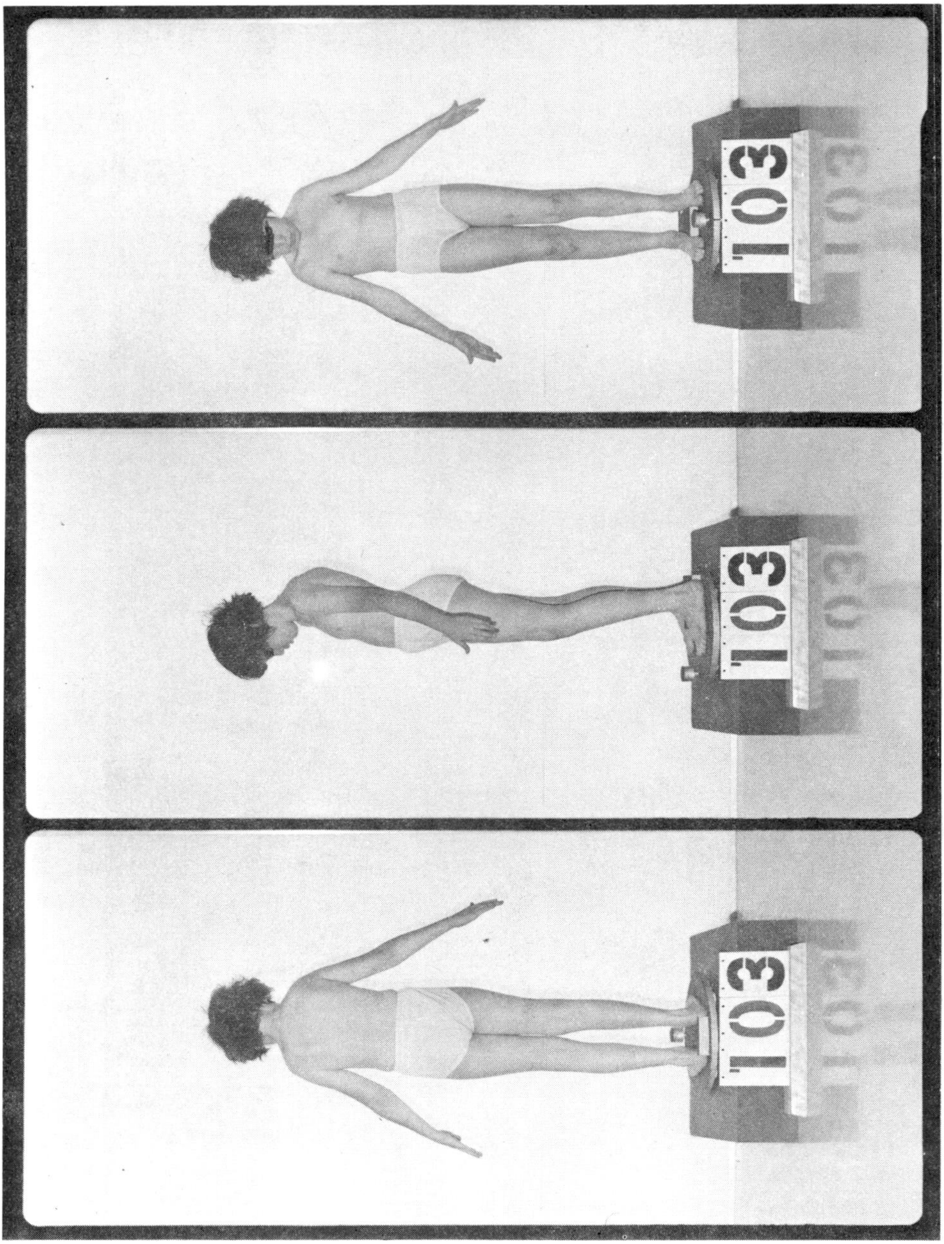

FIGURE 5

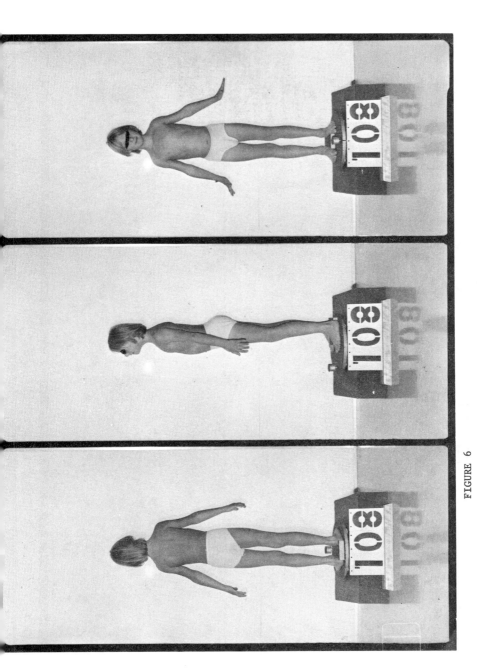

FIGURE 6

Les aspects photoscopiques d'un sujet déficient mental moyen

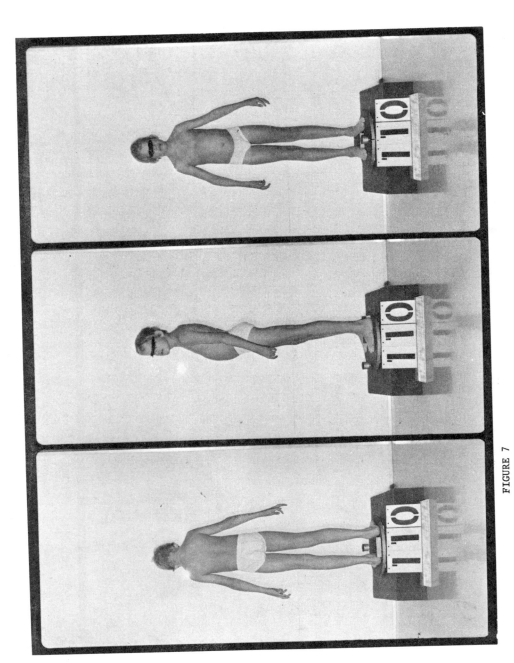

FIGURE 7

Les aspects photoscopiques d'un sujet déficient mental moyen

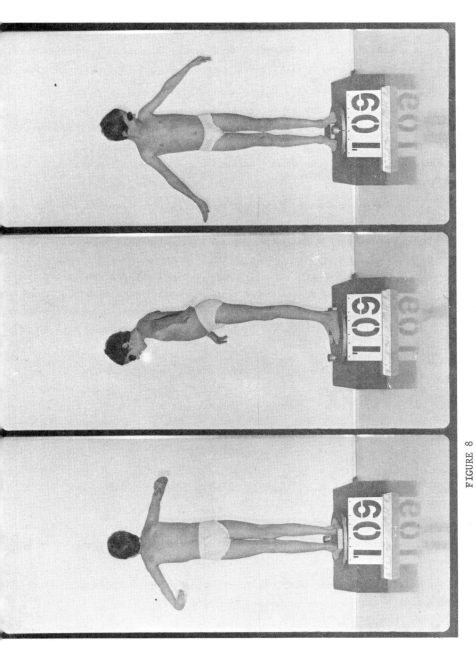

FIGURE 8
Différents problèmes de posture statique d'un déficient mental moyen

260

DISCUSSION

Un sujet normal sur cinq présente un déplacement du centre de gravité vers l'avant. Ceci peut être dû à un problème morphologique ou à un mauvais sens de l'équilibre statique.

Quatre sujets aveugles sur six présentent une mauvaise tenue de la tête. Toutefois, ces enfants peuvent placer leur tête correctement. Ceci peut s'expliquer par un mauvais sens cinésique, des syncinésies cinétiques ou un hyperki tisme constant. De plus, deux de ces enfants ont une mauvaise position du tronc ou des membres inférieurs.

Neuf sujets déficients mentaux sur dix présentent une mauvaise tenue de la tête. Ces enfants peuvent cependant placer leur tête correctement. Les raisons sont peut-être semblables à celles supposées pour les aveugles. De plus, huit des dix enfants ont une mauvaise position soit du tronc, soit des membres (figure 8). Le manque d'attention des déficients mentaux moyens, leur retard au niveau du développement du schéma corporel, liés à une image floue de la représentation mentale de la position correcte, leur tendance à l'hyperkinétisme et le désir de reprendre volontairement la bonne position expliquent sans doute ces défauts de posture.

Notons que les composantes du somatotype aident les éducateurs à diriger les jeunes dans différentes disciplines sportives. De plus, il est bon de signaler que les données photoscopiques permettent:
- une identification correcte du sujet;
- une image globale du somatotype;
- une précision au niveau de sa tenue.

CONCLUSION

L'utilisation des techniques anthropométriques et photoscopiques sont une première étape pour développer une fiche signalétique plus exhaustive des populations spéciales.

Il est intéressant de signaler que dans cette étude, 90 % des déficients mentaux moyens présentent des problèmes de posture.

Il est bon de savoir aussi que les sujets de cette recherche furent observés longuement et qu'ils sont capables de prendre une bonne position de la tête tout en ayant diverses syncinésies cinétiques.

Dans une deuxième étape, nous ajouterons un fil à plomb devant le sujet et une grille divisée en centimètres derrière lui afin de mesurer avec plus de précision les déviations posturales.

BIBLIOGRAPHIE

ADAMS (R.C.), DANIEL (A.N.) et RULLMAN (L.), Games, sports and exercises for the physically handicapped, Lea & Febiger, Philadelphia, 1972.

ARNHEIM (D.D.), AUXTER (D.) et CROWE (W.C.), Principles and methods of adapted physical education, The C.V. Mosby Company, Saint-Louis, 1973.

CARTER (J.E.), The Heatch-Carter somatotype method, San Diego State University, California, 1975.

DANIELS (A.S.) et DAVIES (E.A.), Adapted physical education, Harper & Row, New York, 1975.

STEIN (J.V.), Annotated bibliography in physical education, recreation and psycho-motor function of mentally retarded persons, AAHPER, Washington, 1975

LA REEDUCATION PSYCHOMOTRICE

DES FONCTIONS MENTALES

EN PRATIQUE PSYCHIATRIQUE

Dr P. SIVADON

Professeur à l'Université Libre de Bruxelles,
Médecin des Hôpitaux psychiatriques de la Seine (France)

Les rapports entre la motricité et le psychisme sont pressentis depuis toujours. Cependant, c'est l'étude de l'enfance et plus particulièrement de l'enfance anormale qui mit en évidence le caractère fondamental de cette relation. Sont caractéristiques à cet égard: le livre d' H. Wallon: De l'acte à la pensée; la formule de Piaget: "l'opération mentale est une action intériorisée"; celle de Michaux: "l'enfant pense avec ses muscles".

L'application des méthodes psychomotrices au malade mental adulte est beaucoup plus récente et reste contestée. Lorsque, pour la première fois à ma connaissance, j'introduisis leur pratique systématique dans un service d'hôpital psychiatrique - c'était en 1947 - ce fut la risée. "On ne guérit pas les aliénés en leur faisant faire de la gymnastique et en les faisant jouer au ballon", me disait un de mes collègues. Et lorsque je présentai mes premiers résultats dans un congrès de psychiatres, on me fit valoir que depuis bien longtemps l'exercice physique était recommandé aux aliénés, comme il l'était à toute personne longuement privée de liberté. Quant aux jeux de ballon, ils constituaient sans doute une saine distraction, bonne à alterner avec les cartes et les mots croisés.

Il n'existait pas, à l'époque, de spécialiste de la psychomotricité. J'avais cependant pu compléter mon équipe soignante en y incluant un professeur de gymnastique détaché de l'enseignement primaire et un masseur-kinésithérapeute. Cette innovation prenait place dans un ensemble de réformes visant à transformer un service asilaire traditionnel en un Centre de traitement actif et de réadaptation sociale (C.T.R.S. de Ville-Evrard). Les premiers résultats de cette expérience avaient montré qu'il était possible de resocialiser un certain nombre de malades au moyen de méthodes actives, telles que l'ergothérapie et les acti-

vités culturelles (organisation de fêtes, édition d'un journal, etc.). Mais un
nombre important de sujets longuement chronicisés restaient inaccessibles à ces
méthodes et persistaient dans leurs attitudes régressives. C'est vers ces malades, considérés par tous comme irrécupérables, que furent d'abord orientés notre gymnaste et notre masseur. Ils ne furent pas longs à percevoir l'influence
bienfaisante qu'ils exerçaient sur certains d'entre eux par le seul fait de l'intérêt qu'ils manifestaient pour le moindre de leurs progrès. Mais à la longue,
il apparut que certains tours de mains avaient des effets plus régulièrement
bénéfiques tandis que d'autres n'entraînaient de résultats que de façon aléatoire. Petit à petit, l'intérêt de tout le service s'éveilla à ces pratiques,
les infirmiers ajoutèrent leurs observations et les médecins leurs réflexions.
Quelques méthodes se détachèrent de la masse des tentatives restées sans lende-
main. Des essais de théorisation se firent jour, à partir des faits constatés et
non à partir de points de vue dogmatiques. Ce qui apparaissait aux yeux de chacun, c'est qu'un résultat positif était obtenu en recherchant systématiquement
un mode de relation régressif allant jusqu'au contact cutané prolongé rappelant la relation maternelle primitive. Une fois obtenue la relation, il était
possible de la développer dans le sens d'une maturation par un détachement pro-
gressif grâce à la médiation tout d'abord d'un objet (un ballon de préférence)
puis d'expression gestuelle, de représentations symboliques diverses, enfin de
paroles.

On avait l'impression que la vie psychique se réveillait aussitôt que la relation était établie et qu'elle s'éteignait à nouveau dès qu'elle était rompue.
Tout se passe comme si une double condition était requise pour permettre la
relation: d'une part, une certaine proximité ou plutôt une certaine simplicité
dans la relation avec l'autre; d'autre part, un mode de relation s'établissant
à un niveau suffisamment régressif. Cette double condition se trouve réalisée
par la relation corporelle immédiate. Lorsque la structure de la relation interpersonnelle devient plus élaborée, on a le sentiment que la structure du Moi
est soumise à une tension qui la met en danger de rupture. Cette tension s'apaise
lorsque la relation est à nouveau simplifiée. D'où l'on peut, semble-t-il, dé-
duire qu'il existe une intime corrélation entre la structure du Moi et la structure de la relation. La conséquence thérapeutique s'impose aussitôt: on doit
pouvoir réorganiser la structure du Moi en aménageant la structure de la relation. Le psychisme apparaît comme le vécu, conscient ou non, de l'intégration
de plusieurs dimensions relationnelles: par rapport au passé individuel et à sa

projection dans le futur, par rapport au monde actuel fait d'objets et de personnes situées dans l'espace. Une brisure entre le passé et le présent entraîne une rupture entre le sujet et son monde en même temps qu'une limitation de la projection temporelle et spatiale: l'avenir est bouché et l'espace de comportement se réduit. En rééduquant le comportement relationnel et la maîtrise de l'espace, on peut espérer - ce que l'on constate en fait - dégager l'horizon temporel et rétablir des liens nouveaux permettant au sujet de se réconcilier avec son passé. Or, parmi les comportements relationnels se situent au premier rang les attitudes et les gestes tandis que la maîtrise de l'espace implique le mouvement: ici encore, c'est le corps qui est en cause.

L'hypothèse sur laquelle repose toute rééducation est l'inscription dans le psychisme des schèmes de comportement qui auront été mis en oeuvre. On se base ici sur la loi de Thorndike, abondamment confirmée par les travaux de Skinner et des comportementalistes: tout comportement récompensé tend à se reproduire. La récompense, ici, consiste dans le sentiment de bien-être et de sécurité succédant à l'angoisse de dépersonnalisation. A l'inverse, tout comportement générateur d'angoisse ou simplement d'insécurité risque d'aggraver le trouble. C'est dire que les méthodes de rééducation ne sont pas anodines et exigent formation et expérience.

Les méthodes utilisées sont variées. On peut schématiquement les répartir en quelques catégories principales: relaxation, expression corporelle, personnalisation, aménagement de la relation interpersonnelle et de l'espace de comportement.

Les deux premières sont bien connues.

a) La relaxation, quelle que soit la technique employée, vise à la maîtrise consciente du tonus musculaire, dont les perturbations signent la persistance de conflits émotionnels mal résolus. Leur rôle dans la communication interpersonnelle a été bien établi. On sait aussi que la détente musculaire étant incompatible avec la tension émotionnelle, son apprentissage permet d'aborder les situations anxiogènes et d'obtenir une désensibilisation progressive. C'est dire que c'est dans le domaine des névroses anxieuses, phobiques et obsessionnelles que se rencontrent ses indications majeures. Il faut savoir cependant que certains sujets mal personnalisés ont besoin d'un certain degré d'hypertonie pour se sentir exister. La détente peut provoquer chez eux une angoisse de dépersonnalisation. Il importe donc d'associer à la détente d'autres méthodes favorisant la personnalisation.

b) L'expression corporelle a le double mérite d'éduquer la maîtrise du mouvement et de favoriser l'extériorisation des tensions émotionnelles.

L'émotion est une mise en tension de l'organisme en vue de mouvements adaptatifs: les plus primitifs étant l'agression ou la fuite, les plus élaborés étant le mouvement expressif, la mimique et le geste. L'expression corporelle, alliée ou non à la musique, constitue, sous forme de danse, la façon la plus immédiate de métaboliser l'émotion.

c) La personnalisation. Toutes les méthodes psychomotrices favorisent la personnalisation. Cependant, certaines d'entre elles sont plus spécialement orientées dans ce sens. Il s'agit essentiellement de favoriser l'intégration du schéma corporel et de l'image du corps. Le schéma corporel se constitue lentement au cours de la première enfance. Il s'agit de la représentation que le sujet se fait de la position des diverses parties de son corps, ceci en dehors de la vue. L'image du corps, au contraire, c'est la représentation que nous nous faisons de l'image que les autres se font de notre corps. C'est notre image telle que nous la lisons dans le regard des autres ou encore telle qu'elle nous est renvoyée par le miroir.

On le voit, ces deux représentations sont fort hétérogènes. L'une est une perception directe de notre cénesthésie, l'autre est l'idée que nous nous faisons de l'image que nous présentons aux autres. Cette image reste toujours incomplète. Si nous connaissons à peu près notre visage de face, nous n'avons que des aperçus fugitifs de notre profil, de notre dos, de notre démarche et de notre voix. C'est par identification à l'image de la mère, puis des autres que nous constituons notre propre image. C'est l'empreinte de l'image des autres qui, dans nos premiers mois, modèle nos expressions mimiques, nos attitudes, notre démarche et les inflexions de notre voix (l'accent).

Chez le malade mental, et particulièrement chez le psychotique, l'image du corps, comme le schéma corporel sont profondément perturbés. Les mouvements en groupe, face à autrui (de face, de dos, de profil), face au miroir, les mouvements segmentaires, le modelage et le dessin d'animaux et d'êtres humains, la fabrication de poupées et de marionnettes, l'autoportrait, etc. peuvent être heureusement combinés. Chez certains sujets très régressés, les techniques de massage aident à réveiller la sensibilité des limites cutanées.

d) L'aménagement de la relation interpersonnelle constitue un des aspects fondamentaux de la rééducation corporelle des schizophrènes profondément régressés. Toute tentative de relation verbale est chez eux vouée à l'échec. Certains acceptent une relation sous forme de jeu. Mais il en est pour lesquels aucune relation ne peut être établie sinon par un contact corporel direct. De tels malades étaient fréquents dans les asiles de jadis. Plus rares aujourd'hui, ils atteignent ces niveaux à l'occasion d'épisodes catatoniques. Nos premiers essais ont consisté à leur faire exécuter des rondes et des farandoles, se tenant par la main, quelques moniteurs étant intercalés. Aussitôt que les mains se séparaient, leur mimique se figeait pour s'animer à nouveau quand le contact et le mouvement étaient repris.

Un conditionnement à l'aide de musique permit de franchir la première étape. Un air d'accordéon étant associé dans un premier temps au contact et au mouvement, la répétition de cet air, au moment où les mains se séparaient, permettait d'entrenir le mouvement. Petit à petit, par des rythmes (frappés dans les mains, puis sur des instruments à percussion), ils établissaient des mouvements plus ou moins synchrones représentant une forme primitive de communication à distance.

D'autres exercices consistent à interposer entre le malade et le moniteur un ballon que l'on échange à distance croissante. Ce ballon, que le malade, au début, portait à sa bouche (le sein-ball), devient progressivement un objet médiateur, vecteur de la communication interpersonnelle. Rapidement, la relation duelle se transforme en un petit groupe et les échanges de ballon se compliquent tandis que d'autres moyens, appartenant à d'autres méthodes (ergothérapie, etc.), permettent de diversifier et de complexifier la relation jusqu'à ce qu'apparaisse, spontanément parfois, le langage verbal.

e) L'aménagement de l'espace de comportement. Le mouvement s'inscrit dans un espace et il est en partie conditionné par lui. Le schéma corporel a pour contrepartie un espace péricorporel (Wallon) dont les limites dessinent une "bulle" (E.J. Hall) qui s'afaisse ou se dilate suivant les capacités d'affirmation du Moi. Réduite à rien chez le schizophrène, elle se reconstitue à mesure de la réorganisation de la personne. Le développement de la personnalité implique une différenciation des comportements qui est favorisée par un espace différencié. Les formes et les dimensions des espaces invitent à établir des relations humaines à moins qu'elles ne les découragent. Il y a des espaces "sociopètes" et

des espaces "sociofuges" (Osmund), et les positions corporelles respectives
influent sur la forme et le contenu des relations interhumaines (Sommer).
Les méthodes d'exploration et d'appropriation de l'espace permettent la constitution d'un espace de comportement élargi, orienté par rapport à des zones de
sécurité. Le maintien de l'orientation dans un espace diversifié a pour
corrolaire le maintien de la constance dans un Moi différencié.

ACTUALITE ET EVOLUTIONS PSYCHOMOTRICES

G. SOUBIRAN

Professeur à l'Institut Supérieur de Rééducation psychomotrice, Psychorééducation et Relaxation de Paris (France)

Chacun peut proposer une certaine définition de la psychomotrocité. Celle-ci peut aider à la compréhension du développement à venir.

Pour nous, la psychomotricité consiste en l'étude et le traitement de conduites psychomotrices inadéquates, inadaptées à des situations évolutives imposées ou choisies. Cela pour des raisons d'ordre psychologique, psychiatrique, psychoaffectif, ou liées à une insuffisance de matériel, à un sous-équipement moteur, et généralement aux deux à la fois, l'un était réactionnel à l'autre.

Des raisons de divers ordres expliquent et justifient "l'inflation psychomotrice", raisons d'ordre psychosocial, raisons conjoncturelles. La thérapie psychomotrice appliquée aux très jeunes enfants et aux sujets du troisième âge, la rééducation psychomotrice s'adressant aux enfants et adolescents scolarisés se réfèrent de celles-ci. Il en va de même des traitements axés sur un meilleur ajustement, sur une meilleure adéquation des conduites psychomotrices en vue de pré-apprentissage ou de meilleure efficience professionnelle.

Ensuite, des raisons d'un autre ordre feront multiplier les indications et prises en charge à ce niveau:

1) Un certain mouvement antipsychiatrique, lié à d'inévitables échecs, liés eux-mêmes souvent à des indications mal posées, a fait refluer vers la rééducation psychomotrice un grand nombre de cas marginaux plus faciles à aborder dans cette discipline souple, polymorphe, où le stade d'observation peut être prolongé et la médiation corporelle efficace, supplétive .

2) Certaines impossibilités à aborder en psychothérapie des sujets ayant une verbalisation pauvre ou se situant dans un contexte familial défavorable.

3) Les séquelles de tous ordres provoquées par certaines neuroleptiques, anxiolytiques composant le vaste et précieux domaine de la chimiothérapie nouvelle.

En effet, les réactions individuelles à ces produits sont la plupart du temps, imprévisibles, variables, et nécessitent un ajustement long aux cas traités. Les phénomènes d'accoutumance sont bien connus qui amènent à augmente dangereusement les doses. On pourrait même, dans certains cas, parler là aussi d' "over-doses". Outre ces dangers, il s'ensuit un renforcement de l'angoisse, de l'anxiété sous-jacentes.

Enfin nous citerons, parmi les séquelles principales, l'apparition de somnolen ainsi liée à l'absorption de sommifères ou de tranquillisants, ainsi qu'une baisse parfois considérable du potentiel sexuel chez l'homme. La diminution de la vigilance entraîne, par ailleurs, des conséquences parfois graves au pla professionnel quand il s'agit de manipulations rapides, précisés de machines par exemple ou tout simplement dans une atteinte de la rapidité des réflexes pour la conduite d'un véhicule.

Enfin, il faut y retenir, le fait que scolarité ne débute plus comme autre- fois, a sept ans, prive l'enfant de ses possiblités de compensations spontanée progressives, des cas de retard d'immaturation, de discordances dévolutives e pose d'emblée l'indication de thérapie psychomotrice, seule ou associé à d'autres traitements ou rééducation.

EVOLUTIONS PSYCHOMOTRICES

Les indications de la rééducation psychomotrice se multiplient depuis la dernière décennie dans un contexte psychosocial lui-même constamment évolutif

Le jeune enfant de trois, quatre ou cinq ans, précocement dépisté pour inaptitude à la marche correcte, à la course, aux exercices d'équilibre, aux sauts, aux jeux de groupe, aux exercices manuels ou de pré-apprentissage de l'écriture, fait, depuis longtemps déjà, l'objet de traitements psychomoteurs

L'enfant qui tombe, qui se cogne, qui casse, dont la motricité est inadéqu dans les situations où le schéma corporel, l'espace, le temps, la présence d'autrui, ou du groupe sont en cause, justifie précocement le diagnostic de r tard moteur; celui qui présente une agitation juvénile et ludique excessive, parce que incontrôlable ou insupportable, se classe désormais dans la catégor d'instable psychomoteur dès le plus jeune âge.

Pourquoi psychomoteur? Parce qu'il semble que dans ce cas, comme dans bea coup d'autres, on ne puisse séparer l'aspect psychologique, psychique, psych affectif de l'aspect moteur, notamment dans le syndrome d'instabilité.

En effet, l'enfant présentant un érethisme psychique se déplace sans cesse, sollicité par d'autres objets, d'autres situations, d'autres buts; l'enfant présentant une instabilité posturale essentielle n'étant, lui non plus, capable d'aucune continuité psychique par voie de conséquence.

Chez le très jeune enfant également, ont été dépistées précocement les dyslatéralités, depuis les travaux de recherche sur la dysléxie, ses origines, ses causes, ses conséquences à court et moyen termes, ses séquelles à long terme.

Aves le professeur J. de Ajuriaguerra, nous nous sommes de très longue date attachés à découvrir et à traiter les innombrables discordances latérales fines rencontrées au cours d'un examen psychomoteur minutieux, voire neurologique. Et il nous est apparu que les conséquences de ces discordances, sur l'efficience psychomotrice, étaient presque toujours beaucoup plus lourdes qu'une dyslatéralité franche concernant un hémicorps, par rapport à l'autre ou tout un côté comparé au côté homologue. Le gaucher franc ne nous a jamais été amené en rééducation psychomotrice. Des discordances fines apparaissant, par exemple, à propos du choix préférentiel et d'une moindre efficience, entraînant en revanche les désordres variés mais constants, hypothéquant lourdement le devenir du jeune sujet.

Deux facteurs essentiels ont déclenché cette demande de thérapie précoce. D'abord, l'approche scolaire, elle-même très précoce en maternelle, liée à la demande, à la présence d'un très grand nombre d'enfants dont les mères travaillent, l'anxiété de la réussite scolaire, la peur de l'échec, de redoublements de classe, d'évictions parfois catastrophiques compromettant le choix professionnel ultérieur et la compétence. Ensuite, l'enfant inattentif présentant des troubles de la concentralisation, de la mémorisation, des troubles praxiques, de la dysgraphie, de la dyscalculie, de l'instabilité, des tics, un bégaiement, une inhibition, se verra empêché tout à la fois dans les études générales, littéraires, scientifiques supérieures, que dans le secteur technique, ce qui justifie l'angoisse des parents et l'existence d'un réel problème individuel scolaire, professionnel, social.

Il faut dire aussi que les classes, dites de perfectionnement, font inévitablement se rencontrer des enfants de quotients très différents et d'efficience également variable.

Enfin, les mêmes discordances d'équipement sous-jacentes engendrent des
discordances d'adaptation à telle ou telle matière, à telle ou telle situati
alors qu'une moyenne générale homogène est habituellement impérative dans le
examens et concours d'Etat, et dans les épreuves officielles quel que soit
le choix, quelle que soit l'option et cela malgré les possibilités nouvelles
actuelles, beaucoup plus étendues, plus variées, plus gratifiantes qu'elles
l'étaient autrefois, et notamment quand le littéraire s'opposait au scientif
ou l'intellectuel au manuel, dans une sorte de dualité et non de complémenta
ou de libre détermination.

L'orientation scolaire et professionnelle préoccupent actuellement beauco
les intéressés et leurs familles, et là aussi, il apparaît que la thérapie p
motrice parvient à réduire l'écart entre le vouloir-faire et le pouvoir-fair
du sujet, et en améliorant son équipement, lui permet un ajustement meilleur
des ses conduites psychomotrices aux tâches axuquelles il est confronté.

Outre le jeune enfant, le troisième âge ouvre actuellement un nouveau et
vaste secteur de recherche et d'application de la thérapie psychomotrice, no
tamment dans les clubs du troisième âge où des activités artistiques peuvent
être enseignées et développées tout comme chez le jeune enfant.

Il y a là aussi souvent lieu d'induire, de motiver, de susciter, de créer
d'innover, de promouvoir, des réalisations nouvelles dans de nombreux domain

Chez les chroniques, chez tous ceux pour qui l'image corporelle est détér
désinvestie, qui n'ont que peu ou pas de champ d'évolution possible, faire r
prendre conscience des vécus encore possibles, faire redécouvrir des potenti
énergétiques nouveaux, d'autres schèmes moteurs, justifie la demande émanant
hôpitaux psychiatriques et des nombreux chefs de service dans des spécialité
aussi variées que la pneumologie, la cardiologie, la gynécologie tout comme
les malvoyants, ambliopes, chez les malentendants, les grabataires, les infi
moteurs cérébraux.

La rééducation psychomotrice s'est enrichie de la graphomotricité, du des
du théâtre, du mime, du yoga, de l'expression corporelle, de la relaxation d
l'équitation, des activités en milieu aquatique (bébés dauphins, etc.), de
l'arthérapie en général pour le plus grand épanouissement du thérapeute et d
ses patients.

La thérapie à médiation corporelle complète ou supplante la thérapie pure
ment verbale dans de nombreux cas, quand cette dernière ne peut être appliq

ou s'avère insuffisante. Elle peut être adjuvante ou complémentaire dans d'autres cas, comme dans tout autre traitement (l'orthophonie, par exemple). Elle renforce l'action de la chimiothérapie dont elle catalyse et renforce l'action pour permettre peu à peu de l'abréger, voire de la supprimer dans les meilleurs cas. Elle réduit la tension nerveuse, donc le besoin, et s'avère avoir une action déshinibante, énergétique, anti-doping en général (tabac, alcool, drogues diverses). Enfin, le champ d'action de la psychomotricité s'est infiniment élargi du fait du divorce de la neurologie et de la psychiatrie.

En fait, c'est le psychiatre qui prescrit le plus souvent le traitement de la rééducation psychomotrice, ou le pédiatre, le généraliste, le spécialiste, et c'est au psychomotricien qu'il est demandé d'établir un bilan psychomoteur, qui en fait se rapproche de plus en plus de l'examen neurologique, ce dernier n'étant pas pratiqué généralement par le psychiatre. Il lui appartiendra, en effet, de rechercher les niveaux d'immaturation du système nerveux, les retards ou les discordances d'évolution au niveau des acquisitions fondamentales (positions, marche, parole, propreté, etc.), de situer les régressions aussi.

Un examen psychomoteur comportera notamment l'étude de l'extensibilité, des ballants, de la paratonie, des syncinésies, du rythme, et le dossier complet du patient comportera nécessairement le diagnostic (le pronostic si possible), l'anamnèse, les examens psychologiques, neurologiques quand il y en a, ainsi que les entretiens avec les parents et les enseignants outre les résultats, et c'est à tous ces niveaux et au sein d'une équipe virgilante soudée mais ouverte, elle-même évolutive, que tout sera mis en oeuvre pour permettre à tout moment à l'enfant, à l'adolescent, à l'adulte, au vieillard une meilleure manière d'être au monde et à soi-même dans une plénitude et une rénovation optimales, une sorte, pouvons-nous dire, d'anti-sclérose.

LA THÉRAPIE PSYCHOMOTRICE EN PSYCHIATRIE

Dr H. VAN COPPENOLLE

Chargé de Cours à la Katholieke Universiteit Leuven
Chef de service du Centre de Thérapie psychomotrice
à la Clinique universitaire de Psychiatrie à Kortenberg (Belgique)

DEFINITION

La thérapie psychomotrice en psychiatrie n'est pas l'application de l'une ou de l'autre technique psychomotrice sophistiquée, mais bien l'utilisation systématique et concertée du mouvement dans le sens le plus large, afin d'influencer favorablement les patients.

HISTORIQUE

On peut approcher l'histoire de la thérapie psychomotrice du point de vue de l'organisation d'une part, et, d'autre part, du point de vue des théories de base.

Du point de vue de l'organisation on constate, à partir du XVIIIe siècle, une utilisation des activités motrices dans les institutions psychiatriques de quelques pays d'Europe sous l'impulsion de psychiatres célèbres tels que Pinel, Esquirol, Tuke, Reil et Conolly. Comme ces auteurs mettent l'accent sur l'activité en tant que moyen thérapeutique, on appelle cette période "la période active" en psychiatrie. Quand on met l'accent à 100 % sur cette activité, comme le psychiatre allemand H. Simon, on parle de la période "plus active".

De cette valorisation de l'activité sont nées nombre de thérapies actives et entre autres, la thérapie psychomotrice. Cette branche se développa le plus rapidement aux Pays-Bas, grâce à des hommes comme Kraus, Dijkhuis, Vander Drift, Gordijn et surtout Van Roozendaal. Ce dernier mit au point un examen psychomoteur approprié. Actuellement, les Pays-Bas comptent huit cents thérapeutes organisés en un groupement qui date de vingt ans et publie sa propre revue (Tijdschrift Psychomotorische therapie).

En France, c'est surtout le professeur Sivadon qui donna l'impulsion à cett
thérapie dans son livre intitulé: La Rééducation corporelle des Fonctions mentales.

Dans notre pays, la thérapie psychomotrice s'épanouit sous l'impulsion du
professeur Pierloot, qui, en 1963, commença à donner des cours de thérapie
psychomotrice à la Katholieke Universiteit Leuven, et qui fonda une spécialisation post-graduée pour la licence en kinésithérapie (et maintenant aussi pour
l'éducation physique): "Spécialisation dans la thérapie psychomotrice pour des
malades psychiques". Il mit également sur pied un centre de stage (1965) dans
la clinique universitaire à Kortenberg où, entre-temps, une centaine de spécialistes ont été formés. Ceux-ci travaillent surtout en pays flamand; ils se
sont groupés officiellement en 1971 et éditent une revue depuis 1973 (Tijdschrift van de Vereniging van Vlaamsche psychotherapische therapeuten).

Du point de vue des théories de base, on constate l'évolution suivante. Dans
la période active et plus active, le mouvement était surtout utilisé comme moye
d'activation pour corriger ou neutraliser les effets nocifs de l'hospitalisme.
Néanmoins, la thérapie psychomotrice recherchait progressivement une identité
plus spécifique. Dans une première phase, elle allait puiser ses théories de
base dans les quatre grandes tendances du traitement des malades psychiatriques
la tendance biophysique, la tendance intrapsychique, la tendance phénoménologique et la tendance basée sur les théories du comportement.

a) La tendance biophysique prétend que l'amélioration de la situation soma-
tique du malade entraîne une amélioration psychique. La thérapie psychomotrice
cherchera donc à améliorer la condition physique des malades.

Dans la pratique, on utilisera les situations de mouvement pour améliorer
la coordination, la mobilité, la force et la résistance générale. Il va de
soi que cette approche sera spécialement indiquée pour les malades qui sont en
mauvaise condition physique: tels les anorexies mentales, les malades psychogé-
riatriques.

b) La tendance intrapsychique prétend que toutes les causes de la psychopathologie sont situées dans des conflits intrapsychiques, surtout durant la prime enfance.

Par une phase régressive, il serait possible de créer des expériences émotionnelles correctives et de les rendre conscientes, ce qui favoriserait la so-

lution de ces conflits. Dans cette conception, il est important que le thérapeute psychomoteur soit vécu comme une personne évoquant des personnages importants dans l'évolution psychologique du malade (transfert) et que des éléments du comportement inconscient puissent être rendus conscients. Une certaine
libération des sentiments réprimés devrait ainsi devenir possible (katarsis).

C'est dans ce cadre que se situe la méthode de Sivadon, qui utilise surtout
le massage et d'autres techniques de kinésithérapie favorisant l'aspect de
régression, ainsi que les méthodes favorisant la prise de conscience des sentiments inconscients, à savoir: la méthode de Pesso, la "bioenergetica" de
Lowen, la psychogymnastique de Knobloch, la "concentrative Bewegungstherapie"
de Stolze, la relaxation fonctionnelle de Fuchs et la "body-ego" technique de
Goertzel.

c) La tendance phénoménologique situe la cause de la psychopathologie surtout dans "l'aliénation" de la personnalité propre, dans le sens d'un manque
de confiance en soi en rapport avec le monde environnant. La thérapie essaie
de rendre le malade conscient de ses propres possibilités et, dans cet ordre
d'idées, on utilisera des situations de mouvement stimulant la confiance en
soi.

d) La tendance des théories du comportement préconise que les causes de la
psychopathologie se situent dans des fautes d'apprentissage comportemental.
La thérapie psychomotrice peut très bien suivre cette ligne par l'apprentissage
d'un comportement moteur souhaité: un comportement moteur plus actif où l'on
prend plus de contact, où l'on vit plus intensément les situations, etc.

Mais travailler en tant que thérapeute psychomoteur dans le cadre de ces
théories pose beaucoup de problèmes, étant donné ces théories sont, dans la
plupart des cas, assez vagues et que leur valeur scientifique reste à prouver.

En conséquence, le thérapeute a souvent l'impression de travailler dans
le vague en se fondant sur une idéologie qui n'est pas prouvée. C'est la raison
pour laquelle de nombreux thérapeutes ont amorcé une nouvelle phase dans l'histoire de la thérapie psychomotrice en accentuant le caractère propre de cette
thérapie. Ils se basent sur un examen psychomoteur préalable et sur des buts
thérapeutiques concrets dérivés de cet examen ou de l'équipe soignante.

Un examen spécifique a été créé parce que les examens psychomoteurs connus
n'étaient guère applicables à des malades psychiatriques, en raison de leur
liaison plutôt avec la neuromotricité qu'avec les aspects psychologiques de la

motricité, c'est-à-dire la motivation, la prise de contact avec les autres,
etc.

Les données de l'observation psychomotrice ne sont pas comparées, comme
dans la plupart des examens moteurs, avec une norme moyenne d'un groupe dé-
terminé, mais bien avec le propre développement psychomoteur de l'individu.
Cela nous permet de dire si les résultats psychomoteurs actuels sont, oui ou
non, en rapport avec ce que l'on pouvait attendre de cette même personne.
Un tel examen a donc un intérêt certain en tant qu'outil de diagnostic. Il a
de plus une importance thérapeutique, puisqu'il permet de formuler des buts
thérapeutiques très concrets: par exemple, stimuler la confiance en soi par la
natation, améliorer le contact avec les autres par le basket-ball, stimuler
l'expérience de ses propres possibilités par des exercices sur trampoline, etc.

RECHERCHE

Cet examen psychomoteur dont le Dr N.P. Van Roozendaal est l'auteur, est devenu
un des sujets de recherche dans notre service. L'examen a été amélioré et
adapté, et les résultats pour différentes catégories de malades ont été comparés.

Les autres sujets de recherche sont:
- l'adaptation de la thérapie psychomotrice aux théories citées;
- l'étude du schéma corporel en psychiatrie;
- l'étude de la situation concrète de la thérapie psychomotrice en Belgique;
- la thérapie psychomotrice pour diverses catégories de malades.

Un aperçu de quelques titres pourrait en donner une idée plus concrète:
- essai d'adaptation de l'examen psychomoteur de Van Roozendaal à la population de malades de la clinique universitaire de Kortenberg;
- examen psychomoteur chez des malades souffrant d'anorexie mentale;
- motivation des malades envers diverses situations de mouvement dans la thérapie psychomotrice;
- thérapie du comportement dans le cadre de la thérapie psychomotrice;
- étude sur le rapport entre divers aspects du schéma corporel chez des malades
psychiatriques;
- application de la méthode d'Askevold (schéma corporel) sur des malades psychiatriques;

- enquête sur l'organisation des activités psychomotrices dans les institutions psychiatriques en Belgique.

BIBLIOGRAPHIE

MILLON (Th.), Modern Psychopathology, W.B. Saunders Company, London, 1969.

VAN COPPENOLLE (H.), Techniques de thérapie psychomotrice pour des malades psychiques, Cours, K.U.L., 1975.

VAN COPPENOLLE (H.) et PIERLOOT (R.), "Attitudes of psychiatric patients towards different movement situations in movement therapy", Abstracts of the V world congress of psychiatry, Mexico, 1972, p. 468, et dans Psychiatria Neurologia et Neurochirurgica, vol. 76, n° 1, janvier-février 1973, pp. 29-38.

VAN COPPENOLLE (H.) et PIERLOOT (R.), The meaning of movement, a methodological tool for psychosomatic research, Psychotherapy and Psychosomatics, vol. 22, nr. 2-6, pp. 141-147, 1973.

A SYSTEMATIC CLASSIFICATION

G. van den BIJL D.O.
Manuel therapist, Bilthoven (Netherlands)

The aim of the study is classing people in groups, that are based on data which can be obtained only from living people. As life naturally implies movement, it was obvious to examine people on differences in movement. The research has been done exclusively on movements, that are individually and objectively determined and invariable during life time.
The so-called preferential movements were chosen. It was found that during his whole lifetime every human being has a preference for performing certain movements in a certain way. Only some people mention that they do not have any preference, however on closer investigation one sees well enough a difference in performing.

The research was done on patients complaining of pain in articulations, the vertebral column and/or other joints. The same research was done on a control-group of one hundred and fifty people, who declared not to have any complaints.

After the treatment the patients were either feeling much better or the complaints had disappeared completely, but the preferential movement patterns had not undergone any change.

This leads to the conclusion that preferential movements are independent of the lesion.

Six different movements are examined:

1. Fold the hands, which thumb is on top?
2. Cross the arms, which arm is the upper one?
3. Digging or vacuum-cleaning, which hand is below?
4. Gliding on a smooth surface, which foot is in front?
5. Throwing a ball with the right hand was considered as righthandedness.
6. Kicking a ball with the right foot was an indication that the person was rightfooted.

Moreover two data are examined as well:

1. Which eye is the dominant eye (mastereye)?

   A cardboard (10 x 15 cm) is given. In the cardboard are two small holes, 1 cm separated from each other. There is a light at a distance of 4 M. It is asked to look through the holes at the light. The eye that is seeing the light is noted as the mastereye.

2. Esophoria and exophoria. The Maddox-rod is used in the way it is done in ophtalmology.

All the parameters are dichotomic. The eight data result in 2^8 = 256 categories, the so-called kinesiotypes. For an easier understanding these categories were classified in a special way.

Two main groups:

Group A: all persons with an exophoria.

Group B: all persons with an esophoria.

Each main group is divided into thirty-two subgroups. The subgroups differ in the position of the mastereye, the way the hands are folded and the way the arms are crossed. Each subgroup is formed out of four different combinations of digging and gliding.

The first of each subgroup has in digging the left hand below, and glides with the left leg in front. Number two of each subgroup has in digging the left hand below also but glides with the right foot in front. Number three of each subgroup has in digging the right hand below and glides with the right foot in front. Number four of each subgroup has the right hand below in digging and glides with the left foot in front.

To give an example:

Number 5A

- Exophoria;
- mastereye on the left side;
- left hand below in digging;
- glides with the left leg in front;
- folds the hands with the left thumb on top;
- crosses the arms with the left arm as the upper arm;
- throws a ball with the right hand;
- kicks a ball with the right foot.

The difference between 5 A and 6 A exists only in the way the gliding takes place. With this number the gliding will be done with the right foot in front. The diagram of one hundred and fifty controlpersons who did not have complaints turned out not to be different from the one of approximately five thousand persons. Custers were formed.

To gain an insight into the preferential movements the following hypotheses were drawn up:

The preferential rotation of the pelvis determines the preference for gliding with the right or left foot in front. The same is applied for the crossing of the arms, which depends on the preferential rotation of the thorax.

The mastereye and phoria are determined by the preferential rotation of the skull. The preferential rotation of the skull, thorax and pelvis are the result of the position of the partial centres of gravity.

An hypothesis is valuable only if, with the help of the already used factors, other objectively determined factors can be predicted. Using the eight parameters six other factors can be predicted, e.g. in which direction the vertebral column or thorax will rotate more easily.
Lately more individual factors, to an amount of twenty-seven have been added. About twenty-five factors are predictable now, no exception has been found.

Using this classification, it is clear that every individual has his own way of moving. If someone is not allowed to move in the way dictated by his centres of gravity he has to fight against his own body.

If a working-man prefers to rotate his body in a clockwise way, he will protest when he is forced to do his work in an anticlockwise rotation. Probably he will get into a row with his boss, maybe he will quarrel with his wife and for sure he will become a member of a radical political party, where he will be in the opposition all the time.

Knowing the position of the centres of gravity of the skull, the thorax and the pelvis it is possible to determine the forces attacking these centres of gravity. It is possible to predict which bones are reduced in their movement and in which way.

If the body cannot compensate, discomfort or pain will arise. Tension in the muscles will be the result. Movements will be restricted in order to prevent more discomfort. The patient will be irritable because he cannot regain the lost movement by himself. It is possible to help the patient with a method of manipulation called, "eggshell" method. This method rectifies the movements of the bones in the way dictated by the centres of gravity of the patient. The manipulation is done so smoothly that even an eggshell could not be broken.

Using this classification there may come a day when it is possible to predict why some people cannot stand a certain medicine while others have no complaints when taking the same one.

Using this classification the way of movement of a person will be understandable, the way a person behaves and treatment will be no longer looking, blindfolded, in a dark cellar, for a black cat.

OBSERVATION DE L'ENFANT ET RELATION EDUCATIVE

P. VAYER

Professeur, Attaché de Recherches à l'Université
de Haute-Bretagne, Rennes (France)

INTRODUCTION

L'échec de l'école et l'ambiguïté des attitudes devant l'observation

Nous entendons par observation de l'enfant l'ensemble des investigations et des mises en présence qui nous permettent d'appréhender la personne de l'enfant et de mieux comprendre le pourquoi de ses réponses et de ses comportements.

Pourquoi l'observation et tout particulièrement l'observation objective du développement et des façons d'être actuels ont-elles une aussi mauvaise réputation auprès des professionnels de l'éducation ou de la rééducation?

Il y a de nombreuses raisons, personnelles à chacun, mais toutes sont liées à l'échec de l'école. L'école, en effet, dans sa conception actuelle, est un échec à peu près total si l'on s'en réfère aux documents officiels qui précisent (en France) qu'un enfant sur quatre seulement suit une scolarité normale. Il en va de même pour l'ensemble des rééducations et des thérapies qui visent à remédier à l'échec scolaire si l'on en juge par la durée des traitements et des pédagogies spécialisées.

En réalité, on accepte l'observation psychologique parce qu'elle permet de définir les problèmes et de les classer, donc de justifier l'adulte (si l'adulte échoue dans sa relation d'aide, c'est parce que l'enfant est différent). On accepte moins bien de confronter son action ou plutôt le résultat de son action à la réalité de l'observation, surtout si celle-ci est répétée dans le temps, car l'échec de l'enfant devient celui de l'adulte.

C'est ainsi que toutes les interventions de l'adulte visant à apporter une relation d'aide aux enfants qui rencontrent des difficultés pour développer leur personne, sont marquées par une ambiguïté: l'adulte construit son action en fonction de certains systèmes de normes dans lesquels il cherche à réintégrer l'enfant, mais il évite de se confronter personnellement à des systèmes de normes voisins, ceux utilisés par l'observation psychologique; ce qui lui évite de se remettre en cause, lui et son action.

Pour l'école, il n'en reste pas moins essentiel de tenter de porter remèd aux difficultés de l'enfant. Cela nous explique le développement actuel des différentes techniques, méthodes ou thérapies qui visent, avec des personnes et des moyens différents, à faciliter la réintégration de l'enfant dans les systèmes de normes représentés par l'école. Cela nous explique finalement le développements que l'éducation et la rééducation psychomotrice ont pris au cours de ces quinze dernières années. Il convient de noter que l'on retrouve dans les différentes rééducations et thérapies les mêmes attitudes ambiguës des adultes et les mêmes difficultés à accepter la réalité de l'observation.

A. L'intégration de l'éducation psychomotrice
   au sein des systèmes de normes
   qui règnent sur le monde de l'enfant

Le problème de l'école c'est quelle en est restée à l'ancienne psychologi des facultés et que le fossé s'agrandit de plus en plus, qui la sépare des connaissances actuelles dans ce qu'est l'accession de l'enfant au monde. L'école pense qu'en juxtaposant les apprentissages, elle réalise une synthès de la personne de l'enfant. Elle s'imagine qu'en apprenant aux enfants les m l'organisation syntaxique du langage ou l'organisation séquentielle de tel o tel geste, c'est-à-dire en conditionnant l'enfant à certaines réponses, la compréhension, on dit aussi la lumière, va intervenir; c'est le folklore de l'illumination, laquelle implique la présence divine.

Devant l'échec des techniques et méthodes qui visent à apprendre aux enfa on cherche à faciliter cet apprentissage en revenant aux sources de la compr hension, c'est-à-dire à l'action. Mais celle-ci, à son tour, est comprise co un système de normes; c'est ainsi qu'on a fait de l'éducation psychomotrice moment de la journée, un lieu particulier et, tout récemment, une profession

Il est significatif alors de constater que l'éducation psychomotrice s'es développée essentiellement en France et dans les pays latins. C'est-à-dire q ce sont les cultures, où la référence verbale est la référence permanente, q éprouvent le plus le besoin, au sein de l' école, de compenser les insuffisa du verbe dans la connaissance et la compréhension du monde par le développem parallèle, et sur le même mode, de certaines activités corporelles.

Mais ces activités corporelles ont été récupérées par les systèmes en présence et l'éducation psychomotrice est devenue un des moyens des deux pouvoirs
qui règnent sur le monde de l'enfant: elle est devenue un aspect des thérapies
particulières issues de la pensée médicale; dans la pensée pédagogique, elle
s'apparente à un système d'apprentissage et de relation au monde différencié
visant à faciliter ce qui est considéré comme fondamental: les apprentissages scolaires.

Qu'en est-il du corps et de l'action corporelle dans les différentes approches de l'éducation psychomotrice?

On peut distinguer les approches en fonction des rôles qui sont attribués
aux adultes: le corps et l'action corporelle sont objets de la relation à
l'autre dans les approches thérapeutiques inspirées par la psychanalyse;
le corps et l'action corporelle sont considérés comme les conditions de l'apprentissage dans les approches scolaires.

Il nous paraît plus intéressant de distinguer les différentes conceptions,
comme l'on fait S. Maigre et J. Destrooper, à partir des significations qu'elles
donnent au corps dans la communication enfant-monde. On peut alors différencier:

- le corps-objet, qui est celui du kinésithérapeute et du physiothérapeute;
- le corps-instrument, qui est le domaine du professeur d'éducation physique;
- le corps-condition de l'apprentissage et de la relation, c'est celui du
psychomotricien;
- le corps-moyen analogique de la connaissance, c'est celui de l'enseignant
qui interprète, sur un mode corporel, certaines activités liées à l'organisation
des fonctions cognitives;
- le corps-expression, qui est l'apanage des professeurs de danse, d'expressions corporelle et gestuelle.

Toutes ces approches paraissent différentes; en réalité elles ont, en
commun, deux caractères essentiels: 1° l'action corporelle est initiée par le
verbe; 2° il y a toujours le corps, plus quelque chose qui dirige le corps, ce
qui dirige le corps étant nécessairement l'esprit.

On peut donc dire que dans la réalité éducative, les différentes approches
de l'éducation psychomotrice restent des approches dualistes; ce qui crée une
nouvelle ambiguïté, car il y a une opposition et même une contradiction entre
ce qui est fait et les formulations qui se veulent globales.

Personnellement, nous pensons qu'il existe une autre signification du cor
et de l'action corporelle, c'est l'approche existentielle qui peut s'exprime
le corps sous-tend la présence au monde, il est cette présence même.

B. L'approche existentielle. Le corps-présence au monde

a) Comment l'enfant accède-t-il à l'existence?

Il accède à l'existence à travers les communications, c'est-à-dire les
échanges qu'il assure et assume avec le monde qui l'entoure.

Ce monde qui l'entoure est perçu à travers l'ensemble des organes sensoriels: olfaction, goût, toucher, sensations kinesthésiques, visuelles, audit
qui constituent autant de réseaux d'informations ouverts sur le monde.

Toutefois, c'est à travers son action, orientée vers tel ou tel aspect de
la réalité présente qu'il appréhende ce monde qui l'entoure, qu'il le reconn
et qu'il se différencie par rapport à lui. L'action est donc le premier mode
de communication enfant-monde. Perceptions et actions constituent un cycle q
se développe, s'enrichit, s'organise et se structure pour donner ce qu'est 1
personne actuelle de l'enfant.

b) Notion d'unité fonctionnelle

Le Moi de l'enfant, ce qui constitue l'individualité, la personnalité, ce
qui s'exprime dans des activités orientées, est composé de deux instances in
parables qui lui permettent de communiquer activement avec le monde qui l'en
les fonctions tonique et de motilité.

Ce qui caractérise la fonction tonique sur le plan neuromusculaire, c'est
qu'elle permet l'équilibre du corps et les attitudes qui sont le soubassemen
de toute action différenciée face à la réalité du monde. On sait également q
cette fonction tonique est le premier mode de relation à l'autre constituant
ainsi le soubassement de l'affectivité.

La fonction de motilité est celle qui permet à l'être, grâce aux mouvemer
et aux déplacements corporels, d'entrer en relation avec les éléments qui co
stituent la réalité extérieure (réalité des objets, réalité de l'espact et d
temps, etc.); c'est alors la fonction de motilité qui permet à l'enfant d'ac
der à la connaissance de cette réalité.

Ces deux fonctions, tonique et de motilité, sont donc étroitement liées et dépendantes l'une de l'autre, la première servant en permanence de toile de fond à la seconde pour utiliser l'expression de H. Wallon. C'est la notion d'unité fonctionnelle de l'être. Cette unité fonctionnelle nous explique pourquoi les possibilités de connaissance de l'enfant du monde qui l'entoure, sont étroitement dépendantes de la communication tonico-relationnelle qu'il assure avec le monde des autres, elle nous explique également pourquoi l'action corporelle est à la base de toute connaissance.

Comme les deux fonctions du Moi sont inséparables, leurs manifestations, c'est-à-dire l'affectivité et la connaissance, sont également inséparables. Elles sont toutefois d'une nature différente, car elles sont régulées par des niveaux différents de l'organisation neuro-psychologique: l'affectivité est caractérisée par ses composants énergétiques alors que ce qui caractérise l'aspect cognitif des conduites, c'est leur structuration progressive. Elles ont cependant un point commun: si leur résultat est relativement conscient, les processus conduisant aux sentiments comme à la connaissance sont à peu près inconscients.

c) <u>Les différents niveaux de communication</u>

La personne de l'enfant est donc personne en interrelation grâce aux différents systèmes d'information, elle est également personne en interaction avec le milieu grâce aux communications actives et orientées qui lui permettent d'appréhender les éléments ou les objets qui le composent.

Ce qui caractérise ces communications Moi-Monde, c'est qu'elles se développent sur trois plans simultanément: plan tonique, plan gestuel et plan verbal, ce dernier émergeant progressivement des communications tonico-gestuelles. Si ces trois niveaux de communication sont toujours présents dans l'histoire du développement, ils s'installent successivement en se conditionnant mutuellement, correspondant, par ailleurs, au développement ontogénique des trois niveaux d'organisation du système nerveux.

On sait que c'est pour autant que les premières communications mère-enfant, celles qui se développent sur le mode tonique, auront été bien vécues par l'enfant que la communication gestuelle et tonico-gestuelle pourra se développer et permettre à l'enfant d'appréhender la réalité du monde. Ce qu'on sait moins, c'est que c'est pour autant que l'ensemble de ces communications, à travers

290

l'action, aura été assumée par l'enfant et non par l'adulte et bien vécue par
l'un et par l'autre, que les différents modes de communication socialisés,
pourront se développer et prendre leurs significations dans les communications
interpersonnelles.

C. Les langages que comprend l'enfant

Notions de langages

Pour l'enfant, comme pour l'adulte (encore que pour ce dernier ce soit beaucoup dire), le monde est un monde de communications, et ce qu'il est convenu
d'appeler des problèmes d'enfants sont en réalité des problèmes de communication. C'est ainsi que l'enfant autistique s'est retiré du monde de la communication, que pour l'enfant psychotique les communications ont perdu leurs significations (tonique et sémantique) et que la sclérose des médiums de communication perturbe tout le développement de l'enfant défini comme débile mental.

Si l'on entend par "langage" tout système de signes et de codes permettant
à la fois les échanges entre les personnes et de rendre intelligible un ensemb
d'informations, de connaissances ou de sentiments, on peut dire qu'est langage tout médium ayant une signification générale, c'est-à-dire comprise par
les autres et permettant les échanges au niveau des personnes.

C'est alors à travers un ensemble de langages, et pas seulement à travers
le seul langage verbal, que se développent les échanges interpersonnels. Il
importe donc, pour l'adulte engagé dans la relation éducative, mais aussi pour
le clinicien, de comprendre les médiums, c'est-à-dire les langages qu'utilise
et comprend l'enfant dans ses relations avec l'environnement.

a) Le langage corporel constitue la base de toutes les communications

Dans ce langage corporel, on peut toutefois distinguer deux aspects ayant
deux significations différentes et complémentaires:

1° Le langage des attitudes et des gestes. Ce langage des attitudes et des
gestes est le premier mode de communication à l'autre chez l'enfant. Avant que
les mots aient acquis leur signification sémantique (et même après), il lui permet d'exprimer ses motifs, ses désirs, ses choix, ses rejets.

H. Montagner nous a montré qu'il existait toute une signification des attit-
des et des gestes chez le jeune enfant. Ces communications fondamentales reste
présentes dans toutes les relations humaines dont elles représentent l'aspect

affectif, ce que les psychologues traduisent dans les notions de subjectivité et d'intersubjectivité.

2ᵉ Le langage de l'action. Si le langage des attitudes et des gestes représente l'aspect affectif de la communication, le langage de l'action possède une signification sensiblement différente:

La psychanalyse nous a appris que l'action face à l'objet est d'abord vécue sur le mode affectif (le bon et le mauvais objet); elle devient progressivement une action intentionnelle, donc signifiante, et le langage de l'action prend par là même une valeur sémantique. C'est alors à travers ce langage de l'action que s'élaborent et se structurent les connaissances.

Toutefois, les connaissances ou les découvertes liées à la réalité du monde présent ne prennent leur signification qu'au sein des interactions sociales; cela implique que l'action ou le résultat de l'action n'a pas seulement une valeur pour soi, mais qu'elle est également comprise par l'autre.

Ce qui caractérise alors le langage de l'action, c'est qu'il est largement indépendant du langage verbal (qui peut y être associé ou qui peut l'initier), car il présente la propriété de pouvoir se développer, s'organiser et se structurer en dehors de celui-ci. Nous avons montré, dans un travail récent, que ce langage de l'action possède effectivement des modalités, des tonalités et des significations qui lui sont propres.

b) Les langages différenciés

Progressivement chez l'enfant, à travers les attitudes et les gestes, à travers les communications impliquées par l'action, deux modes de communication vont se différencier, se développer, se structurer et prendre à leur tour une valeur en soi: le langage graphique et le langage verbal.

1° Le langage graphique. Le développement de l'activité graphique est étroitement lié à l'organisation du Moi et à l'activité intentionnelle qu'elle sous-entend. Elle est d'abord une activité gestuelle associée à la rencontre des objets qui tracent, et la trace devient, pour l'enfant, une réalité qu'il va maîtriser de mieux en mieux à travers son exercice même.

A travers l'activité graphique, il acquiert la capacité de représenter les objets de son action, puis de les différencier, de les symboliser et cette représentation, qui n'est pas seulement pour soi, mais est aussi reconnue par l'autre, constitue un nouveau médium de communication. Comme dans tout langage, l'enfant reconnaît les significations et déchiffre les messages avant d'être capable lui-même de les formuler.

Progressivement, sous l'influence des relations socialisées (l'école, le modèle des autres), ce langage graphique va se différencier en aspects conventionnels et d'expression personnelle présentant deux significations complémentaires:

- une signification sémantique liée au dessin, au tracé, aux symboles, etc.;
- une signification affective, représentée essentiellement par le choix des couleurs.

2° _Le langage verbal_. De la même façon et dans les mêmes temps, le langage verbal se dégage progressivement des langages tonique et tonico-gestuel pour acquérir une structure relativement indépendante et il suit les mêmes étapes de la maturation neuro-biologique que l'ensemble des communications sur lesquelles il s'appuie; il est d'abord tonique puis gestuel avant d'être différencié en mots, en phrases.

Comme le langage graphique et les autres médiums de communication, il présente toujours deux aspects ayant deux significations différentes et complémentaires:

- un aspect tonique, c'est la tonalité du mot, la mélodie de la phrase qui est l'aspect psycho-affectif de la communication;
- un aspect sémantique, c'est l'organisation séquentielle des mots et des phrases.

Il est alors de toute première importance pour l'adulte de bien comprendre ce que comprend l'enfant car le tout jeune enfant est seulement sensible à la signification tonique; il devient peu à peu sensible à la signification sémantique, et ce n'est qu'entre six et sept ans que le langage verbal est intégré dans ses deux dimensions, tonique et sémantique.

3° _Le langage écrit_. Il est d'une nature sensiblement différente de celle du langage verbal. Il s'agit ici d'un mode de communication extrapolé et systématisé à partir du code audio-vocal du langage verbal et de la structure neuro-psychologique qui le sous-tend. Il s'exprime à partir de signes liés à l'activit graphique et possède une structure complexe puisqu'il relève de deux modes de conscience différents. Il s'agit donc d'un mode de communication conventionnel, complexe mais également utile puisqu'il représente, pour l'enfant, à la fois un moyen de la conquête de son autonomie par rapport à l'adulte et un moyen d'accès à l'information apportée par la société et la culture.

4° Les langages ritualisés. Toujours en relation avec la société et la culture, l'être humain dispose pour communiquer de médiums très socialisés et étroitement en relation avec la culture qui leur a donné naissance.

C'est ainsi que l'on peut parler de langage musical puisqu'on y retrouve les deux aspects et les deux significations complémentaires: la structure qui parle à la connaissance et la mélodie qui parle à l'affectivité.

Peuvent également être considérés comme des "langages" les activités ritualisées que sont la danse, l'expression corporelle ou gestuelle, les activités sportives.

Ce qui caractérise ces langages, c'est qu'ils impliquent un apprentissage particulier, et que mis à part certaines formes de l'activité sportive, ils sont essentiellement unidirectionnels, c'est-à-dire qu'ils ne permettent guère d'échanges. Ils sont alors un moyen d'expression personnel et une activité symbolique, ce qui leur confère leur caractère artistique.

D. Dans l'observation de l'enfant,

il importe d'utiliser les langages qu'il comprend

Les problèmes de l'observation psychologique sont les problèmes de l'école.

Le problème de l'école, c'est qu'elle s'adresse à toute la population enfantine de manière univoque et en limitant le champ de son intervention aux seuls langages écrits, ceux de la psycho-linguistique et de la mathématique; la technologie scolaire semble ignorer totalement quelles sont les bases réelles de l'accès à la connaissance et de l'évolution de ces connaissances.

Par ailleurs, cette intégration de la langue écrite est conçue à partir de deux erreurs: elle est pensée en termes d'apprentissage et non en termes de développement de la personne de l'enfant, elle est réalisée en dehors du monde de la communication.

Enfin, et ce n'est pas fait pour faciliter les choses, l'apprentissage est abordé en fonction de ce que l'adulte juge important pour les étapes suivantes de la scolarisation, et non en relation avec ce que sont les structures neuropsychologiques de l'enfant.

Le problème de l'observation psychologique de la personnalité de l'enfant
c'est qu'elle est abordée absolument dans les mêmes termes. Rien d'étonnant à
ce que ces observations ne permettent à peu près en aucune façon d'appréhender
cette personnalité d'enfant, encore moins de réaliser un diagnostic et de faire
un pronostic.

Si l'adulte veut avoir une connaissance véritable de l'enfant, il doit alors
utiliser les langages compris par lui.

C'est ainsi que l'observation du comportement dynamique, celle qui se réalise
à travers l'action, permet d'appréhender l'enfant dans tous les champs de la
relation au monde et constitue le dénominateur commun de tous les modes d'observation, car le corps est la référence permanente.

C'est ainsi également que l'observation à travers le dessin qui est lié à
toute l'activité, permet d'aborder de nombreux aspects de la personnalité enfantine:

- le dessin de soi, lié à l'image de soi, est en relation constante avec
les niveaux de réponse actuels chez le jeune enfant;
- le dessin de la famille présente des aspects projectifs;
- le dessin de l'autre (l'ami) permet d'appréhender ce que sont actuellement les relations interpersonnelles dans le groupe d'enfants;
- le dessin collectif, qui associe le langage de l'action et le langage
graphique, nous permet d'observer les possibilités d'être et de faire ensemble...

Quelles sont alors les conditions d'une observation à la fois objective et
respectant la réalité existentielle?

Les critères basés sur les interactions corporelles présentent le grand
avantage d'être en relation à la fois avec ce que comprend l'enfant et avec les
types de comportement qui interviennent dans toute action avec l'environnement
sans être, pour autant, liés à la culture et à l'école.

Leurs résultats doivent alors être considérés comme des manifestations de
l'activité de l'enfant devant une certaine réalité du monde à la demande de
l'adulte, et leur lien avec la structure de la personnalité est nécessairement
de nature inductive. Pour que cette relation existe, il importe que l'observation du comportement dynamique, celle qu'on appelle "psychomotrice", présente
certaines qualités:

- elle doit s'efforcer de couvrir les champs essentiels de la relation au monde;

- elle doit observer des comportements différents de ceux qui sont liés aux interactions habituelles;

- les comportements observés doivent être en relation avec les deux composantes de la personnalité profonde que sont les fonctions tonique et de motilité;

- les résultats observés dans les différentes conduites ne doivent pas être traduits en termes de quotient, mais dans un schéma comparatif décrivant des structures de comportement.

CONCLUSION

Si l'éducation psychomotrice veut contribuer véritablement au développement de l'enfant et à la nécessaire transformation de l'école, il faut qu'elle sorte des systèmes dans lesquels elle s'est laissé enfermer par les pouvoirs en présence.

Cela implique qu'elle abandonne ses aspects ésotériques, magiques ou systématisés pour aborder l'enfant en termes de communications, en termes d'existence.

L'éducation psychomotrice n'est pas un domaine réservé à des initiés ou à certains professionnels, elle est le principe dynamique de toute action et relation éducatives.

Il importe également que l'école et l'institution rééducative modifient profondément leurs objectifs et l'ensemble des communications utilisées pour aider l'enfant dans son développement. L'école doit être pensée en fonction de la société actuelle et surtout de la société à venir et non en fonction de celle du début de ce siècle. Il lui faut alors subtituer à l'apprentissage de médiums de communication limités et de connaissances encore plus limitées, la notion fondamentale de développement de la personne de l'enfant. Pour ce faire, il lui faut retrouver et utiliser les langages que comprend l'enfant et le premier langage, celui qui est à la base de toutes les communications, c'est le langage du corps, c'est le langage de l'action. Il lui faut surtout reconnaître et intégrer que ce n'est pas le verbe qui est le premier mais l'action.

Il convient, enfin, d'avoir présent à l'esprit que l'observation du développement et la relation éducative sont des modes de relations à l'enfant très différents: la première implique l'objectivité et la seconde l'engagement personnel. Il ne peut donc exister de relation de force entre les personnes qui assurent l'observation et celles qui assument la relation; il ne peut y avoir que complémentarité.

On peut aller jusqu'à penser que si le clinicien apporte à l'éducateur une information utile et si, parallèlement, la relation d'aide qu'est la relation éducative facilite effectivement le développement de la personne de l'enfant, les éducateurs accepteront la confrontation à l'observation et, par voie de conséquence, la réflexion sur ce qu'ils font et sur ce qu'ils sont.

L'EXPRESSION CORPORELLE

AU SECOURS DES HANDICAPES MENTAUX

M. WARDAVOIR

Chargé de cours d'Expression corporelle,
Ecole Normale de l'Etat, Couvin (Belgique)

Mon but est de présenter les résultats d'une série d'expériences réalisées avec des chandicapés mentaux adolescents et adultes. Je tenterai d'en tirer des conclusions directement utilisables et susceptibles de provoquer un sentiment de mieux-être chez les intéressés par la valorisation personnelle que les techniques d'expression peuvent exalter lorsqu'elles sont appliquées judicieusement.

Dans notre société, les handicapés mentaux sont généralement moins bien acceptés que les autres, non seulement en raison de leur comportement, mais surtout parce que le dialogue avec eux est plus limité, plus ambigu, plus ardu. Cette difficulté de communication les confine dans un isolement proprice aux repliement sur soi-même, encore aggravé par des troubles de perception ou d'expression verbale très fréquents.

Un des moyens de les sortir de ce mutisme volontaire ou instrumental est de trouver des voies de communication différentes, à commencer par des moyens d'expression plus adéquats, adaptés à chaque individu. On peut espérer de la sorte diminuer l'inconfort et la tension intérieurs provoqués par ce verouillage verbal, libérer des énergies inutilisées par une activité musculaire plus étendue, et susciter un plaisir indubitable par la décharge affective que produit la libre expression personnelle. C'est en fonction de ces considérations que l'expression corporelle m'a paru particulièrement indiquée: n'exploite-t-el pas toutes les possibilités qu'offre le corps, à la fois outil et instrument, le seul qui soit vraiment donné à tout le monde et dont la multiplicité des éléments permet, même dans les cas les plus sévères, d'en trouver au moins un qui soit utilisable?

Encore fallait-il, par l'expérience, constater que ces supputations soient vérifiables dans la réalité et que les effets escomptés soient satisfaisants;

cela permettait également d'apprécier les possibilités des intéressés et de cerner éventuellement les limites d'utilisation ainsi que les modalités d'application de ces techniques d'expression corporelle.

Une série d'expériences ont donc été menées à différents niveaux d'âge et de handicaps. Après un séance encourageante avec des retardés pédagogiques de plus de trois ans sur l'âge scolaire normal, j'ai abordé des adolescents handicapés profonds, dont certains récupérables, puis des enfants handicapés grabataires de dix à douze ans et enfin des adultes handicapés profonds non récupérables. Les constatations, faites sur place, me permettent d'apporter tout d'abord une certitude absolue: dans tous les cas, même les plus sévères, des résultats inespérés ont pu être obtenus; les techniques d'expression corporelle peuvent donc être utilisées sans crainte et en toute occasion. Cela repose en partie sur la pédagogie particulière de ces techniques basées sur le succès inconditionel: on n'y propose aucun modèle de référence; seules des consignes d'exécution sont données, destinées à canaliser l'exercice dans un système psychomoteur bien défini et à fixer intensément l'attention sur la précision – toute relative d'ailleurs – de la réponse sollicitée. Cette réponse est une réussite en soi puisqu'elle est personnelle, authentique et active. Si l'intéressé en éprouve le besoin, il peut essayer d'en améliorer la qualité, soit pour accroître le contenu du message exprimé, soit pour en éliminer l'ambiguité éventuelle mais, de toute façon, il y découvre progressivement une forme de communication inédite, généralement présentée comme un jeu et susceptible de suppléer à ses propres insuffisances par un langage original dont il peut établir lui-même le code à partir d'éléments naturels et directement exprimables. Une telle sensibilisation prend toute sa valeur à l'intérieur de groupes préalablement constitués et dont elle renforce ainsi la cohésion par un réseau d'échanges de plus en plus serré et où chacun trouve sa propre affirmation de personnalité dans un équilibre plus harmonieux entre le monde intérieur jusque-là fermé et le monde extérieur soudain devenu perméable.

Afin de mieux préciser les résultats obtenus au cours de ces expériences, voici tout un train de constatations qui leur sont communes et qui permettent d'apprécier la portée de ces techniques en utilisation courante:

- alors que l'on se heurte bien souvent chez les handicapés à une indifférence désarmante, les exercices proposés ont provoqué une réaction générale d'intérêt puissant et soutenu, donc réceptif;

- la pédagogie du succès inhérente à ces techniques a déclenché des manifestations évidentes de satisfaction profonde et exubérante;

- dans de nombreux cas, une communication directe a pu être obtenue, non seulement entre l'animateur et les individus du groupe, mais aussi entre individus, ce qui constitue une ouverture bénéfique sur le monde extérieur dont il devient ainsi possible d'explorer les ressources et les caractéristiques;

- une large disponibilité a été enregistrée chez les intéressés, assortie d'une volonté affirmée de participation active et d'un désir clairement exprimé de renouveler la séance; cette adhésion spontanée instaure un climat très favorable à un travail mené prudemment en profondeur par une progression méthodologique bien étudie;

- par rapport aux comportements habituels des étudiants d'âge correspondant, une plus grande spontanéité dans l'expression a été notée chez les handicapés, moins marqués en cela par les contraintes sociales auxquelles sont soumis les enfants normaux et que les handicapés profonds ne perçoivent que par un éventuel dressage purement formel. On obtient dès lors des réponses plus authentiques, révélatrices des divers aspects de leur personnalité. Ceci permet de mieux adapter aux individualités ainsi dévoilées par une meilleure compréhension, rapidement teintée d'affectivité positive, elle permet aussi d'améliorer les relations qui s'établissent fatalement avec elles.

Il serait hasardeux d'énumérer les autres constatations faites au niveau de certaines personnalités rencontrées, parce qu'elles n'ont pu être confirmées ultérieurement. Mais, de toute évidence, il semble que la volonté de l'animateur d'entrer en contact amical - cet élément affectif me paraît essentiel et déterminant - avec ces déshérités facilite leur adhésion lors d'une première séance, dont on ne peut jamais à l'avance augurer du résultat. Ce contact établi, il reste à l'animateur, pour être suivi, de "jouer le jeu" avec la même authenticité et la même spontanéité que ceux que l'on pourrait dès lors appeler ses partenaires, tout en conservant assez de recul pour recueillir le plus d'observations possibles tout au long de la séance.

Une dernière expérience porte sur une rencontre entre divers homes occupationnels de la région wallonne. Elle était uniquement consacrée à des activités à vocation sportive mises à la portée des handicapés profonds, tant filles que garçons, tant adultes qu'enfants ou adolescents. Les disciplines proposées s'étaient volontairement écartées des sports d'équipe auxquels cette catégorie de handicapés n'est pas sensible. Elles avaient également négligé l'aspect

compétitif qui, en général, n'a pour eux aucun sens précis. Une certaine motivation avait pourtant été recherchée, dans certains cas, pour donner une signification concrète à des exercices tels que le saut en hauteur ou le lancement
du poids. Chaque participant était observé selon une grille préétablie de coordonnées particulières aux exercices, mais aussi son comportement propre.
Le dépouillement de ces bulletins est à peine terminé (novembre 1976) et une
synthèse des constatations faites n'est pas encore possible (1). Mais on peut,
d'ores et déjà, avancer que tous les handicapés ont des facettes intactes, qui
ne sont pas toujours apparentes de prime abord, et qu'il n'y a aucune différence notable de comportement entre adultes et jeunes, ce qui autoriserait des
groupements indépendants du facteur âge. Enfin, l'élément "récompense" est abso
lument inefficace: le plaisir procuré par la participation semble largement
suffisant à en juger par l'indifférence marquée à l'égard des douceurs distri-
buées après les exercices. En revanche, le petit souvenir symbolisant cette par
ticipation offert à chacun, en fin de journée, fut vivement apprécié.

En conclusion, l'expression corporelle n'est pas une panacée. Elle ne prétend pas éliminer ni même atténuer la sévérité des handicaps. Elle peut toutefois vouloir exploiter au maximum, après les avoir découvertes, les possibilités de chaque individu, toutes différentes d'ailleurs et même variables
dans le temps. Elle peut même affiner ces possibilités, parfois au-delà de
ce qu'on peut attendre d'un individu normal, à condition que cette action
soit profitable à l'intéressé dans l'accroissement de sa propre autonomie
ou d'une meilleure adaptation au milieu. Mais, parce qu'elle fait appel plus

---

(1) A travers les résultats chiffrés et les observations relatives à ces expériences menées sur une centaine de sujets, les conclusions suivantes
peuvent être dégagées à présent (octobre 1977):
- ni le taux de participation active ni les résultats ne dépendent de
l'âge chronologique des sujets;
- l'appartenance à un groupe participant a vaincu de nombreuses résistances personnelles, ce qui a réduit fortement le pourcentage de refus
(3 % à 4 %);
- il n'y a pas de parallélisme entre le degré du handicap et l'aptitude
physique;
- le plaisir de l'action en traîne le participant plus loin que les limites de l'exercice effectué;
- hors du contrôle du moniteur, le sujet se montre plus hardi et plus
spontané.
Le sport librement choisi et exercé est possible chez les handicapés;
sa pratique exalte leur joie de vivre.

à l'imagination qu'à des accessoires matériels dont le maniement peut être
mal maîtrisé, elle suscite une adhésion facile, un plaisir réel d'exécution
et soulève bien souvent, sur la personnalité profonde des individus, un voile
qui révèle des aspects immédiatement utilisables. Elle devient alors stimu-
lante et bénéfique du fait qu'elle sort de son isolement ce handicapé qui se
découvre des voies praticables de communication et le décharge d'une irrita-
bilité due à une contention continue par défaut d'expression. C'est là un
pas important vers un mieux-être et, ne fût-ce que pour cette seule raison,
l'expérience valait la peine, me semble-t-il, d'être tentée. Qu'elle puisse
devenir pratique courante est un voeu pieux que j'ai l'audace de formuler
ici.

TABLE DES MATIERES

306